Egbert Rumpf-Rometsch

Die Fälle

BGB AT

Allgemeiner Teil

5. Auflage

58 Fälle

mit Lösungsskizzen

und

Formulierungsvorschlägen

der fall fallag

!!!!!!!!!!

Für Hugh R. !

Credits

Ein dickes Dankeschön an viele kleine und große Helfer. Macht weiter so.

Danke im Voraus an alle, die durch Kritik zur Verbesserung der folgenden Auflage beitragen werden.

Jana hat mein Leben noch schöner gemacht.

Druck und Verarbeitung

CPI – Ebner & Spiegel, Ulm

Umschlag

Marion Volkmer visuelle kommunikation, Düsseldorf

Internet

www.fall-fallag.de

Bezug (leider nur) für den Buchhandel

SIGLOCH Distribution, Blaufelden

ISBN 978-3-932944-52-9

Rumpf-Rometsch • Die Fälle – BGB AT • 5. Auflage • 2015

Aus den Vorworten zur 1. Auflage

Ich bin entzückt. Endlich liegt es als fertiges Manuskript vor mir und jetzt auch in gebundener Form vor euch: Dieses Buch. ...

Das BGB besteht – wie ihr vielleicht schon wisst – aus fünf Büchern. Das erste Buch beinhaltet den Allgemeinen Teil (AT). Die hierin enthaltenen Normen gelten für sämtliche folgenden Normen innerhalb des Bürgerlichen Gesetzbuchs. Separiert nützen die AT-Vorschriften also gar nichts. Sie knüpfen immer an etwas Spezielleres an, oft an vertragliche Ansprüche.

Zum Inhalt: Das Buch präsentiert eine Vielzahl von Fällen aus dem Bereich des Allgemeinen Teils des BGB. Die Auswahl der Fälle ist – wie immer – nicht zufällig, erhebt aber keinen Anspruch auf Abdeckung aller Probleme des angesprochenen Bereichs. ...

Köln, im kriegerischen März 2003

Egbert Rumpf-Rometsch

Aus den Vorworten zur 2. Auflage

... außerdem war es an der Zeit, in das Buch eine neue abschließende – drei Fälle umfassende – Rubrik einzufügen, die sich mit den Tücken des Vertragsschlusses im Internet auseinandersetzt. ...

Köln, im Herbst 2006 nach den Kofferbomben

Egbert Rumpf-Rometsch

Aus den Vorworten zur 3. Auflage

... Geändert und ergänzt habe ich insbesondere Ausführungen in den Bereichen „Abgabe und Zugang von Willenserklärungen“ und „Minderjährigkeit“. ...

Köln, im Herbst 2009 nach dem Einsturz des historischen Archivs

Egbert Rumpf-Rometsch

Vorworte zur 5. Auflage

Was ist neu? Zum 13. Juni 2014 sind die für die Praxis wichtigen §§ 312, 312a ff (Verbraucherverträge, Fernabsatzverträge, elektronischer Geschäftsverkehr) überarbeitet und erweitert worden. Nicht alle Vorschriften finden sich gleichlautend oder modifiziert an der jeweils alten gewohnten Stelle wieder.

Und: Die Suchbegriffe „Synopse" und „312 BGB" führen euch auf Internetseiten, die die alte Gesetzeslage (bis 12. Juni 2014) der neuen Gesetzeslage (ab dem 13. Juni 2014) hinsichtlich der §§ 312 und 312a, b, c, d, e, f, g, h, i, j und k gegenüberstellen.

Ich wiederhole mich gern: Vielen Dank für noch mehr Lob und etwas Kritik. Wie immer waren einige Punkte verbesserungswert und -würdig.

Die obligatorische – wirklich wichtige – Bitte lautet: Übt konstruktive Kritik! Besonders freue ich mich über lobende, aber auch über tadelnde E-Mails an die unten folgende Adresse.

Köln, im erwachenden Frühling 2015

Egbert Rumpf-Rometsch

Kontakt: lobundtadel@fall-fallag.de

www.fall-fallag.de

Inhaltsverzeichnis

Inhaltsverzeichnis

Geschäftsfähigkeit

Nichtigkeit

Verjährung

Vertragsschluss im Internet

Einführung in die Handhabung des Buches

Eine ernste Aufforderung: Ihr solltet – nein müsst – immer die genannten ***Vorschriften lesen.*** Denn die Zauberworte für eine effektive Arbeitsweise heißen „aktives Lernen“. Rein passives Konsumieren bringt kaum Erfolge.

Alle ohne Gesetzesbezeichnung genannte Normen sind solche des BGB. Ich zitiere Absätze mit römischen Ziffern (z.B. § 433 ***II***). Die Bezeichnung einzelner Sätze erfolgt durch arabische Ziffern (z.B. § 433 I ***1*** oder § 178 ***S. 1***). Gegebenenfalls wird ein Halbsatz (Hs.), eine Alternative (Alt.), eine Variante (Var.) oder eine Nummer (Nr.) zitiert. Wenn Vorschriften außerhalb des BGB genannt werden, geschieht dies mit der jeweiligen Gesetzesbezeichnung (z.B. § 362 I ***HGB***).

Zunächst solltet ihr euch intensiv mit der allgemeinen ***Einführung in die Fallbearbeitungstechnik*** beschäftigen. Die meisten der darin enthaltenen Ratschläge werden euch auch außerhalb des Bürgerlichen Rechts zugute kommen.

Unter der Bezeichnung ***Alle Fälle auf einmal*** folgt eine Zusammenstellung sämtlicher Sachverhalte. Dadurch könnt ihr der Versuchung besser widerstehen, übereilt in die jeweilige Lösungsskizze und/oder den Formulierungsvorschlag zu schauen. Macht euch immer zuerst eigene Gedanken! Im Idealfall solltet ihr nicht nur eine Lösungsskizze entwerfen, sondern auch eine eigene Ausformulierung zu Papier bringen.

Im Anschluss an die Sachverhalte folgt der Hauptteil. Dort findet ihr die folgende bewährte Struktur vor:

Fall – Lösungsskizze – Formulierungsvorschlag – Fazit

Zunächst erscheint der jeweilige ***Sachverhalt*** noch einmal, damit ihr nicht immer wieder zum Anfang des Buches zurückblättern müsst.

Bereits in der ***Lösungsskizze*** findet eine Schwerpunktsetzung statt. Ich führe jeweils alle Prüfungspunkte auf, die problematischen Merkmale werden aber schon in der Skizze umfangreicher behandelt.

Der ***Formulierungsvorschlag*** ist – wie schon die Bezeichnung verrät – ein Vorschlag. Nehmt den Begriff wörtlich: Meine Formulierung ist ein Vorschlag, nicht mehr und nicht weniger. Ich möchte euch vermitteln, wie eine gelungene Formulierung aussehen kann. Im Gegensatz zu anderen Autoren mische ich jedoch keine lehrbuchartigen Ausführungen in den Formulierungsvorschlag, weil die in einer Klausur oder Hausarbeit nichts zu suchen haben.

Im jeweiligen ***Fazit*** greife ich die Schwerpunkte des betreffenden Falles noch einmal auf. Hier finden sich Erläuterungen zu Aufbaufragen und juristischen Finessen. Kurzum: Im Fazit werden wissenswerte Aspekte erläutert, die sich nicht schon erschöpfend aus der Lösungsskizze und/oder dem Formulierungsvorschlag ergeben. Die klare Trennung zwischen Formulierungsvorschlag und Fazit hat natürlich auch für den jeweiligen Sprachstil Folgen. Im Fazit werdet ihr des Öfteren eine etwas saloppere Ausdrucksweise antreffen, die im Rahmen einer Klausur oder Hausarbeit als „unwissenschaftlich“ verpönt ist.

Die Fälle sind ***nach*** den schon aus dem Inhaltsverzeichnis ersichtlichen ***Kategorien unterteilt***. Grundsätzlich werden Probleme innerhalb der einzelnen Abschnitte nicht abstrakt behandelt, sondern in konkrete Fall-Lösungen eingebunden. Das euch vorliegende Buch beinhaltet Fälle aus den Bereichen ***Willenserklärung***, ***Stellvertretung***, ***Geschäftsfähigkeit***, ***Anfechtung***, ***Nichtigkeit***, ***Verjährung*** und ***Vertragsschluss im Internet***. Die Fälle spielen überwiegend im vertraglichen Bereich. Zur Verdeutlichung einiger Problembereiche habe ich jedoch zusätzlich ab und an sachenrechtliche Ansprüche berücksichtigt. Auch dort können Probleme aus dem Bereich des Allgemeinen Teils des BGB Beachtung finden.

Und noch etwas:

In den Lösungsskizzen und Formulierungsvorschlägen habe ich etwas eingebaut, das zwar einem systematischen Aufbau entspricht, aber nicht unbedingt geschrieben werden muss. Es handelt sich um die ***Unterteilung:***

I. Anspruch entstanden

II. Anspruch untergegangen

III. Anspruch durchsetzbar

IV. Ergebnis

Noch einmal: Das muss nicht sein, ist aber (zumindest für noch nicht Fortgeschrittene) sehr sehr sinnvoll. Und: Ein Korrektor wird euch niemals einen Strick daraus drehen, sondern sich über den nachvollziehbaren Aufbau freuen.

Fast am Ende des Buches präsentiere ich euch zwei ***Aufbauschemata***, die ihr verinnerlichen solltet. Die Schemata sind ausfüllungsbedürftig, enthalten jedoch alle Ansprüche/Rechte, an die ihr in diesem Stadium der Falllösung denken solltet, um dem Korrektor ein famoses Ergebnis präsentieren zu können.

In ***SCHEMA I*** sind wichtige Ansprüche aus dem BGB aufgelistet.

Das ***SCHEMA II*** zeigt euch, wie ein vertraglicher Anspruch aufzubauen ist.

Einen Zugriff auf Vorschriften erleichtert das ***Gesetzesverzeichnis***. Das ***Sachverzeichnis*** hilft euch, Details aufzuspüren.

Genug geschwätzt, es geht weiter ...

Einführung in die Fallbearbeitungstechnik

Wenn ihr Anfänger im Jura-Dschungel seid, solltet ihr euch mit den folgenden Seiten zur Fallbearbeitungstechnik quälen. Immer wieder. Es nützt.

Eine gute Arbeit lebt von der ***Schwerpunktsetzung***, vom ***Stil*** und der ***Argumentation***.

Die Darstellung macht's!!

Was ihr in dieser Hinsicht beherrscht, kommt euch in jeder Klausur oder Hausarbeit zugute. Dagegen begegnet euch ein mühevoll auswendig gelernter Meinungsstreit unter Umständen nie wieder. In der immer weiter steigenden Flut der juristischen Einzelprobleme kann man sich letztlich nur durch eine fundierte Fallbearbeitungstechnik über Wasser halten.

Worum geht es ?

In der Klausur oder Hausarbeit soll ein Fall gutachterlich gelöst werden. Das klingt völlig banal, wird aber oft genug nicht beachtet. Es geht nicht darum, möglichst viel Wissen in Form von Meinungsstreitigkeiten abzuladen. Wer auf die „Ich weiß was"-Tour kommt, fängt sich Randbemerkungen wie „Fallbezug?" oder „überflüssige Lehrbuchausführungen" ein.

Auf Streitfragen darf nur eingegangen werden, wenn es für die Fall-Lösung darauf ankommt.

Häufig liegt der Schwerpunkt der Arbeit auf der Auswertung der im Sachverhalt enthaltenen Angaben, nicht auf dem leidigen Abspulen von Meinungsstreitigkeiten.

Wie gehe ich an die Sache heran ?

- Die Erfassung des Sachverhalts

Zunächst einmal muss der Sachverhalt gründlich erfasst werden. Das gelingt nur bei sehr kurzen und übersichtlichen Klausuren durch einmaliges Durchlesen. In aller Regel solltet ihr den ***Text*** mindestens zweimal oder besser dreimal ***aufmerksam lesen***. Viele bearbeiten das Aufgabenblatt schon in diesem Stadium mit allen möglichen ***Markierungen***, ***Einteilungen*** und ***Randbemerkungen***.

Das ist nicht unbedenklich:

In der Regel enthält der Sachverhalt keine überflüssigen Passagen. Es besteht die Gefahr, dass vor lauter Konzentration auf die hervorgehobenen Teile Wichtiges unter den Tisch fällt. Vor allem aber könnt ihr zum Zeitpunkt der Erst- oder Zweitlektüre eines unbekannten Falls noch gar nicht zielsicher entscheiden, was nun besonders wichtig ist. Die Fehlerquote kann ziemlich hoch liegen.

Außerdem darf bezweifelt werden, dass die Angelegenheit durch – womöglich vielfarbige – Markierungen wirklich übersichtlicher wird.

Wer es partout nicht lassen kann, sollte sich jedenfalls der genannten Nachteile bewusst sein.

Besonders zu beachten sind natürlich ***Fallfragen*** und ***Bearbeiterhinweise***.

Manchmal wird allgemein nach der Rechtslage gefragt. Dann sind alle infrage kommenden Anspruchsgrundlagen zu überdenken. Häufig ist jedoch nur ein bestimmter Anspruch zu prüfen. Mitunter ist die Prüfung bestimmter Ansprüche ausgeschlossen. Der Bearbeiterhinweis kann auch den Ausschluss einzelner rechtlicher Möglichkeiten betreffen. Dabei kann es z.B. um Leistungsverweigerungs- oder Zurückbehaltungsrechte des Anspruchsgegners gehen.

Die – gar nicht so seltene – ***Missachtung*** solcher Hinweise erregt den Unmut des Korrektors, ***sollte*** also ***tunlichst vermieden werden***. Achtet darauf!

- Die Suche nach den Anspruchsgrundlagen

Nichts ist ärgerlicher, als einen einschlägigen Anspruch zu übersehen! Deshalb sollte nicht vorschnell mit der gedanklichen Prüfung der auf den ersten Blick infrage kommenden Normen begonnen werden.

Einigermaßen einfach gestaltet sich das Auffinden der „richtigen“ Anspruchsgrundlage, wenn eine konkrete Fallfrage gestellt wird (etwa: „Hat X gegen Y einen Kaufpreisanspruch?“). Dann ist eine zur Frage „passende“ Norm aufzufinden, z.B. § 433 II, wenn diese nicht bereits in der Fallfrage genannt ist. Das Auffinden kann recht schnell gelingen, wenn ihr euch wiederholt mit dem ***Inhaltsverzeichnis des BGB*** beschäftigt habt.

Sollte allerdings allgemein nach der Rechtslage gefragt werden, beginnt der Spaß. Ihr müsst dann überlegen, ***wer / von wem / was / woraus*** haben möchte. Laut Sachverhalt erschließt sich in der Regel ganz schnell, ***wer*** etwas ***von wem*** haben möchte. Auch ***was*** der eine vom anderen haben will, bereitet überwiegend keine Schwierigkeiten. Das kann etwa die Übereignung einer Sache, die Kaufpreiszahlung, Schadensersatz in Geld, die Herausgabe einer Sache oder ... oder ... sein. ***Woraus***, also aus welcher Norm bzw. aus welchem Paragraf der Anspruchsteller seinen Anspruch herleitet, ist manchmal gar nicht so einfach herauszufinden.

Nicht nur Anfänger mag ich auf das am Ende des Buches befindliche ***SCHEMA I*** verweisen. Dort sind wichtige Ansprüche aus dem BGB aufgelistet. Es schadet nicht, das Schema auswendig zu lernen. Noch besser: Setzt euch gleich heute an den Rechner und schreibt das Schema ab. Ihr lernt beim Abschreiben! Und dann könnt ihr das Schema nach Herzenslust erweitern und Anmerkungen hinzufügen.

Im Übrigen: In diesem Buch sind die Fall-Probleme überwiegend in vertragliche Ansprüche (siehe SCHEMA I) eingebunden. Wie ihr einen vertraglichen Anspruch aufbaut, erschließt das wiederum am Ende des Buches befindliche ***SCHEMA II***.

Die Lösungsskizze / Zeiteinteilung

Das Erstellen einer sauberen ***Lösungsskizze*** wird oft vernachlässigt. Sie ist die Basis der späteren Klausur und muss ***möglichst detailliert, vor allem aber vollständig*** sein.

Erst wenn der Fall von vorne bis hinten skizziert ist, kann in der Reinschrift eine vernünftige Schwerpunktsetzung erfolgen. Deswegen ist von der ***Unsitte des „Drauflosschreibens“*** klar abzuraten. Hinter diesem stark verbreiteten Verhalten steht wohl der auf den ersten Blick beruhigende Gedanke, schon mal etwas zu Papier gebracht zu haben.

Das ist deshalb gefährlich, weil im noch nicht durchdachten Teil der Arbeit die Hauptschwerpunkte liegen können. „Frühschreiber“ merken das dann zu spät. Das Ergebnis ist eine Arbeit, die zum Ende hin bestenfalls immer dünner wird, schlimmstenfalls ganze Teile der Prüfung gar nicht mehr enthält.

Lasst euch also nicht von den Nachbarn verunsichern, die schon mehrere Seiten geschrieben haben, während ihr noch mit der Lösungsskizze beschäftigt seid. ***Abgerechnet wird zum Schluss!!***

Wann spätestens mit dem Schreiben der Klausur begonnen werden sollte, kann nicht pauschal beantwortet werden. Hier zählen individuelle Erfahrungswerte.

Als ***Faustformel*** mag die sogenannte ***Drittelregel*** dienen:

Auf jeden Fall mindestens das erste Drittel der Bearbeitungszeit für die Skizze verwenden. Andererseits spätestens nach Ablauf von zwei Dritteln der Bearbeitungszeit mit dem Schreiben beginnen, sonst werdet ihr nicht fertig (Oh Ärger).

Bei den Überlegungen zur Lösungsskizze muss der ***Sachverhalt genau im Auge behalten*** werden. Bei einem gut gestellten Fall hat jeder Teil seine Bedeutung. Überflüssige Füllpassagen sind wie gesagt recht selten.

Deshalb ist es sehr hilfreich, folgende ***Kontrollüberlegung*** anzustellen:

Habe ich den gesamten Sachverhalt in die Lösungsskizze einbezogen? Wenn ja, spricht einiges für die Vollständigkeit der Lösung (nicht notwendig für die Richtigkeit).

Oder umgekehrt: Kann eine bestimmte Textpassage ersatzlos gestrichen werden, ohne dass es sich auf meine Lösung auswirkt? Wenn ja, muss die Lösung im Hinblick auf den betreffenden Teil überdacht werden.

Der Gesamtaufbau

Bereits beim Erstellen der Lösungsskizze solltet ihr euch über den Aufbau klar werden. Oft spielen in einem Fall eine ganze Reihe von Personen mit. Dann ist genau darauf zu achten, ***wer gegen wen welche Ansprüche*** geltend macht oder machen kann. Das ergibt sich – wie gesagt – aus der Fallfrage und aus eventuellen Bearbeiterhinweisen.

Wenn ganz allgemein nach der Rechtslage gefragt ist, kann es sich anbieten, nach Personen zu gliedern. Es kann aber auch sinnvoll sein, verschiedene zeitliche Abschnitte getrennt zu betrachten und innerhalb der Abschnitte eine Gliederung nach Personen vorzunehmen.

Die Darstellung im Allgemeinen

- Die äußere Form

Hierzu gibt es nicht so furchtbar viel zu sagen. Dass die ***Schrift*** in der Klausur ***möglichst leserlich*** sein sollte, kann sich jeder denken. Wer also eine Sauklaue hat, sollte nach Möglichkeit daran arbeiten. Schreibt ***nicht mit Bleistift***, damit werden üblicherweise die Korrekturbemerkungen gemacht. Lasst ***genügend Rand***, sonst gilt das Motto „Kein Rand – keine Randbemerkungen". Beschreibt die ***Blätter*** nur ***einseitig und nummeriert*** sie. Wenn ihr die Seiten in der Hektik der letzten Sekunden vor Abgabe in der falschen Reihenfolge zusammengeheftet habt, fällt dem Korrektor so die Zuordnung leichter. An einer fehlenden Unterschrift ist wohl noch keine Klausur oder Hausarbeit gescheitert. Versucht trotzdem daran zu denken. Für das Examen müsst ihr euch die Unterschrift im Übrigen wieder abgewöhnen. Dort werden die Arbeiten anonym unter einer Kennziffer geschrieben.

- Gutachtenstil

Von euch wird in der Klausur – wie auch in Hausarbeiten – der anfänglich stark gewöhnungsbedürftige ***Gutachtenstil*** erwartet. Er besteht aus vier Schritten, die anhand eines bewusst einfachen Beispiels aus dem besonders griffigen Bereich des Kaufvertragsrechts verdeutlicht werden sollen:

1. Schritt: Frage aufwerfen

„X könnte gegen Y einen Anspruch auf Übereignung der Kaufsache gemäß § 433 I 1 haben."

2. Schritt: Voraussetzung bzw. Definition

„Dies setzt einen wirksamen Kaufvertrag, § 433 zwischen den Parteien voraus. Ein Kaufvertrag besteht aus zwei übereinstimmenden Willenserklärungen, Angebot und Annahme."

3. Schritt: Subsumtion

„X hat die Kaufsache angeboten, Y hat das Angebot angenommen. Also liegt ein wirksamer Kaufvertrag, § 433 vor."

4. Schritt: Ergebnis

„Somit hat X gegen Y einen Anspruch auf Übereignung der Kaufsache gemäß § 433 I 1."

Um Missverständnissen vorzubeugen: Wenn ein unproblematischer Normalfall vorliegt, wirkt es albern, den umständlichen Gutachtenstil anzuwenden. Man beschränkt sich dann auf eine ***kurze Feststellung***. Das ist vom Fallsteller durchaus vorgesehen. Die Bearbeitungszeit ist so bemessen, dass ihr unmöglich die ganze Klausur konsequent im Gutachtenstil schreiben könnt.

Also:

Unproblematisches kurz feststellen!

Problematisches im Gutachtenstil darstellen!

Wenn ihr euch für den ***Gutachtenstil*** entschieden habt, ***dann*** muss er ***sauber und vollständig*** sein!

Also nicht: „X könnte gegen Y einen Anspruch auf Übereignung der Kaufsache gemäß § 433 I 1 haben. Dies setzt einen wirksamen Kaufvertrag zwischen den Parteien voraus. Ein Kaufvertrag besteht aus zwei übereinstimmenden Willenserklärungen, Angebot und Annahme. Dies ist hier der Fall."

In diesem – so oder ähnlich leider sehr oft anzutreffenden – Negativbeispiel fehlt der Subsumtionsschritt und damit der Fallbezug. Das ist nichts Halbes und nichts Ganzes!

Vernachlässigt die Schwerpunktsetzung nicht! Klausuren und Hausarbeiten, in denen alles etwa gleich breit geprüft wird, nerven den Korrektor. Versetzt euch einmal in die Lage eines Korrekturassistenten, der einen Stapel mit über 50 Arbeiten vor sich liegen hat. Stellt euch seine Erleichterung vor, wenn er in der 47. Klausur oder Hausarbeit endlich einmal den geradezu erlösend knappen Satz „Der Anspruch ist durchsetzbar" liest. Das gibt einen dicken Haken am Rand, Sympathiepunkte werden eingefahren. ***Wenn die Schwerpunktsetzung stimmt, wird euch die ein oder andere inhaltliche Schwäche locker verziehen!***

Die Schwierigkeit bei der ganzen Angelegenheit liegt natürlich darin, die ***Spreu vom Weizen*** zu ***trennen***, also herauszufinden, was problematisch und was unproblematisch ist.

Das ist immer eine ***unvermeidliche Gratwanderung:*** Wer aus Sicht des Korrektors Unproblematisches im Gutachtenstil prüft, langweilt ihn. Wer andererseits Problematisches nur kurz feststellt, muss sich den Vorwurf des fehlenden Problembewusstseins gefallen lassen.

Es lohnt sich also, ein Fingerspitzengefühl für die richtige Schwerpunktsetzung zu entwickeln.

Im Gutachten spielt die ***Wortwahl*** eine entscheidende Rolle. ***Warnzeichen für unangebrachten Urteilsstil*** sind Wörter wie ***„da", „weil" oder „denn"***. Sobald über die bloße Feststellung hinaus etwas erklärt werden muss, ist der Urteilsstil tabu!

Der reine ***Gutachtenstil*** zeichnet sich wie gezeigt ***im 1. Schritt*** durch Wendungen wie ***„müsste", „könnte", „möglicherweise hat" oder „in Betracht kommt"*** aus. ***Im Ergebnis*** (4. Schritt) heißt es dann typischerweise ***„also", „demnach", „somit", „damit" oder „folglich"***.

Um ganz sauber zu bleiben, solltet ihr mit dem Wort ***„müsste"*** vorsichtig umgehen. Es ist immer dann unangebracht, wenn strukturell noch eine andere Variante in Betracht kommt.

Also nicht: „A könnte die Erklärung gemäß § 123 I anfechten. Dazu müsste er durch arglistige Täuschung zur Abgabe der Willenserklärung bestimmt worden sein." Das ist unzutreffend, weil auch die widerrechtliche Drohung als Anfechtungsgrund in § 123 I genannt wird

Die Prüfung des einzelnen Anspruchs

Bevor ich auf die Prüfung des einzelnen Anspruchs eingehe, möchte ich nochmals auf das am Ende des Buches befindliche ***SCHEMA I*** verweisen. Aus dem Schema ist ersichtlich, welche (wichtigen) Ansprüche für eine Prüfung in Betracht kommen. Das anschließende ***SCHEMA II*** zeigt in einer Zusammenfassung, wie der einzelne Anspruch dann aufzubauen ist.

Der nun folgende Anspruchsaufbau orientiert sich an einem vertraglichen Anspruch.

- Der Obersatz

Jede Prüfung muss mit einem Obersatz beginnen. Der Obersatz sollte immer den ***Anspruchsteller*** und den ***Anspruchsgegner***, das ***Begehren*** des Anspruchstellers und die dazugehörige einschlägige ***Norm*** enthalten:

> „X könnte gegen Y einen Anspruch auf Übereignung der Kaufsache gemäß § 433 I 1 haben."

Also: ***Wer*** könnte ***von wem was woraus*** verlangen?

Gewöhnt euch an, ***immer einen vollständigen Obersatz*** zu ***formulieren***.

- Der folgende Aufbau

Ich schlage – nicht nur in diesem Buch – etwas vor, was nicht unbedingt geschrieben werden muss. Es untermauert jedoch einen klaren und systematischen Aufbau jeder Anspruchsprüfung. Nicht nur für Anfänger lohnt es sich, die folgende ***Unterteilung*** immer zu berücksichtigen:

I. Anspruch entstanden ?

II. Anspruch untergegangen ?

III. Anspruch durchsetzbar ?

IV. Ergebnis.

Die Unterteilung bietet den unermesslichen Vorteil, dass ihr viele Kleinigkeiten während einer Prüfung nicht vergesst. Voraussetzung ist allerdings, dass ihr euch einprägt, welche kleinen Schweinereien in welchem Unterteilungspunkt lauern. Deshalb mag ich nun auf die einzelnen Unterteilungspunkte eingehen.

- „Anspruch entstanden ?"

Nach dem Einstieg (Obersatz) dürft ihr die anschließende Prüfung mit dem Satz:

> „Dann müsste der Anspruch zunächst entstanden sein" einleiten.

Im Prüfungsunterpunkt „I. Anspruch entstanden ?" findet ihr übrigens nahezu alle Problempunkte, die im Allgemeinen Teil des BGB angesiedelt sind.

So ist im Bereich eines vertraglichen Anspruchs stets die ***Wirksamkeit der Willenserklärungen*** zu überdenken. Jede Willenserklärung bedarf zu ihrer Wirksamkeit einiger ***Mindestbestandteile***. Die werdet ihr innerhalb der Fälle kennenlernen. Dasselbe gilt für die sogenannte ***invitatio ad offerendum***. Zu berücksichtigen sind außerdem Problemkreise wie z.B. ***Abgabe und Zugang*** von Willenserklärungen, ***Übereinstimmung von Angebot und Annahme*** und die ***Stellvertretung***.

Nichtigkeits- und Unwirksamkeitsgründe können Bedeutung gewinnen. Hier sei nur beispielsweise auf die ***Geschäftsunfähigkeit*** verwiesen.

Außerdem kann euch im Unterprüfungspunkt „I. Anspruch entstanden ?" die Frage beschäftigen, ob die ***wirksame Anfechtung*** einer Willenserklärungen erfolgt ist.

Wenn ihr zum Ergebnis kommt, dass der Anspruch nicht entstanden ist, heißt der nächste Prüfungsunterpunkt „II. Ergebnis". Der Anspruchsteller hat dann keinen Anspruch gegen den Anspruchsgegner. Wenn der Anspruch aber entstanden ist, geht's mit dem Prüfungspunkt „II. Anspruch untergegangen ?" weiter.

- „Anspruch untergegangen ?"

Dieser nächste Prüfungsunterpunkt wird euch im vorliegenden Buch eher selten beschäftigen, weil in ihm keine Probleme des Allgemeinen Teils des BGB zu verorten sind. Deshalb werdet ihr oft in einem kurzen Satz feststellen dürfen, dass der Anspruch nicht untergegangen ist.

Der wichtigste „allgemeine" Untergangsgrund ist die ***Erfüllung***. Zu berücksichtigen sind allerdings auch die ***Hinterlegung***, die ***Aufrechnung***, der ***Erlassvertrag***, das ***negative Schuldanerkenntnis*** und die ***Annahme an Erfüllungs statt***. Lest hierzu die §§ 362 ff.

„Besondere" Untergangsgründe finden sich im Bereich der sogenannten ***nachträglichen Unmöglichkeit*** in § 275 I und in § 326 I. Dazu mehr in einem gesonderten Fall-Buch zum BGB Schuldrecht AT.

Wenn der Anspruch untergegangen ist, endet die Prüfung im Punkt „III. Ergebnis". Wenn er nicht untergegangen ist, heißt der nächste Prüfungsunterpunkt „III. Anspruch durchsetzbar ?".

- „Anspruch durchsetzbar ?"

Bevor ihr ein Ergebnis präsentiert, solltet ihr kurz überdenken, ob der entstandene Anspruch, der nicht untergegangen ist, vielleicht – momentan oder dauernd – nicht durchsetzbar ist.

Hier ist insbesondere ein etwaiges ***Leistungsverweigerungs-*** bzw. ***Zurückbehaltungsrecht*** zu berücksichtigen. Lest hierzu § 320, aber auch § 273.

Aber auch eine ***Verjährung*** kann sich als interessant erweisen. Wichtig sind hier vor allem die §§ 194 ff.

- *„Ergebnis"*

Zum Schluss folgt der Unterpunkt „IV. Ergebnis". Denkt bitte daran, genau die Frage zu beantworten, die ihr im Obersatz aufgeworfen habt.

Wie stelle ich einen Meinungsstreit vorteilhaft dar ?

Nicht immer müssen in einer Klausur Meinungsstreitigkeiten gelöst werden. Das ist schon eher in Hausarbeiten der Fall. An dieser Stelle möchte ich dennoch einige ***grundlegende Hinweise*** geben.

Auf allen genannten Aufbauebenen können Problemschwerpunkte auftauchen. Dabei muss es sich wie bereits erwähnt keineswegs immer um Meinungsstreitigkeiten handeln. Wenn aber ein Meinungsstreit einschlägig ist, heißt das noch lange nicht, dass er auch entschieden werden muss! An dieser Stelle werden regelmäßig grobe logische Fehler gemacht.

Immer wieder liest man seitenweise von „Theorien" und ihren Vorzügen oder Nachteilen, ohne dass der Fallbezug auch nur ansatzweise hergestellt worden ist.

Ganz wichtig: Die Argumente für oder gegen eine Meinung dürfen erst ins Spiel gebracht werden, wenn die ***fallbezogene Subsumtion*** ergeben hat, dass die dargestellten Standpunkte zu verschiedenen Ergebnissen führen. Nicht selten besteht die Leistung gerade darin, einer Streitentscheidung aus dem Weg zu gehen.

Bei einer Vielzahl differenzierender Ansichten genügt oft die Auseinandersetzung mit einer bestimmten Meinung, weil die anderen im konkreten Fall auf ein übereinstimmendes Ergebnis hinauslaufen.

Kurz gesagt: ***Niemals mehr entscheiden als unbedingt nötig!***

Wenn es auf eine ***Streitentscheidung*** ankommt, müsst ihr sie ***abstrakt***, also losgelöst vom konkreten Fall treffen.

Von euch wird nicht das entscheidende, noch nie da gewesene Argument erwartet. Erst recht müsst ihr keine neuartigen Lösungswege aus dem Boden stampfen. Verlangt wird lediglich eine fundierte und ***nachvollziehbare Auseinandersetzung mit den vorhandenen Argumenten***. Das gilt übrigens grundsätzlich auch für Hausarbeiten.

Bei umfangreicher Argumentation kann es sich anbieten, in einer Art ***Ping-Pong-Verfahren*** die Argumente einander gegenüberzustellen:

> „Für die enge Auslegung spricht ...
> Dagegen lässt sich anführen, dass ...
> Andererseits ...
> Der Gegeneinwand überzeugt wegen ... nicht."

Mit einem solchen „Schlagabtausch" setzt man sich mit den Argumenten der letztlich abgelehnten Auffassung lebendig auseinander.

Je nach Geschmack kann man aber auch die Argumente der einzelnen Auffassungen en bloc bringen, wobei sich anbietet, die später abgelehnte Argumentation zuerst darzustellen. Das wirkt überzeugender.

Setzt euch immer konkret mit den jeweiligen Meinungen auseinander und vermengt die Diskussion nicht zu einem Einheitsbrei. Vor allem in Hausarbeiten findet sich häufig folgende Struktur: 1. „Meinung A“, 2. „Meinung B“, 3. „Meinung C“, 4. „Kritik und eigene Ansicht“. Diese Art der Darstellung ist in Aufsätzen und Büchern beliebt, aber erfahrungsgemäß für Hausarbeiten oder gar Klausuren ungeeignet. Die Kandidaten („Das ganze Leben ist ein Quiz ...“) verirren sich dabei regelmäßig im Dschungel eigener und fremder Gedankengänge.

Im Grundsatz halte ich es ***nicht*** für ***empfehlenswert***, die ***Meinungen beim Namen zu nennen***.

Also nicht:

> „Der BGH vertritt die Auffassung ... / Der herrschenden Lehre zufolge ... / Die XY-Theorie besagt ...“

Eine solche Form der Darstellung ist nicht falsch, hat aber einen entscheidenden Nachteil: ***Der Streit wirkt abgespult!***

Aus Sicht des Korrektors werden nur auswendig gelernte Erkenntnisse gebetsmühlenartig zu Papier gebracht, die in der Klausur ohnehin nicht belegbar sind.

Mit der Einordnung der Meinungen in Literatur und Rechtsprechung gewinnt ihr keinen Blumentopf.

Eine Berufung auf die h.L. oder den BGH ist keine ***Prüfungsleistung***, die ***besteht in der ansprechenden Argumentation***.

Wesentlich überzeugender ist demgegenüber die ***Darstellung vom Problem her:***

> „Der Gesetzestext legt eine weite Interpretation des Merkmals XY nahe.“
>
> „Aus dem Sinn und Zweck der Norm lässt sich aber ableiten, dass ...“

Derartige Formulierungen suggerieren eine ***eigenständige und lebendige Herleitung*** der Ansichten. Die Lösung stellt sich auf diese Weise als echte Leistung des Bearbeiters dar, sie wird im Idealfall zum Leseerlebnis für den Korrektor. Diese Vorgehensweise bietet sich übrigens ***auch in Hausarbeiten*** an, wobei sich dann die Vertreter der jeweiligen Auffassung zwanglos aus den Fußnoten ergeben.

Nun erwarten euch erst einmal die gesammelten Sachverhalte.

Widersteht – wenn es irgend geht – der Verlockung, nach dem Lesen eines Sachverhalts direkt in den Lösungsvorschlag zu schauen. Ihr solltet vielmehr ernsthaft versuchen, eigenständige Lösungen zu erarbeiten.

Und nun nahen endlich die Fälle ...

Willenserklärung

Fall 1

Der Magier M benötigt dringend viel Geld. Deshalb hypnotisiert er den Begüterten B und bringt ihn in diesem Zustand dazu, ein vorgefertigtes Schriftstück zu unterschreiben, in dem sich B verpflichtet, eine dem M gehörende – tatsächlich wertlose – Glaskugel für 10.000 € zu kaufen.

Frage: Hat M einen Anspruch auf Kaufpreiszahlung ?

Fall 2

E ist neugierig und besucht zum ersten Mal eine Versteigerung. Mit den Gepflogenheiten einer solchen Veranstaltung ist er nicht vertraut. Als er den Versteigerungssaal betritt, nickt ihm ein Bekannter zur Begrüßung lächelnd entgegen. E hebt entzückt den Arm und winkt seinerseits grüßend zurück. Im selben Moment erteilt der Auktionator A dem E den Zuschlag (§ 156 BGB) für 100 Regenschirme gegen Zahlung von 20 €. E wusste nicht, dass das Armheben in einer Versteigerung als Abgabe eines Kaufgebots gewertet wird.

Frage: Hat der Auktionator gegen E einen Anspruch auf Zahlung ?

Fall 3

Der Ehemann E der erfolgreichen Geschäftsfrau F arbeitet in deren Büro als Sekretär. Während F in Saus und Braus leben kann, bedenkt sie ihren Mann lediglich mit einem allzu mageren Monatssalär. Der unzufriedene E ersinnt deshalb einen Plan. In der täglich vorzulegenden und Geschäftspost enthaltenden Unterschriftenmappe versteckt er zwischen den üblichen Schriftstücken eine eigens auf dem Firmenpapier der F gefertigte Bestellung bezüglich einer teuren Rolex-Uhr für 5.000 €, die er sich bei Zusendung einverleiben will. F bemerkt nichts und unterschreibt das Schriftstück, das später den Juwelier J erreicht. Nach der Uhrenzusendung durch J fliegt der Schwindel auf.

Frage: Hat J gegen F einen Zahlungsanspruch ?

Hinweis: Ein etwaiges Anfechtungsrecht der F ist nicht zu berücksichtigen.

Fall 4

Die Freundinnen X und Y stehen kaufrauschbeseelt vor dem Schaufenster der In-Boutique „Guido“. Beide erblicken einen Schlangenimitat-Ledergürtel für 100 € mit dem Hinweiszettel „Einzelstück“ und stürzen in den Verkaufsraum. Zuerst ruft X, dann auch Y dem anwesenden Geschäftsinhaber G frohgemut entgegen: „Ich kaufe den Gürtel aus dem Schaufenster!“ G wendet sich mit einem lapidaren „OK“ an Y, entnimmt den Gürtel der Auslage und will ihn der Y aushändigen. X ist mit dieser Vorgehensweise gar nicht einverstanden und fordert schreiend die Übereignung des Gürtels. G kann die aufgeregte X nicht beruhigen.

Frage: Hat X gegen G einen Anspruch auf Übereignung des Gürtels ?

Fall 5

Der etwas senile S erhält eines Tages zwei Briefe, die er ob seiner enormen Sehschwäche mit Brille liest. Der eine beinhaltet eine Einladung zum 70-jährigen Abiturjubiläum, der andere ein konkretes Kaufangebot seines Antiquars A bezüglich einer Erstausgabe des Buches „Die Hog Farm Kommune“ zum Preis von 100 €. Beide Briefe sind mit einer vorgefertigten Antwortkarte versehen. S, der seine Brille zwischenzeitlich verlegt hat, unterzeichnet später die an den Antiquar gerichtete Antwortkarte in der Meinung, er sage der Jubiläumseinladung zu. Wenige Tage später erhält S von A das Buch. A begehrt Zahlung des Kaufpreises.

Frage: Hat A gegen S einen Anspruch auf Kaufpreiszahlung ?

Hinweis: Ein etwaiges Anfechtungsrecht oder Widerrufsrecht des S ist nicht zu berücksichtigen.

Fall 6

Lebenskünstler L befindet sich einmal mehr in Geldnot. Schweren Herzens entschließt er sich, seine geliebte bronzene Lenin-Büste zu veräußern. Deshalb wendet er sich an X, von dem er weiß, dass dieser bereits eine gleiche Büste besitzt und der unlängst geäußert hatte, er sei auf der Suche nach einem zweiten Exemplar. Auf die Frage: „Willst du meine Lenin-Büste für 100 € kaufen?“ schmettert X dem L ein hocherfreutes „Ja natürlich!“ entgegen. Als L dem X die Büste in die Hand drückt und Zahlung fordert, stellt sich heraus, dass X sich seinerseits – entgegen der Annahme des L – von der ihm gehörenden Büste trennen wollte. Die Frage des L hatte X falsch verstanden. Er meinte, L sei am Kauf seiner Büste für 100 € interessiert.

Frage: Hat L gegen X einen Anspruch auf Kaufpreiszahlung ?

Hinweis: Ein etwaiges Anfechtungsrecht des X ist nicht zu berücksichtigen.

Fall 7

Der begeisterte Wasserpistolensammler W schickt seiner Sammlerfreundin F ein seltenes Modell aus den 1950er Jahren zu. In seinem Begleitschreiben ist zu lesen: „Liebe F. Für 200 € kannst du die Pistole haben. Sollte ich innerhalb der nächsten 30 Tage nichts von dir hören, gehe ich davon aus, dass du an dem Stück interessiert bist. Überweise dann das Geld auf mein Konto." Nach zwei Monaten hat sich F immer noch nicht bei W gemeldet, aber auch keine Zahlung geleistet.

Frage: Hat W gegen F einen Anspruch auf Kaufpreiszahlung ?

Fall 8

Z benötigt dringend Geld. Deshalb schickt er an seinen vermögenden Cousin C das folgende Schreiben: „Lieber C. Bei deinem letzten Besuch hat dir meine grüne Mao-Mütze mit dem roten Stern besonders zugesagt. Ich verkaufe dir die Kappe für nur 200 €. Das Angebot ist freibleibend." C schreibt erfreut zurück: „Ja ja ja!!! Ich will die Mütze haben." Hierauf meldet sich Z bei C und erklärt, er werde die Kappe an den Dritten D veräußern, der ihm zwischenzeitlich einen höheren Kaufpreis geboten habe. C ist empört und verlangt Übereignung der Mao-Mütze.

Frage: Hat C gegen Z einen Anspruch auf Übereignung der Mütze ?

Fall 9

W ist Eigentümer eines „Wackel-Dackels". Eines Tages schreibt er seinem Freund F folgenden Brief: „Lieber F. Vor einiger Zeit hast du dich für meinen Wackel-Dackel interessiert. Für 5 € kannst du ihn haben." Kurz nachdem er das Schreiben per Post an F abgesandt hat, äußert der Dritte D reges Interesse an der Figur. Er möchte sie für 15 € kaufen. Daraufhin schickt W dem F ein Telegramm mit folgendem Wortlaut: „Ich ziehe mein Angebot bezüglich des Verkaufs des Wackel-Dackels zurück." F, der zuerst das Telegramm und dann den Brief des W erhält, wundert sich sehr. Er ist der Meinung, W sei an ein einmal abgegebenes Angebot gebunden. Deshalb erklärt F gegenüber W: „Ja, ich kaufe den Wackel-Dackel für 5 €."

Frage: Hat F gegen W einen Anspruch auf Übereignung der Figur ?

Fall 10

Autonarr N interessiert sich seit langer Zeit für einen dem L gehörenden alten Cadillac-Eldorado-Leichenwagen. L möchte sich jedoch von dem Fahrzeug nicht trennen. Weil N das Auto unbedingt haben möchte, fertigt er ein an L adressiertes Schriftstück, in dem er für den Wagen 40.000 € bietet. Der offerierte Preis entspricht etwa dem Doppelten des tatsächlichen Wertes des Fahrzeugs. N denkt zutreffend, L werde sich für diesen Betrag von seinem Kfz trennen. Nachdem er sein Ansinnen zu Papier gebracht hat, legt N den Brief beiseite, um am nächsten Tag zu eruieren, ob sein Konto die nötige Deckung aufweist. Am folgenden Morgen erblickt die fleißige Haushälterin H des N den Brief und nimmt irrtümlich an, N habe vergessen, ihn zur Post zu geben. Dienstbeflissen übernimmt sie diese „Aufgabe". Als L den Brief erhält, ist er äußert entzückt. Er ruft sofort den N an und erklärt, er sei einverstanden. N hat zwischenzeitlich mit einem Blick auf den aktuellen Kontoauszug schmerzlich erkennen müssen, dass sein aufwendiger Lebensstil den Kauf des ach so begehrten Fahrzeugs aktuell verhindert und sich entschlossen, den Brief nicht abzusenden. L besteht jedoch auf der Bezahlung von 40.000 € gegen Übereignung des Autos.

Frage: Hat L gegen N einen Anspruch auf Kaufpreiszahlung ?

Fall 11

Der nunmehr bekannte Autonarr N interessiert sich auch für einen dem S gehörenden alten Schwimmwagen. S möchte sich jedoch von dem Fahrzeug nicht trennen. Deshalb ersinnt N einen Plan. Er fertigt ein an S adressiertes Schriftstück, in dem er für den Wagen 40.000 € bietet. Der offerierte Preis entspricht etwa dem Doppelten des tatsächlichen Wertes des Fahrzeugs. N denkt zutreffend, S werde sich für diesen Betrag von seinem Kfz trennen. Nachdem er sein Ansinnen zu Papier gebracht hat, bittet er seine fleißige Haushälterin H, den Brief persönlich an S auszuhändigen. H tut, wie ihr geheißen. Als S den Brief liest, ist er äußert entzückt und wird geldgierig. Er ruft sofort den N an und erklärt, er sei mit dem Verkauf einverstanden, wenn N 50.000 € zahle. N hat zwischenzeitlich mit einem Blick auf den aktuellen Kontoauszug schmerzlich erkennen müssen, dass ihm das nötige Kapital zum Erwerb fehlt und sich bereits darüber geärgert, dass er H mit dem Brief zu S geschickt hat. Darum bemerkt er gegenüber S, unter diesen Umständen sei er nicht mehr an dem Auto interessiert und ziehe sein Angebot insgesamt zurück. Der nunmehr irritierte S schmettert dem N panisch entgegen: „Dann nehme ich dein Angebot über 40.000 € an!"

Frage: Hat S gegen N einen Kaufpreisanspruch ?

Fall 12

Dem Sammler S, der sein Leben mit der Suche nach obskuren Wärmeflaschen erfüllt, liegt ein schriftliches Angebot des V vom 03.01. vor, der ein von S lange ersehntes Exemplar für 100 € verkaufen möchte. V hat das Angebot bis zum 15.01. befristet. Die Bemühungen des S, am 15.01. telefonisch mit V Kontakt aufzunehmen, scheitern. Deshalb fertigt er eine schriftliche Annahmeerklärung, die er gegen 21.00 Uhr in den Briefkasten des V einwirft, weil er ihn nicht persönlich antrifft. Am 16.01. nimmt V vormittags von dem Brief Kenntnis. Sofort ruft er bei S an und spricht auf dessen Anrufbeantworter: „Leider hast du die Frist versäumt. Ich schicke dir die Wärmeflasche, will jetzt aber 120 € haben.“ Anschließend packt er die Wärmeflasche in ein Paket und übersendet sie an S, der sie bald darauf erhält. Auch die Nachricht auf seinem Anrufbeantworter nimmt S wahr. Er ruft den V an und erklärt: „Ich will das Stück auf jeden Fall behalten.“ Dann fragt er sich allerdings, ob V tatsächlich 120 € verlangen kann oder nur die ursprünglich geforderten 100 €.

Frage: Hat V gegen S einen Kaufpreisanspruch in Höhe von 120 € oder 100 € ?

Fall 13

Rentner R interessiert sich für alte „Cigaretten-Bilderdienst“-Alben. Am 03.01. geht ihm ein schriftliches Angebot des Y zu, der ein Album „Deutsche Kolonien“ für 50 € verkaufen möchte. Y hat das Angebot bis zum 15.01. befristet. Bereits am 05.01. fertigt R eine schriftliche Annahmeerklärung, die er am selben Tag mit einem 50-€-Geldschein per Post versendet. Aus unerfindlichen Gründen stellt die Deutsche Post AG den Brief erst am 16.01. zu. Y sieht den zehn Tage alten Poststempel auf dem Briefumschlag und ist verunsichert. Er weiß nicht, wie er sich verhalten soll. Zwischenzeitlich hat nämlich ein Museum Interesse an dem Album bekundet und 200 € für das seltene Exemplar geboten. Wenig später meldet sich R bei Y und verlangt Erfüllung des Kaufvertrags.

Frage: Hat R gegen Y einen Anspruch auf Übereignung des Albums ?

Fall 14

Am 05.05. bietet die B dem S ein von diesem lange gesuchtes „Trink Sinalco“-Emailleschild für 200 € schriftlich zum Kauf an. B hat das Angebot bis zum 15.05. befristet. Am 15.05. bemerkt S, dass er vergessen hat, seine schon am 06.05. gefertigte schriftliche Annahmeerklärung per Post zu versenden. S kann B telefonisch nicht erreichen. Weil sein Terminkalender ihm unaufschiebbare Termine signalisiert, ruft er seinen Freund F an und bittet diesen, persönlich bei B vorbeizuschauen und unter Übergabe von 200 € zu übermitteln, er (S) nehme das Angebot an. F trifft im Haus der B nicht diese, sondern deren Ehemann E an, dem er die Nachricht des S mitteilt und 200 € übergibt. Am Nachmittag leitet E die Erklärung und das Geld an B weiter.

Frage: Hat S gegen B einen Anspruch auf Übereignung des Schildes ?

Fall 15

Am 05.05. bietet die B dem S ein von diesem lange gesuchtes „Trink Bluna“-Emailleschild für 200 € schriftlich zum Kauf an. B hat das Angebot bis zum 15.05. befristet. Am 15.05. bemerkt S, dass er vergessen hat, seine schon am 06.05. gefertigte schriftliche Annahmeerklärung per Post zu versenden. S kann B telefonisch nicht erreichen. Weil sein Terminkalender ihm unaufschiebbare Termine signalisiert, ruft er seinen Freund F an und bittet diesen, persönlich bei B vorbeizuschauen und unter Übergabe von 200 € zu übermitteln, er (S) nehme das Angebot an. F trifft im Haus der B nicht diese, sondern den zufällig anwesenden Handwerker H an, dem er die Nachricht des S mitteilt und 200 € übergibt. Erst am nächsten Tag leitet H die Erklärung und das Geld an B weiter.

Frage: Hat S gegen B einen Anspruch auf Übereignung des Schildes ?

Fall 16

Anlässlich eines Stadtfestes verkaufen Boss B und dessen Hilfswicht H aus einem fahrbaren Imbiss Bratwürste. Als sich abzeichnet, dass der Vorrat am nächsten Tag zur Neige gehen wird, schickt B den H zu dem ihm bekannten Metzger M. Er überreicht dem H einige Zeilen, die er auf einem Bogen seines Geschäftsbriefpapiers niedergeschrieben hat: „Lieber M. Ich benötige morgen früh dringend 240 Bratwürste der Qualität „fettig" zum Preis von 6,50 € pro Dutzend. Das Geld gibt's bei Übergabe der Ware. Bis bald, B." In der Metzgerei bemerkt H, dass er das Schriftstück verloren hat. Er meint, sich an dessen Inhalt richtig erinnern zu können und äußert deshalb gegenüber M: „B will von Ihnen 240 Bratwürste der Qualität „weniger fettig" für 8,00 € pro Dutzend, die Sie am folgenden Morgen bei B gegen Bezahlung anliefern sollen." Wie gewünscht erscheint M am nächsten Tag mit 240 Bratwürsten der Qualität „weniger fettig" bei B, der jedoch die Entgegennahme verweigert. M besteht auf Zahlung gegen Aushändigung der Ware.

Frage: Hat M einen Anspruch auf Kaufpreiszahlung gegen B ?

Hinweis: Ein etwaiges Anfechtungsrecht des B ist nicht zu berücksichtigen.

Stellvertretung

Fall 17

Der Neureiche N interessiert sich für einen aufblasbaren „Strandkorb". Er bittet seinen Freund F, für ihn beim Händler H einen solchen zu erwerben. In der Auswahl soll F frei sein. F begibt sich zu H lässt sich verschiedene Modelle vorführen. Schlussendlich entscheidet er sich im Namen des N für ein grellgelbes Modell, das H anschließend gegen Rechnung an N liefert.

Frage: Hat H gegen N einen Anspruch auf Kaufpreiszahlung ?

Fall 18

Anlässlich eines Stadtfestes verkaufen Boss B und dessen Hilfswicht H aus einem fahrbaren Imbiss Bratwürste. Als sich abzeichnet, dass der Vorrat am nächsten Tag zur Neige gehen wird, schickt B den H zu dem ihm bekannten Metzger M. Er überreicht dem H einige Zeilen, die er auf einem Bogen seines Geschäftsbriefpapiers niedergeschrieben hat: „Lieber M. Ich benötige morgen früh dringend 240 Bratwürste der Qualität „fettig“ zum Preis von 6,50 € pro Dutzend. Das Geld gibt's bei Übergabe der Ware. Bis bald, B.“ In der Metzgerei äußert H zwar, er wolle Würste für B kaufen, legt jedoch das Schriftstück des B nicht vor. Weil er der Meinung ist, zu viel Fett schade der Gesundheit, lässt er sich von M verschiedene Bratwurstsorten zeigen und entscheidet sich dann weltmännisch für 240 Bratwürste der Qualität „weniger fettig“ für 8,00 € pro Dutzend, die M am folgenden Morgen bei B gegen Bezahlung anliefern soll. Wie gewünscht erscheint M am nächsten Tag mit 240 Bratwürsten der Qualität „weniger fettig“ bei B, der jedoch die Entgegennahme verweigert. M besteht auf Zahlung gegen Aushändigung der Ware.

Frage: Hat M einen Anspruch auf Kaufpreiszahlung gegen B ?

Fall 19

Anlässlich eines Stadtfestes verkaufen Boss B und dessen Hilfswicht H aus einem fahrbaren Imbiss Bratwürste. Als sich abzeichnet, dass der Vorrat am nächsten Tag zur Neige gehen wird, schickt B den H zu dem ihm bekannten Metzger M. Er überreicht dem H einige Zeilen, die er auf einem Bogen seines Geschäftsbriefpapiers niedergeschrieben hat: „Lieber M. Ich benötige morgen früh dringend 240 Bratwürste der Qualität „fettig“ zum Preis von 6,50 € pro Dutzend. Das Geld gibt's bei Lieferung der Ware. Bis bald, B.“ Unglücklicherweise verliert H das Schreiben. Er weiß zwar, dass er 240 Würste kaufen soll, erinnert sich aber nicht an deren Qualität. Trotzdem geht er in die Metzgerei und äußert, er wolle Würste für B kaufen. H lässt sich von M verschiedene Bratwurstsorten zeigen. Weil er denkt, es handele sich um die richtige Ware, entscheidet er sich für 240 Bratwürste der Qualität „weniger fettig“ für 8,00 € pro Dutzend, die M am folgenden Morgen bei B gegen Bezahlung anliefern soll. Wie gewünscht erscheint M am nächsten Tag mit 240 Bratwürsten der Qualität „weniger fettig“ bei B, der jedoch die Entgegennahme verweigert. M besteht auf Zahlung gegen Aushändigung der Ware.

Frage: Hat M einen Anspruch auf Kaufpreiszahlung gegen B ?

Fall 20

X möchte ein Radiogerät herstellen, das äußerlich einem „Halloween“-Kürbis nachempfunden ist. Da ihm noch einige Bauteile fehlen, fragt er seinen Freund F, der in demselben Haus wohnt und ebenfalls Radiogeräte baut, ob dieser Geschäfte kenne, in denen er Teile günstig erwerben könne. F nennt ihm den Betrieb des Z, in dem er

Stammkunde ist. Gegenüber Z äußert X in dessen Geschäft: „Sie kennen doch F. Er schickt mich zu Ihnen, damit ich einige Teile kaufe." Nachdem er passendes Material gesichtet hat und sich für mehrere Schalter entschieden hat, werden sich Z und X handelseinig. X bittet Z, die Schalter nebst Rechnung zuzusenden und nennt seine Adresse, die der des F entspricht. Mit der Ware erhält F wenige Tage später eine Rechnung, die an ihn gerichtet ist. Da F davon ausgeht, die Ware sei für X bestimmt, übergibt er die Schalter und die Rechnung an X. Weil in der Folgezeit keine Zahlung erfolgt, wendet sich Z an F und fordert die Begleichung der Rechnung.

Frage: Hat Z gegen F einen Kaufpreisanspruch ?

Fall 21

X möchte ein Radiogerät herstellen, das äußerlich einem „Halloween"-Kürbis nachempfunden ist. Da ihm noch einige Bauteile fehlen, schickt er seinen Freund F, der in demselben Haus wohnt, zum Betrieb des Z, um dort passendes Material zu sichten und für X günstig zu erwerben. Bei seinem Besuch stellt sich F dem Z vor, versäumt es aber zu offenbaren, dass er für X handelt. Nachdem er sich für mehrere Schalter entschieden hat, werden sich Z und F handelseinig. F bittet Z, die Schalter nebst Rechnung zuzusenden und nennt seine Adresse, die der des X entspricht. Mit der Ware erhält er wenige Tage später eine Rechnung, die an ihn persönlich gerichtet ist. Da F davon ausgeht, er habe die Ware im Namen des X gekauft, übergibt er die Schalter und die Rechnung an X. Als in den nächsten Wochen keine Zahlung erfolgt, wendet sich Z an F und fordert die Begleichung der Rechnung.

Frage: Hat Z gegen F einen Kaufpreisanspruch ?

Fall 22

Der forsche F betritt die Bäckerei des B, sieht sich um und entscheidet sich für ein „Kölner Kastenbrot". F zahlt den Kaufpreis und erhält von B das Brot aushändigt. Alsbald überreicht F das Brot seiner Schwester S, die ihn ob ihrer momentanen Bettlägerigkeit mit dem Kauf von Backwaren bevollmächtigt hatte. Als S bemerkt, dass das Brot ungenießbar ist, fragt sie sich, ob sie wegen des Mangels einen eigenen vertraglichen Anspruch gegen Bäcker B hat.

Frage: Besteht ein wirksamer Kaufvertrag im Verhältnis S – B ?

Fall 23

Der alternde Onkel O beauftragt seinen technisch bewanderten 15-jährigen Neffen N, für ihn einen MP3-Player zu erwerben. In der Auswahl soll N frei sein. N tut wie ihm geheißen und sucht im Geschäft des G im Namen des O einen Player für 300 € aus, den G wie gewünscht mit Rechnung an die Adresse des O sendet. Als O die Höhe des Preises erfährt, verweigert er die Zahlung.

Frage: Hat G gegen O einen Anspruch auf Kaufpreiszahlung ?

Fall 24

Der alternde Onkel O beauftragt seinen technisch bewanderten 15-jährigen Neffen N, für ihn einen MP3-Player zu erwerben. In der Auswahl soll N frei sein. N tut wie ihm geheißen und sucht im Geschäft des G im Namen des O einen Player für 300 € aus, den G wie gewünscht mit Rechnung an die Adresse des O sendet. Bereits bevor N sich für das in Rede stehende Gerät entschieden hat, ist O verstorben. Die einzige Tochter des O und alleinige Erbin E verweigert die Zahlung.

Frage: Hat G gegen E einen Anspruch auf Kaufpreiszahlung ?

Fall 25

Wegen einer starken Gehbehinderung kann Mutter M die täglichen Einkäufe im Tante-Emma-Laden des L nicht mehr selbst tätigen. Deshalb benachrichtigt sie den L, in Zukunft werde ihr Sohn S für sie einkaufen. L möge sich wegen der Bezahlung an sie wenden. S besorgt auf Bitten der M in den Folgemonaten tatsächlich die Einkäufe, M bezahlt jeweils nach Rechnungsstellung durch L. Nach einem heftigen Streit entzieht M dem S die Einkaufsberechtigung und teilt dies auch dem L mit. Als S am nächsten Tag bei L eine Magnum-Flasche Eierlikör im Namen der M erwerben will, händigt L dem S die Ware aus, weil er fälschlicherweise meint, S dürfe doch wieder für M einkaufen. L verlangt von M den Kaufpreis.

Frage: Hat L einen Anspruch auf Kaufpreiszahlung gegen M ?

Fall 26

Wegen einer starken Gehbehinderung kann Mutter M die täglichen Einkäufe im Tante-Emma-Laden des L nicht mehr selbst tätigen. Deshalb benachrichtigt sie den L, in Zukunft werde ihr Sohn S für sie einkaufen. L möge sich wegen der Bezahlung an sie wenden. S besorgt auf Bitten der M in den Folgemonaten tatsächlich die Einkäufe, M bezahlt jeweils nach Rechnungsstellung durch L. Nach einem heftigen Streit entzieht M dem S die Einkaufsberechtigung, teilt dies dem L jedoch nicht mit. Als S am nächsten Tag bei L eine Magnum-Flasche Eierlikör im Namen der M erwerben will, händigt L dem S die Ware aus, obwohl ihm ein anderer Kunde zwischenzeitlich vom Entzug der Berechtigung berichtet hat.

Frage: Hat L einen Anspruch auf Kaufpreiszahlung gegen M ?

Fall 27

Der greise Großvater G weiß, dass seine Tochter T für ihn ab und an Einkäufe im Tante-Emma-Laden des L tätigt und hierbei in seinem Namen auftritt. Mit ihrem Handeln ist er nicht einverstanden, die durch L zugesandten Rechnungen begleicht G jedoch immer prompt. Eines Tages bringt T aus dem Laden eine Flasche Obstler mit, weil sie bemerkt hat, dass die Alkoholvorräte ihres Vaters langsam aber sicher zur Neige gehen. G ist empört, weil er noch nie Obstler, sondern zeitlebens preiswerten Frühstückskorn getrunken hat. Die durch L übermittelte Rechnung will er nicht begleichen. Er führt zutreffend aus, er habe der T nie eine Einkaufsvollmacht erteilt.

Frage: Hat L gegen G einen Anspruch auf Kaufpreiszahlung ?

Fall 28

Der ein wenig einfältige E bittet seinen Bekannten B, für ihn ein altes aber neuwertiges Bonanza-Fahrrad zu veräußern. B wittert ein Geschäft und sagt zu. Anschließend verkauft er das Fahrrad im Namen des E an sich selbst zu einem Bruchteil des tatsächlichen Wertes.

Frage: Ist der Kaufvertrag im Verhältnis E – B wirksam ?

Fall 29

Der aufmerksame A erblickt im Second-Hand-Geschäft des G ein T-Shirt mit dem Aufdruck „In Law We Trust“, das er sofort im Namen des mit ihm befreundeten Sammlers S kauft. G schickt das Shirt – wie von A erwünscht – mit Rechnung an S. Dieser ist empört. Gegenüber A stellt er klar, er sei mit dem geschlossenen Vertrag nicht einverstanden. Kurz darauf meldet sich der zwischenzeitlich bezüglich der Wirksamkeit des Vertrags unsicher gewordene G bei S und verlangt dessen Zustimmung zum Vertrag. Nach langen Diskussionen mit A erklärt S gegenüber G nach drei Wochen die Genehmigung.

Frage: Hat G gegen S einen Anspruch auf Kaufpreiszahlung ?

Fall 30

Der aufmerksame A erblickt im Second-Hand-Geschäft des G ein T-Shirt mit dem Aufdruck „I Survived Law Studies“, das er sofort im Namen des mit ihm befreundeten Sammlers S für 25 € kauft. G, der beim Vertragsschluss wusste, dass A keine Vertretungsmacht hat, schickt das Shirt – wie von A erwünscht – mit Rechnung an S. Weil S nicht direkt reagiert, wendet sich G an seinen Rechtsanwalt R. Dieser weist G darauf hin, dass er möglicherweise „etwas falsch gemacht" habe. R rät G dringend, eine Zustimmung zum Kauf baldigst vom Vertretenen S einzuholen. Also wendet sich G an S und fordert ihn zur Genehmigung auf. Während G auf die Genehmigung wartet, bekundet ein weiterer Kunde Interesse an dem T-Shirt und bietet spontan 100 €. Der eiligst kontaktierte Rechtsanwalt R rät dem geldgierigen G, doch einfach den Vertrag zu widerrufen und das T-Shirt zurückzufordern. Also erklärt G gegenüber A den Widerruf. Zwölf Tage nach der Aufforderung erklärt S dann die Genehmigung bezüglich des Vertrags.

Frage: Ist der Kaufvertrag im Verhältnis S – G wirksam ?

Fall 31

X denkt zu Unrecht, er sei durch Z beauftragt, dessen Yorkshire-Terrier „Tony" zu veräußern. Er schließt mit dem bezüglich der Vertretungsmacht gutgläubigen G – der das Tier kennt – im Namen des Z einen entsprechenden Kaufvertrag. Hierin wird vereinbart, dass der Kaufpreis für den 350 € werten Hund 300 € betragen soll. Als G den Terrier bei Z abholen will, stellt sich der Irrtum des X heraus. Z verweigert empört die Übereignung von „Tony". G wendet sich an X und verlangt Ersatz der tatsächlich für die Fahrt zu Z entstandenen Fahrtkosten in Höhe von 60 €.

Frage: Hat G gegen X einen Anspruch auf Ersatz der geforderten Fahrtkosten ?

Geschäftsfähigkeit

Fall 32

Der sechsjährige S eilt frohgemut in das Spielzeugfachgeschäft des F, das einem Freund seines alleinerziehenden Vaters V gehört. Dort stöbert er nach Herzenslust und entscheidet sich zum Kauf einer „Action-Figur" aus Plastik, die den martialischen Namen „Killer-Kurt" trägt. Dem F erklärt er an der Kasse, er werde die Figur schon einmal mitnehmen und den Kaufpreis in Höhe von 20 € am nächsten Tag von seinem Taschengeld bezahlen. F ist einverstanden. Als S in den folgenden Tagen nichts von sich hören lässt, wendet sich F an V. Auf die Frage, wie es denn mit der Bezahlung für die Figur aussehe, antwortet V: „Diese Figuren sind doch Mumpitz. Ich bin gegen solches Spielzeug. Du kannst den Kram zurückhaben." F will aber nicht die Figur, sondern den Kaufpreis.

Frage: Hat F einen Anspruch auf Kaufpreiszahlung gegen S ?

Fall 33

Der siebenjährige S eilt frohgemut in das Spielzeugfachgeschäft des F, das einem Freund seines alleinerziehenden Vaters V gehört. Dort stöbert er nach Herzenslust und entscheidet sich zum Kauf einer „Action-Figur" aus Plastik, die den martialischen Namen „Bomben-Bob" trägt. Dem F erklärt er an der Kasse, er werde die Figur schon einmal mitnehmen und den Kaufpreis in Höhe von 20 € am nächsten Tag von seinem Taschengeld bezahlen. F ist einverstanden. Als S in den folgenden Tagen nichts von sich hören lässt, wendet sich F an V. Auf die Frage, wie es denn mit der Bezahlung für die Figur aussehe, antwortet V: „Diese Figuren sind doch Mumpitz. Ich bin gegen solches Spielzeug. Du kannst den Kram zurückhaben." F will aber nicht die Figur, sondern den Kaufpreis.

Frage: Hat F einen Anspruch auf Kaufpreiszahlung gegen S ?

Fall 34

Der siebenjährige S eilt frohgemut in das Spielzeugfachgeschäft des F, das einem Freund seines alleinerziehenden Vaters V gehört. Dort stöbert er nach Herzenslust und entscheidet sich zum Kauf einer „Action-Figur" aus Plastik, die den martialischen Namen „Metzel-Mike" trägt. Dem F erklärt er an der Kasse, er werde die Figur schon einmal mitnehmen und den Kaufpreis in Höhe von 20 € am nächsten Tag von seinem Taschengeld bezahlen. F ist einverstanden und erklärt: „Die Figur gehört dir. Bis morgen also." S entschwindet mit einem fröhlichen „Danke" aus dem Laden. Als S am nächsten Tag nicht erscheint und auch in den folgenden Tagen nichts von sich hören lässt, wendet sich F an V, den gesetzlichen Vertreter des S. Auf die Frage, wie es denn mit der Bezahlung für die Figur aussehe, antwortet V: „Diese Figuren sind doch Mumpitz. Ich bin gegen solches Spielzeug." Daraufhin verlangt F von S Herausgabe der Figur.

Frage: Hat F einen Anspruch auf Herausgabe der Figur gemäß § 985 ?

Fall 35

Anlässlich seines zwölften Geburtstags erhält Z von seiner verhassten Tante T nicht wie üblich No Name-Turnschuhe, sondern 50 €. T überreicht ihm das Geld mit den Worten: „Kauf' dir 'was Schönes davon." Die Eltern des Z sind damit einverstanden. Gleich im Anschluss an die nachmittägliche Kaffeetafel verschwindet Z mit dem Geld und sucht sich im Sex-Shop des S einige Porno-DVDs aus. An der Kasse bezahlt er bei S die Hefte mit dem ihm überlassenen Geld.

Frage: Ist der Kaufvertrag trotz der Minderjährigkeit des Z wirksam ?

Fall 36

Als der 16-jährige X erfährt, dass die Zweirad-Händlerin H gebrauchte Motorroller per Ratenzahlung verkauft, erkennt er seine Chance, sich fortan relativ kostengünstig motorisiert durch die Lande zu bewegen. Am nächsten Tag begibt er sich in das Geschäft der H, die ihm dort einen bestimmten Roller gegen Zahlung von 70 € monatlich anbietet. X ist entzückt und schließt mit H einen diesbezüglichen Vertrag, der eine Laufzeit von einem Jahr vorsieht. Seiner chronisch überbeschäftigten und deshalb leichtgläubigen alleinerziehenden Mutter und gesetzlichen Vertreterin M erzählt X, er habe das Zweirad auf unbestimmte Zeit von seinem Freund F geliehen, weil er befürchtet, M verweigere eine etwaig erforderliche Zustimmung zum Vertragsschluss. In der Folgezeit zahlt X das vereinbarte monatliche Entgelt pünktlich von seinem Taschengeld an H. Erst nach sechs Monaten erfährt M zufällig die wahren Umstände bezüglich der Rollernutzung. Sie ist empört. Gegenüber H stellt sie sofort klar, sie sei mit dem geschlossenen Vertrag nicht einverstanden. H ignoriert die Intervention der M und verlangt von X Zahlung des nächsten Monatsentgelts.

Frage: Hat H einen Anspruch auf Zahlung der nächsten Rate gegen X ?

Fall 37

Als der 16-jährige X erfährt, dass die Zweirad-Händlerin H gebrauchte Motorroller per Ratenzahlung verkauft, erkennt er seine Chance, sich fortan relativ kostengünstig motorisiert durch die Lande zu bewegen. Am nächsten Tag begibt er sich in das Geschäft der H, die ihm dort einen bestimmten Roller gegen Zahlung von 70 € monatlich anbietet. X ist entzückt und schließt mit H einen diesbezüglichen Vertrag, der eine Laufzeit von einem Jahr vorsieht. Seiner chronisch überbeschäftigten und deshalb leichtgläubigen alleinerziehenden Mutter und gesetzlichen Vertreterin M erzählt X, er habe das Zweirad auf unbestimmte Zeit von seinem Freund F geliehen, weil er befürchtet, M verweigere eine etwaig erforderliche Zustimmung zum Vertragsschluss. In der Folgezeit zahlt X das vereinbarte monatliche Entgelt pünktlich von seinem Taschengeld an H. Erst nach sechs Monaten erfährt M zufällig die wahren Umstände bezüglich der Rollernutzung. Sie ist empört. Gegenüber X stellt sie sofort klar, sie sei mit dem geschlossenen Vertrag nicht einverstanden. Kurz darauf meldet sich die zwischenzeitlich bezüglich der Wirksamkeit des Vertrags unsicher gewordene H bei M und verlangt deren Zustimmung zum Vertrag. Nach langen Diskussionen mit X erklärt M gegenüber H nach drei Wochen die Genehmigung.

Frage: Hat H einen Anspruch auf Zahlung der nächsten Rate gegen X ?

Fall 38

Der comicbegeisterte 17 Jahre alte F interessiert sich seit langem für eine Gipsbüste seiner „Lieblingshelden" Tim und Struppi. Eines Tages bietet ihm der Comicladen-Inhaber C, der das Alter des F kennt, eine solches Einzelstück zum Preis von 150 € an. F erklärt sich begeistert einverstanden. Die Parteien vereinbaren, dass F die Büste sofort erhält und den Kaufpreis in drei Wochen zahlen soll. Eine Woche später wird C seitens seines Rechtsanwalts R darauf hingewiesen, dass er beim Vertragsschluss möglicherweise „etwas falsch gemacht" habe. R rät C dringend, die seiner Ansicht nach erforderliche Zustimmung zum Kauf baldigst vom gesetzlichen Vertreter des F einzuholen. Darum wendet sich C schriftlich an den gesetzlichen Vertreter V und fordert ihn zur Genehmigung auf. Während C auf die Genehmigung wartet, bekundet ein weiterer Kunde Interesse an der Tim und Struppi-Büste und bietet spontan 300 €. Der eiligst kontaktierte Rechtsanwalt R rät dem geldgierigen C, doch einfach den Vertrag zu widerrufen und die Büste zurückzufordern. Also erklärt C gegenüber F den Widerruf. Zwölf Tage nach der Aufforderung erklärt V dann die Genehmigung bezüglich des Vertrags.

Frage: Ist der Kaufvertrag im Verhältnis F – C wirksam ?

Anfechtung

Fall 39

R möchte auf seinem parkähnlichen Grundstück eine zwei Meter hohe Buddha-Statue aufstellen. Zu deren Erwerb wendet er sich schriftlich an den Asiatika-Sammler A, der unter anderem eine solche Statue sein Eigen nennt. Anstatt – wie gewollt – ein Angebot in Höhe von 2.000 € zu unterbreiten, bringt R versehentlich eine Null zu viel zu Papier. A liest korrekt „20.000 €" und antwortet entzückt, er sei mit dem Verkauf einverstanden. Bei der Anlieferung verlangt er von R 20.000 €. R erklärt gegenüber A, er fechte den Vertrag an, da er sich verschrieben habe. A beharrt auf Zahlung des schriftlich erklärten Preises.

Frage: Hat A gegen R einen Kaufpreisanspruch in Höhe von 20.000 € ?

Fall 40

Großvater G, der seit dem Krieg mit argen Existenzängsten kämpft, hat seinen Keller mit Vorräten jeglicher Art voll gestopft. Da er Platz für eine Palette Dosensuppe schaffen möchte, bietet er seinem Sohn S „20 Schock Senftuben zu 0,20 € die Tube" an. S ist entzückt und verspricht, die Tuben alsbald abzuholen. Bei der Zusage war er fälschlicherweise davon ausgegangen, bei einem Schock handele es sich um eine

Großpackung a zehn Tuben. Tatsächlich bezeichnet die altertümliche Mengenangabe „Schock“ je 60 Stück. Als S hiervon erfährt, erklärt er gegenüber G, er habe sich bezüglich der Menge geirrt und wolle deshalb am Vertrag nicht festhalten.

Frage: Hat G gegen S einen Kaufpreisanspruch in Höhe von 240 € ?

Fall 41

X möchte in seine hellblaue Villa neue Fenster mit rosafarbenen Profilen einbauen lassen. Hierzu will er den ihm bekannten Fensterbauer „Frickel“ (F_1) beauftragen, dessen Arbeit er sehr schätzt. Fälschlicherweise richtet er ein entsprechendes Schreiben jedoch an einen anderen Fensterbauer, der ebenfalls den Namen „Frickel“ trägt. Diesen bittet er, den Fensterbau und -einbau für 30.000 € vorzunehmen. Der angeschriebene Handwerker (F_2) meldet sich bei X und erklärt seine Bereitschaft. Erst einige Tage später bemerkt X die Verwechslung und erklärt gegenüber F_2, falls überhaupt ein Vertrag zustande gekommen sei, wolle er nicht daran festhalten. Er habe sich in der Person geirrt. F_2 beharrt auf der Fertigung und dem Einbau der Fenster gegen die versprochene Vergütung.

Frage: Hat F_2 gegen X einen Vergütungsanspruch in Höhe von 30.000 € ?

Fall 42

Kurz vor der lange ersehnten Urlaubsreise nach Andorra erleidet der Pkw des D einen Totalschaden. Nachbar N bietet dem D an, ihm seinen Kombi für die fragliche Zeit zu „leihen“. D freut sich und erklärt, er sei einverstanden. Unmittelbar vor der Abreise äußert N gegenüber D, nun müsse aber noch über den „Leihpreis“ gesprochen werden. Es stellt sich heraus, dass N dem D das Auto nur gegen Entgelt zur Verfügung stellen wollte und – wie umgangssprachlich nicht unüblich – anstatt des Begriffs „Miete“ den Begriff „Leihe“ verwendet hat. D besteht auf der unentgeltlichen Überlassung des Pkw. N dagegen äußert, unter diesen Umständen wolle er nicht am Vertrag festhalten. Er habe sich über die Bedeutung des Begriffes „Leihe“ geirrt.

Frage: Hat D gegen N einen Anspruch auf unentgeltliche Überlassung des Pkw ?

Fall 43

Der Ehemann E der erfolgreichen Geschäftsfrau F arbeitet in deren Büro als Sekretär. Während F in Saus und Braus leben kann, bedenkt sie ihren Mann lediglich mit einem allzu mageren Monatssalär. Der unzufriedene E ersinnt deshalb einen Plan. In der täglich vorzulegenden und Geschäftspost enthaltenden Unterschriftenmappe versteckt er zwischen den üblichen Schriftstücken eine eigens auf dem Firmenpapier der F gefertigte Bestellung bezüglich einer teuren Rolex-Uhr für 5.000 €, die er sich bei

Zusendung einverleiben will. F bemerkt nichts und unterschreibt das Schriftstück, das später den Juwelier J erreicht. Nach der Uhrenzusendung durch J fliegt der Schwindel auf. F erklärt gegenüber J, sie habe sich über den Inhalt des an ihn gesendeten Schreibens geirrt und wolle deshalb nicht am Vertrag festhalten.

Frage: Hat J gegen F einen Zahlungsanspruch ?

Fall 44

Weil Rechtsanwalt R einmal mehr schon zur Monatsmitte sein schmales Einkommen verprasst hat, wendet er sich an den Geldvermittler G, um kurzfristig einen Kredit zu erlangen. G schließt mit ihm einen Darlehensvertrag über 1.000 €, weil er davon ausgeht, dass R sich nur vorübergehend in einer finanziellen Krise befindet, ansonsten aber über mehr als ausreichende Geldmittel verfügt. Ein Kollege macht ihn jedoch alsbald auf seine Fehleinschätzung aufmerksam. Nunmehr möchte G, der das Darlehen noch nicht ausgezahlt hat, vom Vertrag loskommen. Gegenüber R erwähnt er, er fühle sich wegen der ihm beim Vertragsschluss nicht bekannten grundsätzlichen finanziellen Misere nicht an den Vertrag gebunden. R verlangt die Auszahlung der 1.000 €.

Frage: Hat R gegen G einen Anspruch auf Auszahlung des Darlehens ?

Fall 45

Der Kunstsammler K erblickt im Laden des Trödlers T ein mit einem Preis von 100 € ausgezeichnetes Ölgemälde, das er für ein Original des Künstlers „Artis“ hält. Triumphierend kichernd begibt er sich zu T und schließt mit ihm einen entsprechenden Kaufvertrag. Als K am nächsten Tag – wie vereinbart – bei T erscheint, um das Bild abzuholen und zu bezahlen, muss er erkennen, dass es sich bei dem Gemälde nicht um ein etwa 20.000 € wertes Original, sondern lediglich um eine Kopie handelt, deren Wert dem Kaufpreis entspricht. K äußert gegenüber T, dass er unter diesen Voraussetzungen nicht am Vertrag festhalten will. T besteht auf Bezahlung gegen Übereignung und Übergabe des Bildes.

Frage: Hat T gegen K einen Kaufpreisanspruch ?

Fall 46

Anlässlich der bevorstehenden Karnevalsfeierlichkeiten trägt die resolute R ihrem Freund F auf, für sie ein „Engel“-Kostüm zu erwerben. Im Kostümgeschäft der K muss der vergessliche F lange überlegen, was ihm R aufgetragen hat. Da er der festen Ansicht ist, sie könne allenfalls an einem „Teufel“-Kostüm interessiert sein, bestellt er ein solches für R. K erklärt sich mit dem Kauf einverstanden. Als K von R wenig später Zahlung des Kaufpreises gegen Übereignung des Kostüms fordert, offenbart sich der Fehler des F. R erklärt der K, sie wolle deshalb nicht an dem Vertrag festhalten.

Frage: Hat K gegen R einen Anspruch auf Kaufpreiszahlung ?

Fall 47

Galerist G bietet dem Kunstsammler K für 5.000 € eine kleine Bronzeskulptur an. Er behauptet bewusst wahrheitswidrig, bei der Figur handele es sich um ein Original des Künstlers „Krachmann". K glaubt der Anpreisung des G und nimmt das Angebot an. Noch vor der Abwicklung des Vertrags fliegt der Schwindel auf. Die Skulptur ist eine Kopie und tatsächlich nur 250 € wert. K äußert gegenüber G, dass er sich getäuscht fühle und deshalb nicht am Vertrag festhalten will. G besteht auf Bezahlung gegen Übereignung und Übergabe der Skulptur.

Frage: Hat G gegen K einen Kaufpreisanspruch ?

Fall 48

Galerist G beauftragt seinen Vertreter V, für ihn eine kleine Bronzeskulptur zu veräußern, die er dem Künstler „Krachmann" zuordnet und deren Wert er deshalb mit etwa 4.700 € taxiert. V erkennt sofort, dass es sich lediglich um eine Kopie handelt, offenbart sein Wissen aber nicht. Er bietet dem Kunstsammler K das Stück im Namen des G für 5.000 € an und behauptet bewusst wahrheitswidrig, K habe die Chance, ein Original des Künstlers „Krachmann" zu erstehen. K glaubt der Anpreisung des V und nimmt das Angebot an. Noch vor der Abwicklung des Vertrags fliegt der Schwindel auf. Die Skulptur ist tatsächlich nur 250 € wert. K äußert gegenüber G, dass er sich getäuscht fühle und deshalb nicht am Vertrag festhalten will. G besteht auf Bezahlung gegen Übereignung und Übergabe der Skulptur. Er habe nicht gewusst, dass es sich bei dem Kunstwerk lediglich um eine Kopie handele.

Frage: Scheitert ein Kaufpreisanspruch des G an einer Anfechtung nach § 123 ?

Fall 49

Der Wohltäter W hat dem nicht gerade erfolgreichen Pianisten P ein Darlehen in Höhe von 8.000 € in Aussicht gestellt, um den Kauf eines neuen Flügels zu unterstützen. Als P erfährt, dass W permanent mit der Straßenbahn fährt, ohne zu zahlen, droht er dem W mit einer Strafanzeige, falls dieser sich nicht endlich zum Vertragsschluss bereit erklärt. Aus Angst vor polizeilicher Verfolgung unterzeichnet W alsbald den entsprechenden Vertrag, erklärt dann jedoch gegenüber P, wegen dessen Drohung mit der Strafanzeige fühle er sich nicht an die Vereinbarung gebunden.

Frage: Hat P gegen W einen Anspruch auf Auszahlung des Darlehens ?

Fall 50

Der Wohltäter W hat dem nicht gerade erfolgreichen Pianisten P ein Darlehen in Höhe von 8.000 € in Aussicht gestellt, um den Kauf eines neuen Flügels zu unterstützen. Als die Mutter M des P erfährt, dass W permanent mit der Straßenbahn fährt, ohne zu zahlen, droht sie dem W mit einer Anzeige, falls dieser sich nicht endlich zum Vertragsschluss bereit erklärt. Aus Angst vor polizeilicher Verfolgung unterzeichnet W alsbald den entsprechenden Vertrag, erklärt dann jedoch gegenüber P, wegen des Verhaltens seiner Mutter fühle er sich nicht an die Vereinbarung gebunden.

Frage: Hat P gegen W einen Anspruch auf Auszahlung des Darlehens ?

Fall 51

Kurz vor der lange ersehnten Urlaubsreise nach Andorra erleidet der Pkw des D einen Totalschaden. Nachbar N bietet dem D an, ihm seinen Kombi für die fragliche Zeit zu „leihen“. D freut sich und erklärt, er sei einverstanden. Unmittelbar vor der Abreise äußert N gegenüber D, nun müsse aber noch über den „Leihpreis“ gesprochen werden. Es stellt sich heraus, dass N dem D das Auto nur gegen Entgelt zur Verfügung stellen wollte und – wie umgangssprachlich nicht unüblich – anstatt des Begriffs „Miete“ den Begriff „Leihe“ verwendet hat. D besteht auf der unentgeltlichen Überlassung des Pkw. N erklärt daraufhin gegenüber D ohne Begründung die Anfechtung.

Frage: Hat D gegen N einen Anspruch auf unentgeltliche Überlassung des Pkw ?

Fall 52

Jurastudent J kauft aufgrund des Angebots des windigen Gebrauchtwagenhändlers H einen alten Feuerwehrwagen, nachdem dieser wahrheitswidrig versichert hat, das Auto habe eine Fahrleistung von 50.000 Kilometern. Tatsächlich ist das Fahrzeug bereits 150.000 Kilometer gelaufen. J bemerkt dies, nachdem er den Wagen erhalten hat. Er denkt kurz über eine Anfechtung nach, verlangt dann aber von H den Einbau eines Motors mit einer der Anpreisung entsprechenden niedrigeren Kilometerlaufleistung. H will seinen Fehler korrigieren und tut, wie ihm geheißen. Als H nach dem Motoraustausch von J Zahlung des Kaufpreises fordert, erklärt dieser gegenüber H die Anfechtung wegen arglistiger Täuschung, weil er nicht mehr an dem Wagen interessiert ist.

Frage: Hat H gegen J einen Anspruch auf Kaufpreiszahlung ?

Fall 53

Kurz vor der lange ersehnten Urlaubsreise nach Andorra erleidet der Pkw des D einen Totalschaden. Die Erkundigungen des D ergeben, dass die Miete eines Kfz für die fragliche Zeit 1.000 € kostet. Deshalb freut er sich, als Nachbar N ihm anbietet, seinen Kombi für die fragliche Zeit zu „leihen". D erklärt erfreut, er sei einverstanden. Unmittelbar vor der Abreise lässt D den Wagen des N für 50 € gründlich reinigen. Dann äußert N gegenüber D, nun müsse aber noch über den „Leihpreis" gesprochen werden. Es stellt sich heraus, dass N dem D das Auto nur gegen Entgelt zur Verfügung stellen wollte und – wie umgangssprachlich nicht unüblich – anstatt des Begriffs „Miete" den Begriff „Leihe" verwendet hat. N ficht daraufhin seine Erklärung bezüglich der Gebrauchsüberlassung gegenüber D gemäß § 119 I wirksam an. D muss in den sauren Apfel beißen und einen Ersatz-Pkw anmieten.

Frage: Hat D gegen N einen Anspruch auf Ersatz der Reinigungskosten ?

Nichtigkeit

Fall 54

Der schlitzohrige Onkel O verkauft seinem Neffen N ein Grundstück für 50.000 €. Der Vertrag wird notariell beurkundet. Tatsächlich haben O und N einen Kaufpreis von 120.000 € vereinbart. Sie haben den niedrigeren Kaufpreis notariell beurkunden lassen, damit N weniger Grunderwerbsteuer zahlen muss. Nachdem die Auflassung erfolgt und N als neuer Eigentümer im Grundbuch eingetragen ist, fordert O die tatsächlich vereinbarten 120.000 €. N beruft sich nun auf die notarielle Beurkundung und will lediglich 50.000 € zahlen.

Frage: Hat O gegen N einen Kaufpreisanspruch in Höhe von 120.000 € ?

Verjährung

Fall 55

Der zerstreute Künstler K hat sich endlich entschlossen, seine Unterlagen zu ordnen. Hierbei fällt ihm wieder ein, dass der Galerist G, der ihm einen größeren Geldbetrag aus einem Kaufvertrag schuldet, immer noch nicht gezahlt hat. Die Recherchen des K ergeben, dass seit der Entstehung der Schuld mehr als fünf Jahre vergangen sind. Als K von G Zahlung verlangt, äußert dieser, der Anspruch sei verjährt.

Frage: Hat K gegen G einen Anspruch auf Kaufpreiszahlung ?

Vertragsschluss im Internet

Fall 56

Der Lesebegeisterte L entdeckt auf der Internetseite des Online-Antiquars A eine seltene Erstausgabe des Buches „The Long Goodbye" von Raymond Chandler mit einer Widmung und einem Autogramm des Schriftstellers für 1.000 €. Sofort „legt" L das Buch per Mausklick in den virtuellen „Warenkorb". Nachdem L seine persönlichen Daten – wie vorgesehen – auf einer von A bereitgestellten Seite eingetragen und den Kauf per Mausklick auf ein entsprechendes Symbol „bestätigt" hat, erhält er auf dem Bildschirm die Nachricht, die „Bestellung" sei bei A „eingegangen". Außerdem ist nun ersichtlich, auf welches Konto des A die ausstehende Überweisung zu leisten ist. Nach erfolgter Überweisung des Kaufpreises wartet L vergeblich auf die Übersendung des Buches. Später teilt A dem L lapidar mit, er sei an einem Vertragsschluss nicht interessiert.

Frage: Hat L gegen A einen Anspruch auf Übereignung des Buches ?

Fall 57

Der ergraute Sozialarbeiter S sucht seit langem einen großen schwarzen Stoffstern zum Aufnähen auf seine Jeansjacke. Endlich wird er auf der Internetseite des Internet-Auktionshauses „ibi" fündig. Hier offeriert der Privatmann P derartige neue Sterne. Um einen solchen Artikel zum vorgegebenen Festpreis von 10 € plus 5 € Versand zu erwerben, klickt S, dessen persönliche Daten dem Auktionshaus bekannt sind und der sich durch das Eingeben eines Passwortes per Computer identifiziert hat – wie gefordert – per Maus auf ein „direkt kaufen"-Symbol, das sich neben der Artikelabbildung befindet. Nachdem er seine Eingaben bestätigt hat, erhält S auf dem Bildschirm die Nachricht, er habe den Artikel erworben. Außerdem ist nun ersichtlich, auf welches Konto des P die ausstehende Überweisung zu leisten ist. Nach erfolgter Überweisung von insgesamt 15 € wartet S vergeblich auf die Übersendung der Ware. Später teilt P dem S lapidar mit, er sei an einem Vertragsschluss nicht interessiert.

Frage: Hat S gegen P einen Anspruch auf Übereignung eines schwarzen Stoffsterns ?

Fall 58

Die ergraute Sozialarbeiterin S sucht seit langem einen kleinen roten Stoffstern zum Aufnähen auf ihren Rucksack. Endlich wird sie auf der Internetseite des Internet-Auktionshauses „ibi" fündig. Hier offeriert der Privatmann P einen derartigen Stern zum Mindestgebot von 1 € plus 5 € Versandkosten bis zum nächsten Tag um 23 Uhr an den bis dann Höchstbietenden. Um den Artikel zu erwerben, gibt S, deren persönliche

Daten dem Auktionshaus bekannt sind und die sich durch das Eingeben eines Passwortes per Computer identifiziert hat – wie gefordert – in das dafür vorgesehene Feld den Betrag ein, den sie maximal für die Ware ausgeben will, nämlich 10 €. Nachdem sie ihre Eingaben bestätigt hat, erhält S auf dem Bildschirm die Nachricht, sie sei momentan die Höchstbietende, könne aber noch überboten werden. Unmittelbar nach Ablauf der genannten Frist wird S per E-Mail benachrichtigt, sie habe den Artikel zum Preis von 10 € plus Versandkosten erworben. Außerdem ist nun ersichtlich, auf welches Konto des P die ausstehende Überweisung zu leisten ist. Nach erfolgter Überweisung von insgesamt 15 € wartet S vergeblich auf die Übersendung der Ware. Später teilt P der S lapidar mit, er sei an einem Vertragsschluss nicht interessiert.

Frage: Hat S gegen P einen Anspruch auf Übereignung des roten Stoffsterns ?

Willenserklärung

- Eine kleine Einführung

Willkommen im ersten Kapitel. Womit es sich beschäftigt, ist bereits aus der Überschrift ersichtlich. Es folgen Fälle, in denen die Willenserklärung als solche im Vordergrund steht.

Das Rechtsgeschäft, mit dem ihr im Bereich des Zivilrechts am häufigsten konfrontiert werdet, ist der Vertrag. Üblicherweise beteiligen sich am Vertragsschluss zwei Personen. Damit der Vertrag zustande kommen kann, erklärt jede der Personen ihren Willen. Und mit der Willenserklärung kann so einiges schief gehen. Auf was ihr in diesem Zusammenhang achten solltet, zeigen die Fälle des ersten Kapitels auf.

Zunächst werdet ihr euch mit den ***Bestandteile***n ***einer Willenserklärung*** auseinandersetzen. Ihr werdet den ***äußeren und*** den ***inneren Tatbestand*** der Willenserklärung unterscheiden und mit den Begriffen ***Handlungswille***, ***Erklärungswille*** und ***Geschäftswille*** jonglieren.

Nicht nur die ***Einladung zum Angebot*** oder auch invitatio ad offerendum wird eine Rolle spielen, sondern auch das ***Schweigen als Willenserklärung***.

Außerdem wird beleuchtet, unter welchen Voraussetzungen ein ***Widerruf der Willenserklärung*** möglich ist.

Letztlich beschäftigt sich das Kapitel mit der ***Abgabe und*** dem ***Zugang von Willenserklärungen***. Innerhalb dieses Themenbereichs werdet ihr Erklärungsboten und Empfangsboten kennenlernen.

Auf geht's. Die Fälle warten!

Fall 1

Der Magier M benötigt dringend viel Geld. Deshalb hypnotisiert er den Begüterten B und bringt ihn in diesem Zustand dazu, ein vorgefertigtes Schriftstück zu unterschreiben, in dem sich B verpflichtet, eine dem M gehörende – tatsächlich wertlose – Glaskugel für 10.000 € zu kaufen.

Frage: Hat M einen Anspruch auf Kaufpreiszahlung ?

Lösungsskizze Fall 1

- M gegen B Kaufpreiszahlung gemäß § 433 II ?

I. Anspruch entstanden ?

1. Kaufvertrag, § 433 ?
= zwei übereinstimmende Willenserklärungen = Angebot und Annahme

a. Willenserklärung des M = Angebot ?

HIER (+) → in dem vorgefertigten Schriftstück hat M die Glaskugel zum Kauf angeboten

b. Willenserklärung des B = Annahme ?

HIER (–) → zwar liegt der äußere Tatbestand der Willenserklärung (= der Annahme) vor; es fehlt aber ein unentbehrlicher Bestandteil des inneren Tatbestandes der Willenserklärung, nämlich der Handlungswille, also das grundsätzliche Bewusstsein, überhaupt zu handeln; unter Hypnose besteht jedoch gerade kein Bewusstsein und damit kein Handlungswille

***c. also: Kaufvertrag, § 433* (–)**

***2. also: Anspruch entstanden* (–)**

II. Ergebnis:
M gegen B Kaufpreiszahlung gemäß § 433 II (–)

Formulierungsvorschlag Fall 1

- M gegen B Kaufpreiszahlung gemäß § 433 II

M könnte gegen B einen Anspruch auf Kaufpreiszahlung gemäß § 433 II haben.

I. Dann müsste der Anspruch zunächst entstanden sein.

1. Dies setzt einen wirksamen Kaufvertrag, § 433 zwischen den Parteien voraus. Ein Kaufvertrag besteht aus zwei übereinstimmenden Willenserklärungen, Angebot und Annahme.

a. Fraglich ist, ob M ein Angebot unterbreitet hat. Das vorgefertigte Schriftstück beinhaltet die Willenserklärung des M, eine Glaskugel für 10.000 € verkaufen zu wollen. Also liegt ein Angebot vor.

b. Dieses Angebot müsste B angenommen haben. Einen diesbezüglichen Willen könnte B durch die Unterzeichnung des Schriftstücks erklärt haben. Rein von außen betrachtet lässt die Unterzeichnung aus der Sicht eines objektiven Dritten (Empfängerhorizont) auf eine Annahme des Kaufangebots schließen. Der äußere Tatbestand der Willenserklärung ist gegeben. Fraglich erscheint jedoch, wie es sich auswirkt, dass B unter Hypnose gehandelt hat. Ein Mindestbestandteil einer wirksamen Willenserklärung ist im inneren Tatbestand der sogenannte Handlungswille, also das grundsätzliche Bewusstsein, überhaupt zu handeln. Unter Hypnose besteht jedoch gerade kein Bewusstsein und damit kein Handlungswille. Der Handelnde agiert quasi ferngesteuert. B hat unter Hypnose und damit ohne Handlungswillen gehandelt. Mangels Handlungswillens fehlt es deshalb an einem unentbehrlichen Bestandteil des inneren Tatbestandes der Willenserklärung. B hat somit das Angebot des M zum Kaufvertragsabschluss nicht angenommen.

c. Also besteht kein Kaufvertrag zwischen M und B.

2. Demnach ist der Anspruch nicht entstanden.

II. M hat gegen B keinen Anspruch auf Kaufpreiszahlung gemäß § 433 II.

Fazit

1. Das war ein recht einfacher Einstiegsfall. Wichtig war es, den richtigen Einstieg zu schaffen und sich dann haarklein von Voraussetzung zu Voraussetzung voranzukämpfen, um zum Ergebnis zu gelangen. Ihr habt gesehen, wie man sich in immer untergeordnetere Prüfungspunkte hineinbohrt, um sich anschließend wieder zurückzuhangeln.

2. Für Anfänger: Habt ihr die Anspruchsgrundlage gefunden? Gefragt war nicht nach einem Anspruch des B gegen M auf Übereignung der Glaskugel, sondern nach dem Kaufpreisanspruch des M gegen B. Ein Blick in den Gesetzestext vereinfacht das Auffinden des § 433 II ungemein. Bitte lest ihn (spätestens) jetzt: „Der Käufer ist verpflichtet, dem Verkäufer den vereinbarten Kaufpreis zu zahlen ..." Streng genommen verbirgt sich hinter der Pflicht zur Kaufpreiszahlung die Pflicht des Käufers zur ***Übereignung des Geldes***. Insofern hat sich der Gesetzgeber etwas ungenau ausgedrückt. In § 433 I 1 hat er die Pflicht des Verkäufers schon treffender normiert. Dort wird der Verkäufer verpflichtet, „dem Käufer ... das ***Eigentum*** an der Sache ***zu verschaffen***."

3. Die Prüfung begann – wie in jedem Fall, in dem nach einem Anspruch gefragt wird – mit dem Prüfungspunkt ***I. Anspruch entstanden***. Dieses Terminus

müsst ihr euch nicht unbedingt bedienen, es erscheint jedoch gerade für Anfänger äußerst sinnvoll. Hier war – das habt ihr gesehen – der Anspruch erst gar nicht entstanden. Wenn er denn entstanden gewesen wäre, hättet ihr unter ***II.*** prüfen können, ob der ***Anspruch untergegangen*** ist und unter ***III.*** ob der ***Anspruch durchsetzbar*** ist.

4. Doch zurück zum Prüfungspunkt ***I. Anspruch entstanden***: Da nach einem Anspruch auf Kaufpreiszahlung (§ 433 II) gefragt war, musstet ihr hinterfragen, ob denn ein Kaufvertrag, § 433 vorliegt (***1. Kaufvertrag***). Und woraus besteht ein Kaufvertrag (wie jeder Vertrag)? Natürlich aus zwei übereinstimmenden Willenserklärungen, der Willenserklärung des einen Vertragspartners und der Willenserklärung des anderen Vertragspartners. Die Willenserklärungen werden üblicherweise auch Angebot und Annahme genannt. Das waren dann auch die nächsten Prüfungsunterpunkte ***a. Willenserklärung des M = Angebot*** und ***b. Willenserklärung des B = Annahme***.

Innerhalb des Punktes ***a. ... Angebot*** tauchte für den einen oder anderen vielleicht die erste Schwierigkeit auf: Worin lag oder liegt das Angebot in einem Fall, in dem ein potenzieller Vertragspartner dem anderen ein vorgefertigtes Schriftstück des im Sachverhalt beschriebenen Inhalts vorlegt? Wenn ein Schriftstück in der Praxis nur noch unterschrieben werden muss, um einen Kaufvertrag herbeizuführen, beinhaltet es zwangsläufig den Kaufgegenstand und den Verkaufspreis. Indem der Person, die unterschreiben soll, das Schriftstück vorgelegt wird, unterbreitet der Vorlegende also sein Angebot. Über dem Text kann das Wort „Kaufvertrag“ stehen. Das muss aber nicht sein. Es geht auch ohne. Wichtig ist lediglich der Inhalt des Textes. Der Prüfungspunkt ***a. ... Angebot*** beinhaltete somit keine wirkliche Schwierigkeit.

Innerhalb des Punktes ***b. ... Annahme*** lauerte das eigentliche Problem. Zur Lösung unerlässlich war das ansatzweise Wissen, mit welchen Mindestbestandteilen eine Willenserklärung aufwarten muss, um als solche rechtlich gewertet werden zu können.

Eine Willenserklärung bedarf zunächst eines äußeren oder objektiven Tatbestandes. Der ***äußere Tatbestand*** einer Willenserklärung liegt vor, wenn ein objektiver Dritter aus der Sicht des Erklärungsempfängers die Erklärung als eine solche werten kann, die auf einen bestimmten rechtlichen Erfolg gerichtet ist. Es ist das eigentlich Erklärte, also das, was nach außen dringt, zu betrachten. Entscheidend ist der Empfängerhorizont (objektiver Dritter).

Außerdem gehört zur Willenserklärung – wer hätt's gedacht – auch ein innerer Tatbestand. Im günstigsten Fall besteht der ***innere Tatbestand*** aus dem Handlungswillen, dem Erklärungswillen (oder auch -bewusstsein) und dem Geschäftswillen. Müssen alle aufgeführten Bestandteile vorliegen? Für diejenigen unter euch, die es noch nicht wissen: Die Antwort lautet „Nein“. Genaueres dazu jedoch später. In diesem Zusammenhang ist man sich jedoch einig, dass zumindest ein Handlungswille vorhanden sein muss, also das Bewusstsein, überhaupt zu handeln. Ohne Handlungswillen gibt's keine Willenserklärung, in unserem Fall also keine Annahme und damit keinen Kaufvertrag. Ob ein Erklärungswille oder gar ein Geschäftswille vorliegen muss, spielt demnach an dieser Stelle keine Rolle, da ihr auf jeden Fall den absolut notwendigen Handlungswillen verneinen konntet.

5. Es gibt außer dem beschriebenen Fall im Übrigen noch weitere, in denen eine Willenserklärung (spätestens) am mangelnden Handlungswillen scheitert. Das Bewusstsein zu handeln fehlt augenscheinlich etwa im folgenden Fall: X richtet an den im Fernsehsessel schlummernden Y ein Kaufvertragsangebot. Y, der nichts vernommen hat, nickt reflexartig im Schlaf.

6. Zum Schluss noch etwas zum Prüfungsaufbau: Denkt bitte immer daran, dass auf einen Prüfungspunkt ***I.*** immer ein Prüfungspunkt ***II.*** folgen sollte, auf ein ***1.*** immer ein ***2.***, auf ***a.*** immer ***b.***, auf ***aa.*** immer ***bb.*** Das war auch in diesem Fall mehrfach zu beachten: Da der Prüfungspunkt ***I. Anspruch entstanden*** verneint werden musste, lautete der (abschließende) Punkt ***II. Ergebnis***. Und da der Prüfungspunkt ***1. Kaufvertrag, § 433*** zu verneinen war, durftet ihr diese Prüfungsebene mit der schriftlichen Erkenntnis abschließen, dass der Anspruch nicht entstanden war = Punkt ***2. also: Anspruch entstanden (–)***. Wenn ihr jede Prüfungsebene mit einem (Zwischen-) Ergebnis beendet, kann gar nix passieren. Ein frühzeitiges Antrainieren dieses Vorgehens erleichtert stets die Eigenüberprüfung eurer schriftlichen Ergüsse („Habe ich auch immer ein Ergebnis gebracht?").

Fall 2

E ist neugierig und besucht zum ersten Mal eine Versteigerung. Mit den Gepflogenheiten einer solchen Veranstaltung ist er nicht vertraut. Als er den Versteigerungssaal betritt, nickt ihm ein Bekannter zur Begrüßung lächelnd entgegen. E hebt entzückt den Arm und winkt seinerseits grüßend zurück. Im selben Moment erteilt der Auktionator A dem E den Zuschlag (§ 156 BGB) für 100 Regenschirme gegen Zahlung von 20 €. E wusste nicht, dass das Armheben in einer Versteigerung als Abgabe eines Kaufgebots gewertet wird.

Frage: Hat der Auktionator gegen E einen Anspruch auf Zahlung ?

Lösungsskizze Fall 2

- A gegen E Kaufpreiszahlung gemäß § 433 II ?

I. Anspruch entstanden ?

1. Kaufvertrag, § 433 ?

= zwei übereinstimmende Willenserklärungen = Angebot und Annahme / bei der Versteigerung (Sonderfall des Kaufvertrags) Gebot und Zuschlag, § 156

a. Willenserklärung des E = Angebot/Gebot ?

HIER (–) → zwar liegt der äußere Tatbestand vor; auch der innere Tatbestand der Willenserklärung fehlt nicht etwa schon mangels Handlungswillens des E; er hatte das grundsätzliche Bewusstsein zu handeln; es fehlt jedoch am notwendigen Erklärungswillen; E hatte beim Heben des Armes nicht das Bewusstsein, hierdurch irgendetwas rechtlich Erhebliches zu erklären; auch die Ansicht einer Literaturmeinung führt nicht zum gegenteiligen Ergebnis; eine Willenserklärung wird trotz des Fehlens des Erklärungswillens nur angenommen, wenn der Erklärende fahrlässig verkannt hat, dass sein Handeln als Willenserklärung gewertet werden konnte; E war mit den Gepflogenheiten einer Versteigerung nicht vertraut und wusste nicht, welche rechtlichen Folgen ein Armheben haben kann bzw. hat; er konnte bei Anwendung der im Verkehr erforderlichen Sorgfalt nicht erkennen, dass sein Verhalten als Willenserklärung gewertet wird; demnach ist wegen des fehlenden Erklärungswillens nicht von einer Willenserklärung, also einem Gebot des E auszugehen

b. also: Kaufvertrag, § 433 **(–)**

2. also: Anspruch entstanden **(–)**

II. Ergebnis:

A gegen E Kaufpreiszahlung gemäß § 433 II (–)

Formulierungsvorschlag Fall 2

- A gegen E Kaufpreiszahlung gemäß § 433 II

A könnte gegen E einen Anspruch auf Kaufpreiszahlung gemäß § 433 II haben.

I. Dann müsste der Anspruch zunächst entstanden sein.

1. Dies setzt einen wirksamen Kaufvertrag, § 433 zwischen den Parteien voraus. Ein Kaufvertrag besteht aus zwei übereinstimmenden Willenserklärungen, Angebot und Annahme, bei der Versteigerung als Sonderfall des Kaufvertrags aus Gebot und Zuschlag in der Versteigerung, § 156.

a. Fraglich ist, ob E ein Gebot unterbreitet hat.

Ein Gebot des E scheitert nicht schon am mangelnden äußeren Tatbestand der Willenserklärung. Von außen betrachtet lässt das Armheben des E aus der Sicht eines objektiven Dritten (Empfängerhorizont) auf ein Kaufgebot schließen.

Fraglich erscheint jedoch, wie es sich auswirkt, dass E nicht wusste, was ein Armheben in der Versteigerung bedeutet. Es könnte ein Mindestbestandteil des inneren Tatbestandes fehlen. Grundsätzlich erforderlich sind der sogenannte Handlungswille und ein Erklärungswille. E hatte beim Armheben das grundsätzliche Bewusstsein zu handeln, also einen Handlungswillen. Weitere Voraussetzung innerhalb des inneren Tatbestandes ist jedoch außerdem das Vorliegen eines Erklärungswillens. Ein Erklärungswille liegt vor, wenn der Erklärende das Bewusstsein hat, irgendetwas rechtlich Erhebliches zu erklären. E hatte beim Heben des Armes aber eben nicht das Bewusstsein, hierdurch irgendetwas rechtlich Erhebliches zu erklären. Es fehlte demnach am erforderlichen Erklärungswillen. Eine Literaturmeinung nimmt dennoch ausnahmsweise trotz Fehlens des Erklärungswillens eine Willenserklärung an, wenn der Erklärende fahrlässig verkannt hat, dass sein Handeln als Willenserklärung gewertet werden kann. E war mit den Gepflogenheiten einer Versteigerung aber nicht vertraut und wusste nicht, welche rechtlichen Folgen ein Armheben haben kann bzw. hat. Er konnte bei Anwendung der im Verkehr erforderlichen Sorgfalt nicht erkennen, dass sein Verhalten als Willenserklärung gewertet wird. Demnach ist wegen des fehlenden Erklärungswillens nicht von einer Willenserklärung, also einem Gebot des E auszugehen.

b. Also besteht kein Kaufvertrag zwischen A und E.

2. Demnach ist der Anspruch nicht entstanden.

II. A hat gegen E keinen Anspruch auf Kaufpreiszahlung gemäß § 433 II.

Fazit

1. Lest noch einmal Fall 1 und vergleicht ihn mit diesem Fall. Strukturell sind kaum Unterschiede zu verorten. Hier wie dort scheitert der jeweilige Kaufpreisanspruch schon deshalb, weil der Anspruch mangels Vertrags gar nicht erst entstanden ist.

2. Zudem ist es sinnvoll, wenn ihr euch noch einmal in das Fazit zu Fall 1 vertieft, um euch mit den Bestandteilen einer Willenserklärung vertraut zu machen.

3. Den Hinweis auf ***§ 156*** habe ich im Sachverhalt gegeben, weil die Norm gerne übersehen wird. Aus § 156 ist abzulesen, wer in einer ***Versteigerung*** das Angebot macht und wer es annimmt. Bei der Versteigerung handelt es sich nämlich um den Sonderfall eines Kaufvertrags. Mit dem Zuschlag kommt der Vertrag zustande. Es muss sich demnach beim Zuschlag um die Annahme des Vertrags handeln. Hieraus ergibt sich, dass der Bieter in einer Versteigerung das ***Angebot = Gebot*** abgibt. Das Wissen um diesen Umstand ändert zwar nichts am Endergebnis. Denn der Vertrag ist – unabhängig davon, ob es sich bei der vermeintlichen Willenserklärung des E um ein Angebot = Gebot oder um die Annahme handelt – nicht geschlossen worden, weil eben keine Willenserklärung des E vorliegt. Ihr könnt aber durch die richtige Wertung durchaus Pluspunkte einheimsen und – gewusst ist gewusst – eine Prüfung der Willenserklärung des Versteigerers A vermeiden. Die hättet ihr unvermeidlich vornehmen müssen, wenn ihr das „Anbieten" der Regenschirme fälschlicherweise als Angebot und das Armheben als Annahme gewertet hättet.

   Übrigens: Die Versteigerung beginnt üblicherweise mit dem sogenannten ***Aufruf*** des Gegenstandes, der versteigert werden soll. Dieses „Anbieten" kann schon deshalb kein Angebot im rechtlichen Sinn sein, weil hierauf mehrere Interessierte gleichzeitig den Arm heben könnten und – wäre das Armheben dann als Annahme zu werten – folglich gleichzeitig mehrere Kaufverträge herbeiführen könnten. Deshalb ist der schon erwähnte Aufruf in der Versteigerung als invitatio ad offerendum (Einladung zum Angebot) zu werten. Merkt's euch jetzt schon einmal. Ihr werdet bald mit dieser Problematik konfrontiert werden.

4. Und etwas Neues habt ihr auch kennengelernt. Außer dem Handlungswillen, also dem Bewusstsein, überhaupt zu handeln, ist im inneren Tatbestand der Willenserklärung grundsätzlich ein ***Erklärungswille*** erforderlich. Der Erklärungswille liegt vor, wenn der Erklärende das Bewusstsein hat, durch sein Handeln irgendetwas rechtlich Erhebliches zu erklären. Hieran fehlte es jedoch beim Handeln des E. Eine Ausnahme von diesem Grundsatz will eine Meinung nur dann machen, wenn der Erklärende bei der Anwendung der im Verkehr erforderlichen Sorgfalt hätte erkennen können, dass sein Handeln als Willenserklärung gewertet wird. Ob dieser Ansicht zu folgen ist, konntet ihr dahinstehen lassen, weil E dies mangels Kenntnis der Gepflogenheiten in einer Versteigerung gerade nicht erkennen konnte. Anders wäre der Fall zu werten, wenn E regelmäßiger Besucher von Auktionen wäre.

5. Und was ist mit dem dritten Bestandteil des inneren Tatbestandes, dem Geschäftswillen? Dazu gleich mehr.

Fall 3

Der Ehemann E der erfolgreichen Geschäftsfrau F arbeitet in deren Büro als Sekretär. Während F in Saus und Braus leben kann, bedenkt sie ihren Mann lediglich mit einem allzu mageren Monatssalär. Der unzufriedene E ersinnt deshalb einen Plan. In der täglich vorzulegenden und Geschäftspost enthaltenden Unterschriftenmappe versteckt er zwischen den üblichen Schriftstücken eine eigens auf dem Firmenpapier der F gefertigte Bestellung bezüglich einer teuren Rolex-Uhr für 5.000 €, die er sich bei Zusendung einverleiben will. F bemerkt nichts und unterschreibt das Schriftstück, das später den Juwelier J erreicht. Nach der Uhrenzusendung durch J fliegt der Schwindel auf.

Frage: Hat J gegen F einen Zahlungsanspruch ?

Hinweis: Ein etwaiges Anfechtungsrecht der F ist nicht zu berücksichtigen.

Lösungsskizze Fall 3

- J gegen F Kaufpreiszahlung gemäß § 433 II ?

I. Anspruch entstanden ?

1. Kaufvertrag, § 433 ?
= zwei übereinstimmende Willenserklärungen = Angebot und Annahme

a. Willenserklärung der F = Angebot ?

HIER (+) → der äußere Tatbestand liegt vor; im inneren Tatbestand ist der Handlungswille der F zu bejahen; sie hatte das grundsätzliche Bewusstsein zu handeln; es fehlt auch nicht am notwendigen Erklärungswillen; F hatte als Geschäftsfrau beim Unterschreiben von Geschäftspost das Bewusstsein, hierdurch irgendetwas rechtlich Erhebliches zu erklären; zwar richtete sich ihr Handeln nicht darauf, eine bestimmte Rechtsfolge herbeizuführen; insofern fehlt der sogenannte Geschäftswille; ein konkreter Geschäftswille ist aber nicht erforderlich; das Vorliegen des Erklärungswillens, d.h. des Bewusstseins, irgendetwas rechtlich Erhebliches zu erklären, reicht aus, um eine Willenserklärung zu bejahen; demnach ist trotz fehlenden Geschäftswillens von einer Willenserklärung, also einem Angebot der F auszugehen

b. Willenserklärung des J = Annahme ?

HIER (+) → spätestens in der Zusendung der Uhr an die Adresse der F liegt die Annahmeerklärung des J

c. also: Kaufvertrag, § 433 **(+)**

2. also: Anspruch entstanden **(+)**

II. Anspruch untergegangen ? (–)

III. Anspruch durchsetzbar ?

HIER (+) → insbesondere kann F kein Zurückbehaltungsrecht (§ 320) geltend machen, da J die Uhr schon zugesendet hat

IV. Ergebnis:

J gegen F Kaufpreiszahlung gemäß § 433 II (+)

Formulierungsvorschlag Fall 3

- J gegen F Kaufpreiszahlung gemäß § 433 II

J könnte gegen F einen Anspruch auf Kaufpreiszahlung gemäß § 433 II haben.

I. Dann müsste der Anspruch zunächst entstanden sein.

1. Dies setzt einen wirksamen Kaufvertrag, § 433 zwischen den Parteien voraus. Ein Kaufvertrag besteht aus zwei übereinstimmenden Willenserklärungen, Angebot und Annahme.

a. Fraglich ist, ob F ein Angebot unterbreitet hat.

Ein Angebot der F scheitert nicht schon am mangelnden äußeren Tatbestand der Willenserklärung. Von außen betrachtet lässt das Unterschreiben des Schriftstücks durch F aus der Sicht eines objektiven Dritten (Empfängerhorizont) auf ein Kaufangebot schließen.

Fraglich erscheint jedoch, wie es sich auswirkt, dass F nicht wusste, was sie unterschreibt. Es könnte ein Mindestbestandteil des inneren Tatbestandes fehlen. Grundsätzlich erforderlich sind der sogenannte Handlungswille und ein Erklärungswille. F hatte beim Unterschreiben des Schriftstücks das grundsätzliche Bewusstsein zu handeln, also einen Handlungswillen. Es fehlt auch nicht am notwendigen Erklärungswillen. F hatte als Geschäftsfrau beim Unterschreiben der Geschäftspost das Bewusstsein, hierdurch irgendetwas rechtlich Erhebliches zu erklären. Zwar richtete sich ihr Handeln gerade nicht darauf, eine bestimmte Rechtsfolge herbeizuführen. Insofern fehlt der sogenannte Geschäftswille. Ein konkreter Geschäftswille ist aber nicht erforderlich. Das Vorliegen des Erklärungswillens, d.h. des Bewusstseins, irgendetwas rechtlich Erhebliches zu erklären, reicht aus, um eine Willenserklärung zu bejahen. Somit ist trotz fehlenden Geschäftswillens von einer Willenserklärung, also einem Angebot der F auszugehen.

b. Außerdem müsste eine Annahme des Angebots durch J erfolgt sein. Spätestens in der Zusendung der Uhr an die Adresse der F liegt die Annahmeerklärung durch J.

c. Also besteht ein Kaufvertrag zwischen F und J.

2. Demnach ist der Anspruch entstanden.

II. Der Anspruch ist nicht untergegangen.

III. Er ist auch durchsetzbar. F kann kein Zurückbehaltungsrecht (§ 320) geltend machen, da J die Uhr schon zugesendet hat.

IV. J hat gegen F einen Anspruch auf Kaufpreiszahlung gemäß § 433 II.

Fazit

1. Nach den beiden vorangegangenen Fällen dürfte dieser Fall aufbautechnisch keine Probleme bereitet haben. Zu hinterfragen war lediglich, ob die Erklärung der F als Angebot zu werten ist. Nach der Bejahung des äußeren Tatbestandes konntet ihr innerhalb des inneren Tatbestandes den Handlungswillen der F bejahen. Sie hatte das grundsätzliche Bewusstsein zu handeln. F handelte auch mit dem erforderlichen Erklärungswillen. Sie hatte als Geschäftsfrau beim Unterschreiben der Schriftstücke das Bewusstsein, hierdurch irgendetwas rechtlich Erhebliches zu erklären. Weil sich ihr Handeln aber nicht darauf richtete, eine bestimmte Rechtsfolge herbeizuführen, fehlte der sogenannte ***Geschäftswille***. Das Vorliegen eines Geschäftswillens ist aber nicht Voraussetzung für eine wirksame Willenserklärung.

2. Einige werden jetzt allerdings die Stirn runzeln. Wie den? Was denn? Und wie wirkt es sich aus, dass F sich bei der Erklärung „verhauen“ hat? Die arme Geschäftsfrau! Also: Vielleicht besteht ja über die §§ 119 ff die Möglichkeit, die Willenserklärung anzufechten. Das ist ein denkbares Korrektiv. Ob das so ist, werdet ihr aber erst später wissen. Ich will an dieser Stelle keinen weiteren Problemkreis eröffnen und habe deshalb bereits am Ende der Aufgabenstellung darauf hingewiesen, dass eine etwaige Anfechtungsmöglichkeit gerade nicht zu prüfen ist. Übt euch in Geduld.

Fall 4

Die Freundinnen X und Y stehen kaufrauschbeseelt vor dem Schaufenster der In-Boutique „Guido". Beide erblicken einen Schlangenimitat-Ledergürtel für 100 € mit dem Hinweiszettel „Einzelstück" und stürzen in den Verkaufsraum. Zuerst ruft X, dann auch Y dem anwesenden Geschäftsinhaber G frohgemut entgegen: „Ich kaufe den Gürtel aus dem Schaufenster!" G wendet sich mit einem lapidaren „OK" an Y, entnimmt den Gürtel der Auslage und will ihn der Y aushändigen. X ist mit dieser Vorgehensweise gar nicht einverstanden und fordert schreiend die Übereignung des Gürtels. G kann die aufgeregte X nicht beruhigen.

Frage: Hat X gegen G einen Anspruch auf Übereignung des Gürtels ?

Lösungsskizze Fall 4

- X gegen G Übereignung des Gürtels gemäß § 433 I 1 ?

I. Anspruch entstanden ?

1. Kaufvertrag, § 433 ?

= zwei übereinstimmende Willenserklärungen = Angebot und Annahme

*(**Vorüberlegung:*** Zuerst ist gedanklich zu ermitteln, wer denn nun ein etwaiges Angebot erklärt hat. Nur wenn ihr wisst, wie eine Schaufensterauslage rechtlich zu werten ist, könnt ihr das Problem sinnvoll darstellen. Die Schaufensterauslage stellt kein Angebot dar, sondern ist lediglich die Einladung zum Angebot, eine sogenannte invitatio ad offerendum. Das eigentliche Angebot zum Kauf geht immer von der konkreten Person aus, die den Artikel aus dem Schaufenster tatsächlich kaufen will. Das waren in unserem Fall sowohl X als auch Y. G musste keines der Angebote annehmen, konnte aber gegenüber einer Person die Annahme aussprechen. Dabei musste er nicht die Person wählen, die das erste Angebot (hier X) ausgesprochen hat. G hat das Angebot der Y angenommen.

Um das Problem der invitatio ad offerendum sinnvoll in der Lösung darzustellen, ist (ausnahmsweise) eine kleine klausurtaktische Täuschung angebracht. Zuerst ist zu hinterfragen, ob schon durch das Ausstellen der Ware ein Angebot unterbreitet wurde. Das ist zu verneinen, weil es sich um eine invitatio handelt. Dann könnt ihr euch der Frage zuwenden, ob von einer der kaufwilligen Freundinnen ein Angebot ausgegangen ist. Hierbei ist zu beachten, dass ihr natürlich das etwaige Angebot der Person prüfen müsst, die den Anspruch auf Übereignung geltend macht. Sonst kommt ihr ganz schnell in Aufbauschwierigkeiten.*)*

a. Willenserklärung des G = Angebot ?

HIER (–) → schon der äußere Tatbestand der Willenserklärung liegt nicht vor; im Ausstellen eines Artikels im Schaufenster eines Geschäfts ist schon äußerlich keine Willenserklärung zu erkennen; es fehlt an der objektiven Entäußerung eines Geschäftswillens, d.h. an der objektiven Entäußerung eines Handelns, das auf die Herbeiführung eines bestimmten rechtlichen Erfolges gerichtet ist; würde man das Ausstellen insgesamt als Angebot werten, bestünde etwa die Möglichkeit, dass zwei oder mehrere Personen gleichzeitig entäußern, sie wollen das Angebot annehmen; es lägen mithin verschiedene zeitgleiche Annahmen des Angebots vor; dies hätte zur Folge, dass mehrere Kaufverträge bestünden; der Verkäufer kann den Kaufgegenstand jedoch nur einmal übereignen, d.h. nur einmal den Vertrag erfüllen; gegenüber den anderen jeweiligen Vertragspartnern wäre die Leistung unmöglich; hieraus resultiert je nach Konstellation ein Schadensersatzpanspruch der Person bzw. der Personen, an die er den Kaufgegenstand nicht übereignet; diese Folge will ein Geschäftsinhaber jedoch nicht herbeiführen; in der Ausstellung eines Artikels im Schaufenster ist deshalb lediglich eine Aufforderung oder Einladung zum Angebot, eine sogenannte invitatio ad offerendum zu sehen; das eigentliche Angebot kann nur von einer Person ausgehen, die den Laden betritt und dort die Kaufabsicht gegenüber der Verkaufsperson entäußert

b. Willenserklärung der X = Angebot ?

HIER (+) → da das Ausstellen der Ware lediglich eine invitatio ad offerendum darstellt, kann der entäußerte Kaufwunsch der X nur als Angebot gewertet werden

c. Willenserklärung des G = Annahme ?

HIER (–) → G ist nicht verpflichtet, auf ein – auf einer invitatio ad offerendum basierendes – Angebot einer kaufwilligen Person die Annahme des Angebots zu erklären; er ist in seiner Entscheidung frei, ob er ein Angebot annehmen will; außerdem steht es ihm frei, das Angebot einer anderen Person anzunehmen, um mit dieser einen Kaufvertrag zu schließen; G hat sich dazu entschieden, nicht das Angebot der X (sondern das Angebot der Y) anzunehmen

d. also: Kaufvertrag, § 433 im Verhältnis G – X (–)

2. also: Anspruch entstanden (–)

II. Ergebnis:

X gegen G Übereignung des Gürtels gemäß § 433 I 1 (–)

Formulierungsvorschlag Fall 4

- X gegen G Übereignung des Gürtels gemäß § 433 I 1

X könnte gegen G einen Anspruch auf Übereignung des Gürtels gemäß § 433 I 1 haben.

I. Dann müsste der Anspruch zunächst entstanden sein.

1. Dies setzt einen wirksamen Kaufvertrag, § 433 zwischen den Parteien voraus. Ein Kaufvertrag besteht aus zwei übereinstimmenden Willenserklärungen, Angebot und Annahme.

a. Fraglich ist, ob G ein Angebot unterbreitet hat.

Möglicherweise fehlt bereits der äußere Tatbestand der Willenserklärung. Im Ausstellen eines Artikels im Schaufenster eines Geschäfts ist schon äußerlich keine Willenserklärung zu erkennen. Es fehlt an der objektiven Entäußerung eines Geschäftswillens, d.h. an der objektiven Entäußerung eines Handelns, das auf die Herbeiführung eines bestimmten rechtlichen Erfolges gerichtet ist. Würde man das Ausstellen insgesamt als Angebot werten, bestünde etwa die Möglichkeit, dass zwei oder mehrere Personen gleichzeitig entäußern, sie wollen das Angebot annehmen. Es lägen mithin verschiedene zeitgleiche Annahmen des Angebots vor. Dies hätte zur Folge, dass mehrere Kaufverträge bestünden. Der Verkäufer kann den Kaufgegenstand jedoch nur einmal übereignen, d.h. nur einmal den Vertrag erfüllen. Gegenüber den anderen jeweiligen Vertragspartnern könnte er nicht leisten. Hieraus resultiert je nach Konstellation ein Schadensersatzanspruch der Person bzw. der Personen, an die er den Kaufgegenstand nicht übereignet. Diese Folge will ein Geschäftsinhaber jedoch nicht herbeiführen. In der Ausstellung eines Artikels im Schaufenster ist deshalb lediglich eine Aufforderung oder Einladung zum Angebot, eine sogenannte invitatio ad offerendum zu sehen. Das eigentliche Angebot kann nur von einer Person ausgehen, die den Laden betritt und dort die Kaufabsicht gegenüber der Verkaufsperson entäußert. Schon mangels äußeren Tatbestandes der Willenserklärung durch das Ausstellen von Ware im Schaufenster hat G kein Angebot erklärt.

b. Das Angebot zum Kaufvertragsschluss könnte jedoch durch X erklärt worden sein. X hat gegenüber G im Laden entäußert: „Ich kaufe den Gürtel aus dem Schaufenster!" Da das Ausstellen der Ware lediglich eine invitatio ad offerendum darstellt, kann der entäußerte Kaufwunsch der X nur als Angebot gewertet werden.

c. Fraglich ist aber, ob G das Angebot der X auch angenommen hat. G ist nicht verpflichtet, auf ein – auf einer invitatio ad offerendum basierendes – Angebot einer kaufwilligen Person die Annahme des Angebots zu erklären. Er ist in seiner Entscheidung frei, ob er ein Angebot annehmen will. Außerdem steht es ihm frei, das Angebot einer anderen Person anzunehmen, um mit dieser einen Kaufvertrag zu schließen. G hat sich dazu entschieden, nicht das Angebot der X, sondern das Angebot der Y anzunehmen. Eine Annahme des Angebots der X liegt demnach nicht vor.

d. Also besteht kein Kaufvertrag zwischen X und G.

2. Demnach ist der Anspruch nicht entstanden.

II. X hat gegen G keinen Anspruch auf Übereignung des Gürtels gemäß § 433 I 1.

Fazit

1. Erinnert euch an Fall 2 Fazit 3. Dort seid ihr schon einmal mit der invitatio ad offerendum konfrontiert worden.

2. Je nach Fallgestaltung ist es gar nicht so einfach, direkt zu bestimmen, von welcher Person denn nun das eigentliche Angebot ausgeht. Denn nicht jede Person, die eine Sache „anbietet", unterbreitet auch ein Angebot im rechtlichen Sinne. Die genaue Zuordnung ist aber nicht nur rechtlich relevant, sondern hat auch Auswirkungen auf den Aufbau der Klausur.

3. Bei bestimmten Fallkonstellationen sollte im Hinterkopf die Leuchtschrift „***invitatio ad offerendum***" bzw. „***Einladung zum Angebot***" aufblinken. Hierzu gehört die immer wieder in Prüfungen auftauchende ***Schaufensterauslage***. Das eigentliche Angebot zum Kauf geht üblicherweise von der Person aus, die den Artikel aus dem Schaufenster tatsächlich kaufen will und gerade nicht vom Ladeninhaber. Wenn das Angebot vom Ausstellenden ausginge, könnten mehrere Personen den Laden betreten und gleichzeitig die Annahme erklären. Damit wären bezüglich eines u.U. nur einmal existierenden Gegenstandes mehrere Kaufverträge zustande gekommen. Das aber wird kein Verkäufer ernsthaft wollen. Es fehlt augenscheinlich am Willen zur rechtlichen Bindung. Vergleichbar verhält es sich etwa bei ***Verkaufsanzeigen*** in Medien, „Angeboten" in ***Katalogen***, bei ***Speisekarten***, ...

4. Bezüglich des ***Klausuraufbau***s ist bei der ***invitatio ad offerendum*** eine Besonderheit zu beachten. Hier ist – ausnahmsweise – eine kleine taktische Täuschung angebracht. Zuerst ist zu hinterfragen, ob schon durch das Ausstellen der Ware / durch die Anzeige in der Zeitung / durch das Auslegen der Speisekarte / ... ein Angebot unterbreitet wurde. Das ist zu verneinen, weil es sich um eine invitatio handelt. Dann könnt ihr euch der Frage zuwenden, ob von einer kaufwilligen Person ein Angebot ausgegangen ist. In unserem Fall war also zu prüfen, ob eine der Freundinnen ein Angebot unterbreitet hat. Hierbei war zu beachten, dass ihr natürlich das etwaige Angebot derjenigen Person prüfen musstet, die den Anspruch auf Übereignung geltend macht. Sonst kommt ihr in Aufbauschwierigkeiten.

   Wichtig: Ihr müsst erkennen, dass es sich um ein invitatio-Problem handelt, bevor ihr die Lösung zu Papier bringt. Nur wenn ihr die invitatio erkennt, wisst ihr, wie die Klausurlösung sinnvoll aufzubauen ist.

5. Und weiter: Von wem geht denn eigentlich das Angebot aus, wenn eine Ware im Internet – etwa bei „Auktionen" offeriert wird? Vom Verkäufer oder vom Kaufinteressierten? Auch dazu werden euch – viel später – Fälle ereilen.

Fall 5

Der etwas senile S erhält eines Tages zwei Briefe, die er ob seiner enormen Sehschwäche mit Brille liest. Der eine beinhaltet eine Einladung zum 70-jährigen Abiturjubiläum, der andere ein konkretes Kaufangebot seines Antiquars A bezüglich einer Erstausgabe des Buches „Die Hog Farm Kommune“ zum Preis von 100 €. Beide Briefe sind mit einer vorgefertigten Antwortkarte versehen. S, der seine Brille zwischenzeitlich verlegt hat, unterzeichnet später die an den Antiquar gerichtete Antwortkarte in der Meinung, er sage der Jubiläumseinladung zu. Wenige Tage später erhält S von A das Buch. A begehrt Zahlung des Kaufpreises.

Frage: Hat A gegen S einen Anspruch auf Kaufpreiszahlung ?

Hinweis: Ein etwaiges Anfechtungsrecht oder Widerrufsrecht des S ist nicht zu berücksichtigen.

Lösungsskizze Fall 5

- A gegen S Kaufpreiszahlung gemäß § 433 II ?

I. Anspruch entstanden ?

1. Kaufvertrag, § 433 ?

= zwei übereinstimmende Willenserklärungen = Angebot und Annahme

a. Willenserklärung des A = Angebot ?

HIER (+) → A hat gegenüber S ein konkretes schriftliches Verkaufsangebot abgegeben

b. Willenserklärung des S = Annahme ?

HIER (+) → der äußere Tatbestand liegt vor; im inneren Tatbestand ist der Handlungswille des S zu bejahen; er hatte das grundsätzliche Bewusstsein zu handeln; an sich fehlt der erforderliche Erklärungswille des S; er hatte beim Unterschreiben der Antwortkarte ohne Brille gerade nicht das Bewusstsein, hierdurch irgendetwas rechtlich Erhebliches zu erklären, sondern wollte eine Erklärung im rein privaten Bereich (Antwort auf eine Einladung) unterschreiben; das Fehlen des Erklärungswillens ist jedoch unbeachtlich, wenn der Entäußernde bei Anwendung der im Verkehr erforderlichen Sorgfalt hätte erkennen können, dass seine Erklärung etwas rechtlich Erhebliches enthält; diese Wertung rechtfertigt sich aus dem Vertrauensschutzgedanken; S hatte zumindest das Bewusstsein, ohne Brille überhaupt nicht zu erkennen, was er unterschreibt; insofern hat er die im Verkehr erforderliche Sorgfalt verletzt; das Fehlen des Erklärungswillens ist mithin unbeachtlich; wegen des fehlenden Erklärungswillens fehlt zwar auch zwangsläufig der sogenannte Geschäftswille; wenn das

Handeln des S sich nicht darauf richtete, irgendeine Rechtsfolge herbeizuführen (Erklärungswille), richtete sich sein Handeln auch nicht darauf, eine bestimmte Rechtsfolge herbeizuführen (Geschäftswille); ein konkreter Geschäftswille ist jedoch nicht erforderlich; das Vorliegen eines Erklärungswillens, d.h. des Bewusstseins, irgendetwas rechtlich Erhebliches zu erklären, reicht grundsätzlich aus, um eine Willenserklärung zu bejahen; der Erklärungswille fehlte zwar, war aber aus den dargestellten Gründen ausnahmsweise entbehrlich; demnach ist trotz fehlenden Erklärungswillens und trotz fehlenden Geschäftswillens von einer Willenserklärung, also einer Annahme des Angebots durch S auszugehen

***c. also: Kaufvertrag, § 433* (+)**

***2. also: Anspruch entstanden* (+)**

***II. Anspruch untergegangen ?* (–)**

III. Anspruch durchsetzbar ?

HIER (+) → für ein Zurückbehaltungsrecht des S (§ 320) bleibt kein Raum; S hat das Buch bereits erhalten

IV. Ergebnis:

A gegen S Kaufpreiszahlung gemäß § 433 II (+)

Formulierungsvorschlag Fall 5

- A gegen S Kaufpreiszahlung gemäß § 433 II

A könnte gegen S einen Anspruch auf Kaufpreiszahlung gemäß § 433 II haben.

I. Dann müsste der Anspruch zunächst entstanden sein.

1. Dies setzt einen wirksamen Kaufvertrag, § 433 zwischen den Parteien voraus. Ein Kaufvertrag besteht aus zwei übereinstimmenden Willenserklärungen, Angebot und Annahme.

a. A hat gegenüber S ein konkretes schriftliches Verkaufsangebot erklärt. Ein Angebot liegt demnach vor.

b. Fraglich ist, ob S das Angebot des A angenommen hat.

Eine Annahme des S scheitert nicht schon am mangelnden äußeren Tatbestand der Willenserklärung. Von außen betrachtet lässt das Unterschreiben des Schriftstücks durch S aus der Sicht eines objektiven Dritten (Empfängerhorizont) auf eine Annahme des Verkaufsangebots schließen.

Fraglich erscheint jedoch, wie es sich auswirkt, dass S nicht wusste, was er unterschreibt. Es könnte ein Mindestbestandteil des inneren Tatbestandes fehlen. Grundsätzlich erforderlich sind der sogenannte Handlungswille und ein

Erklärungswille. S hatte beim Unterschreiben der Antwortkarte das grundsätzliche Bewusstsein zu handeln, also einen Handlungswillen. Es könnte jedoch am notwendigen Erklärungswillen fehlen. Der Erklärungswille liegt vor, wenn der Handelnde sich darüber bewusst ist, irgendetwas rechtlich Erhebliches zu erklären. S hatte beim Unterschreiben der Antwortkarte ohne Brille gerade nicht das Bewusstsein, hierdurch irgendetwas rechtlich Erhebliches zu erklären. Er wollte vielmehr eine Erklärung im rein privaten Bereich (Antwort auf Einladung) unterschreiben. Das Fehlen des Erklärungswillens ist jedoch dann unbeachtlich, wenn der Entäußernde bei Anwendung der im Verkehr erforderlichen Sorgfalt hätte erkennen können, dass seine Erklärung etwas rechtlich Erhebliches enthält. Diese Wertung rechtfertigt sich aus dem Vertrauensschutzgedanken. S hatte zumindest das Bewusstsein, ohne Brille überhaupt nicht zu erkennen, was er unterschreibt. Insofern hat er die im Verkehr erforderliche Sorgfalt verletzt. Das Fehlen des Erklärungswillens ist mithin unbeachtlich. Wegen des fehlenden Erklärungswillens fehlt zwar auch zwangsläufig der sogenannte Geschäftswille. Wenn das Handeln des S sich nicht darauf richtete, irgendeine Rechtsfolge herbeizuführen (Erklärungswille), richtete sich sein Handeln auch nicht darauf, eine bestimmte Rechtsfolge herbeizuführen (Geschäftswille). Ein konkreter Geschäftswille ist jedoch nicht erforderlich. Das Vorliegen eines Erklärungswillens, d.h. des Bewusstseins, irgendetwas rechtlich Erhebliches zu erklären, reicht grundsätzlich aus, um eine Willenserklärung zu bejahen. Der Erklärungswille fehlte zwar, war aber aus den dargestellten Gründen ausnahmsweise entbehrlich. Demnach ist trotz fehlenden Erklärungswillens und trotz fehlenden Geschäftswillens von einer Willenserklärung, also einer Annahme des Angebots durch S auszugehen.

c. Also besteht ein Kaufvertrag zwischen A und S.

2. Demnach ist der Anspruch entstanden.

II. Der Anspruch ist nicht untergegangen.

III. Er ist auch durchsetzbar. Für ein Zurückbehaltungsrecht des S (§ 320) bleibt kein Raum. S hat das Buch bereits erhalten.

IV. A hat gegen S einen Anspruch auf Kaufpreiszahlung gemäß § 433 II.

Fazit

1. Im Extremfall ist im inneren Tatbestand der Willenserklärung also nur der ***Handlungswille*** erforderlich. Der an sich auch notwendige ***Erklärungswille***, d.h. das Bewusstsein, irgendetwas rechtlich Erhebliches zu erklären, ist ausnahmsweise dann entbehrlich, wenn der Erklärende die im Verkehr erforderliche Sorgfalt bei Abgabe der Erklärung nicht beachtet. Das ist dann zu bejahen, wenn der Erklärende hätte erkennen können, dass seine Erklärung irgendetwas rechtlich Erhebliches enthält. Der ***Geschäftswille***, d.h. der Wille, eine ganz bestimmte rechtliche Folge herbeizuführen, ist zwar Bestandteil des inneren Tatbestandes der Willenserklärung, für deren Wirksamkeit jedoch nicht erforderlich.

2. Laut Hinweis war ein etwaiges Anfechtungsrecht nicht zu berücksichtigen. Aber: Besteht denn ein Anfechtungsrecht? Ganz kurz und ohne ins Detail zu gehen: Hier ist § 119 I einschlägig mit der Folge des § 142 I. Wenn S die Anfechtung fristgerecht erklärt, besteht kein Anspruch des A gegen S aus § 433 II auf Kaufpreiszahlung. Dann hat A aber gegen S einen Anspruch auf Ersatz eines etwaigen Vertrauensschadens gemäß § 122.

Wie das mit der Anfechtung genau funktioniert, werdet ihr in einem besonderen Kapitel dieses Buches erfahren.

Und für die ganz Schnellen: Auch ohne den konkreten Hinweis am Ende des Sachverhalts ändert sich die Lösung des Falles nicht. Denn S hat die Anfechtung nicht erklärt (vgl. § 143).

3. Laut Hinweis war auch ein etwaiges Widerrufsrecht nicht zu berücksichtigen. Schaut doch schon einmal in die § 312g neuer Fassung (ab 13.06.2014 / davor § 312d alter Fassung). Na?

Wenn ihr Lust verspürt, könnt ihr euch bereits jetzt mit Fernabsatzverträgen und möglichen Widerrufsrechten beschäftigen. Wenn ihr nicht wisst, wer Unternehmer und wer Verbraucher ist, helfen mehrere Blicke in § 13 und § 14.

Fall 6

Lebenskünstler L befindet sich einmal mehr in Geldnot. Schweren Herzens entschließt er sich, seine geliebte bronzene Lenin-Büste zu veräußern. Deshalb wendet er sich an X, von dem er weiß, dass dieser bereits eine gleiche Büste besitzt und der unlängst geäußert hatte, er sei auf der Suche nach einem zweiten Exemplar. Auf die Frage: „Willst du meine Lenin-Büste für 100 € kaufen?" schmettert X dem L ein hocherfreutes „Ja natürlich!" entgegen. Als L dem X die Büste in die Hand drückt und Zahlung fordert, stellt sich heraus, dass X sich seinerseits – entgegen der Annahme des L – von der ihm gehörenden Büste trennen wollte. Die Frage des L hatte X falsch verstanden. Er meinte, L sei am Kauf seiner Büste für 100 € interessiert.

Frage: Hat L gegen X einen Anspruch auf Kaufpreiszahlung ?

Hinweis: Ein etwaiges Anfechtungsrecht des X ist nicht zu berücksichtigen.

Lösungsskizze Fall 6

- L gegen X Kaufpreiszahlung gemäß § 433 II ?

I. Anspruch entstanden ?

1. Kaufvertrag, § 433 ?
= zwei übereinstimmende Willenserklärungen = Angebot und Annahme

a. Willenserklärung des L = Angebot ?

HIER (+) → L hat gegenüber X ein konkretes Angebot erklärt

b. Willenserklärung des X = Annahme ?

HIER (+) → der äußere Tatbestand liegt vor; im inneren Tatbestand ist der Handlungswille des X zu bejahen; er hatte das grundsätzliche Bewusstsein zu handeln; zudem handelte X mit Geschäftswillen, also mit dem Willen, eine bestimmte Rechtsfolge herbeizuführen; er wollte durch die Entäußerung des Wortes „Ja" einen Kaufvertrag bezüglich der Veräußerung seiner Lenin-Büste herbeiführen; insofern ist es – zumindest an dieser Stelle – unerheblich, dass X auf eine Frage mit „Ja" geantwortet hat, die so gar nicht an ihn gerichtet worden ist

c. also: Kaufvertrag, § 433 **(+)**

2. also: Anspruch entstanden **(+)**

II. Anspruch untergegangen ? **(–)**

III. Anspruch durchsetzbar ?

HIER (+) → für ein Zurückbehaltungsrecht des S (§ 320) bleibt kein Raum; X hat die Büste erhalten

IV. Ergebnis:

L gegen X Kaufpreiszahlung gemäß § 433 II (+)

Formulierungsvorschlag Fall 6

- L gegen X Kaufpreiszahlung gemäß § 433 II

L könnte gegen X einen Anspruch auf Kaufpreiszahlung gemäß § 433 II haben.

I. Dann müsste der Anspruch zunächst entstanden sein.

1. Dies setzt einen wirksamen Kaufvertrag, § 433 zwischen den Parteien voraus. Ein Kaufvertrag besteht aus zwei übereinstimmenden Willenserklärungen, Angebot und Annahme.

a. L hat gegenüber X ein konkretes Angebot erklärt. Ein Angebot liegt demnach vor.

b. Fraglich ist, ob X das Angebot des L angenommen hat.

Eine Annahme des X scheitert nicht schon am mangelnden äußeren Tatbestand der Willenserklärung. Von außen betrachtet lässt das Entäußern des Wortes „Ja“ durch X aus der Sicht eines objektiven Dritten (Empfängerhorizont) auf eine Annahme des Verkaufsangebots schließen.

Fraglich erscheint jedoch, wie es sich auswirkt, dass X nicht auf das Angebot des L geantwortet hat, sondern auf die vermeintliche Frage, ob er – d.h. X – seine Lenin-Büste verkaufen wolle. X hat damit nämlich nicht auf ein Verkaufsangebot des L, sondern auf ein vermeintliches Kaufangebot des L reagiert. Es könnte ein Mindestbestandteil des inneren Tatbestandes fehlen. Grundsätzlich erforderlich sind der sogenannte Handlungswille und ein Erklärungswille. X hatte beim Entäußern des Wortes „Ja“ das grundsätzliche Bewusstsein zu handeln, also einen Handlungswillen. Zudem handelte X mit Geschäftswillen, also mit dem Willen, eine bestimmte Rechtsfolge herbeizuführen. Er wollte durch die Entäußerung des Wortes „Ja“ einen Kaufvertrag bezüglich der Veräußerung seiner Lenin-Büste herbeiführen. Der Geschäftswille beinhaltet aber den für eine Willenserklärung grundsätzlich unerlässlichen Erklärungswillen, d.h. das Bewusstsein, durch eine Handlung irgendetwas rechtlich Erhebliches zu erklären. Insofern ist es – zumindest an dieser Stelle – unerheblich, dass X auf eine Frage mit „Ja“ geantwortet hat, die so gar nicht an ihn gerichtet worden ist. Somit ist von einer Annahme des Angebots durch X auszugehen.

c. Also besteht ein Kaufvertrag zwischen L und X.

2. Demnach ist der Anspruch entstanden.

II. Der Anspruch ist nicht untergegangen.

III. Er ist auch durchsetzbar. Für ein Zurückbehaltungsrecht des X (§ 320) bleibt kein Raum. X hat die Büste erhalten.

IV. L hat gegen X einen Anspruch auf Kaufpreiszahlung gemäß § 433 II.

Fazit

1. Uff. Das war bzw. ist ein etwas verwirrender Sachverhalt. Er behandelt den nicht seltenen Fall, dass sich eine Person „verhört" und deshalb etwas ganz und gar Unsinniges unternimmt. Ihr habt gesehen, was dann das kleine Wort „Ja" ausrichten kann. Tipp für die Praxis: Lieber noch mal fragen.

2. Zur Wiederholung: Im inneren Tatbestand der Willenserklärung ist der ***Handlungswille*** erforderlich. Außerdem ist grundsätzlich ein ***Erklärungswille*** (= ein Bewusstsein, irgendetwas rechtlich Erhebliches zu erklären) erforderlich. Eine Ausnahme behandelt der vorige Fall. Der ***Geschäftswille*** (= Wille, eine ganz bestimmte rechtliche Folge herbeizuführen) ist zwar Bestandteil des inneren Tatbestandes der Willenserklärung, für deren Wirksamkeit jedoch nicht erforderlich. Wenn aber ein Geschäftswille vorhanden ist, beinhaltet er logisch den Erklärungswillen.

Und: Der Geschäftswille des Annehmenden muss sich nicht etwa auf das konkrete Angebot beziehen. Irgendein Geschäftswille reicht völlig aus.

3. Warum irgendein Geschäftswille ausreicht, dürfte spätestens jetzt klar werden. Das Korrektiv heißt Anfechtung.

Laut Hinweis war aber ein etwaiges Anfechtungsrecht nicht zu berücksichtigen. Besteht denn ein Anfechtungsrecht? Ganz kurz und ohne ins Detail zu gehen: Hier ist § 119 I einschlägig mit der Folge des § 142 I. Wenn X die Anfechtung fristgerecht erklärt, besteht kein Anspruch des L gegen X aus § 433 II auf Kaufpreiszahlung. Dann hat L aber gegen X einen Anspruch auf Ersatz eines etwaigen Vertrauensschadens gemäß § 122.

Es läuft also so, wie im vorigen Fall. Ein besonderes Kapitel wird euch mit Finessen der Anfechtung traktieren.

Auch ohne den konkreten Hinweis am Ende des Sachverhalts ändert sich die Lösung des Falles nicht. Denn X hat die Anfechtung nicht erklärt (vgl. § 143).

Fall 7

Der begeisterte Wasserpistolensammler W schickt seiner Sammlerfreundin F ein seltenes Modell aus den 1950er Jahren zu. In seinem Begleitschreiben ist zu lesen: „Liebe F. Für 200 € kannst du die Pistole haben. Sollte ich innerhalb der nächsten 30 Tage nichts von dir hören, gehe ich davon aus, dass du an dem Stück interessiert bist. Überweise dann das Geld auf mein Konto.“ Nach zwei Monaten hat sich F immer noch nicht bei W gemeldet, aber auch keine Zahlung geleistet.

Frage: Hat W gegen F einen Anspruch auf Kaufpreiszahlung ?

Lösungsskizze Fall 7

- W gegen F Kaufpreiszahlung gemäß § 433 II ?

I. Anspruch entstanden ?

1. Kaufvertrag, § 433 ?
= zwei übereinstimmende Willenserklärungen = Angebot und Annahme

a. Willenserklärung des W = Angebot ?

HIER (+) → W hat gegenüber F ein konkretes schriftliches Verkaufsangebot abgegeben

b. Willenserklärung der F = Annahme ?

HIER (−) → F hat das Angebot nicht ausdrücklich angenommen; sie hat auf das Angebot des W geschwiegen; ein Schweigen bedeutet jedoch im Rechtsverkehr grundsätzlich weder Ablehnung noch Zustimmung; es kann allenfalls und ausnahmsweise als Willenserklärung gewertet werden, wenn entweder eine gesetzliche Bestimmung dem Schweigen eine rechtliche Bedeutung zumisst oder wenn die Parteien vereinbart haben, dass das Schweigen in einer bestimmten Situation eine rechtliche Bedeutung haben soll; bei W und F handelt es sich um Privatpersonen, für die keine derartige gesetzliche Bestimmung existiert; eine entsprechende Parteivereinbarung fehlt ebenfalls; mithin ist das Schweigen der F nicht als Annahme des Angebots des W zu werten; überdies besteht keine Verpflichtung, ein Angebot anzunehmen oder abzulehnen, wenn potenzielle Kaufgegenstände unverlangt zugesandt werden

***c. also: Kaufvertrag, § 433* (−)**

***2. also: Anspruch entstanden* (−)**

II. Ergebnis:
W gegen F Kaufpreiszahlung gemäß § 433 II (−)

Formulierungsvorschlag Fall 7

- W gegen F Kaufpreiszahlung gemäß § 433 II

W könnte gegen F einen Anspruch auf Kaufpreiszahlung gemäß § 433 II haben.

I. Dann müsste der Anspruch zunächst entstanden sein.

1. Dies setzt einen wirksamen Kaufvertrag, § 433 zwischen den Parteien voraus. Ein Kaufvertrag besteht aus zwei übereinstimmenden Willenserklärungen, Angebot und Annahme.

a. W hat gegenüber F ein konkretes schriftliches Verkaufsangebot erklärt. Ein Angebot liegt demnach vor.

b. Fraglich ist, ob F das Angebot des W angenommen hat.

F hat das Angebot nicht ausdrücklich angenommen. Sie hat auf das Angebot des W geschwiegen. Ein Schweigen bedeutet jedoch im Rechtsverkehr grundsätzlich weder Ablehnung noch Zustimmung. Es kann ausnahmsweise als Willenserklärung gewertet werden, wenn entweder eine gesetzliche Bestimmung dem Schweigen eine rechtliche Bedeutung zumisst oder wenn die Parteien vereinbart haben, dass das Schweigen in einer bestimmten Situation eine rechtliche Bedeutung haben soll. Bei W und F handelt es sich um Privatpersonen, für die keine derartige gesetzliche Bestimmung existiert. Eine entsprechende Parteivereinbarung fehlt ebenfalls. Mithin ist das Schweigen der F nicht als Annahme des Angebots des W zu werten. Überdies besteht keine Verpflichtung, ein Angebot anzunehmen oder abzulehnen, wenn potenzielle Kaufgegenstände unverlangt zugesandt werden. Im Schweigen der F ist somit keine Annahme des Angebots zu sehen.

c. Also besteht kein Kaufvertrag zwischen W und F.

2. Demnach ist der Anspruch nicht entstanden.

II. W hat gegen F keinen Anspruch auf Kaufpreiszahlung gemäß § 433 II.

Fazit

1. Grundsätzlich hat ein ***Schweigen*** zivilrechtlich keine Bedeutung. Ein Beispiel: Wenn der Empfänger einer ihm unverlangt zugesandten Ware nicht reagiert, kann und darf hieraus nicht geschlossen werden, er habe das Kaufangebot angenommen.

Ein zivilrechtlich relevantes Schweigen ist denkbar, wenn eine gesetzliche Regelung besteht oder die Parteien vereinbart haben, dass das Schweigen in bestimmten Situationen eine Bedeutung haben soll. Zudem werden in der Literatur (mehr oder minder abstruse) Fälle beschrieben, in denen der Empfänger eines Angebots in ganz besonderen Konstellationen nach Treu und Glauben verpflichtet sein soll, das Angebot abzulehnen, falls er einen Vertragsschluss vermeiden will.

Zu beachten ist aber, dass es keine gesetzliche Regelung gibt, die sich auf ein Verhältnis bezieht, bei dem auf beiden Seiten Privatpersonen stehen.

2. In diesem Zusammenhang möchte ich auf ***§ 241a*** (lesen, seit dem 13.06.2014 neu gefasst) hinweisen, der aber nur im Verhältnis Unternehmer – Verbraucher gilt. Aus dieser Vorschrift ist zu folgern, dass Schweigen gerade keine rechtliche Bedeutung hat. Und wer ist Verbraucher bzw. Unternehmer? Diese Frage beantworten § 13 und § 14 (lesen und lesen).

Um Missverständnisse auszuräumen: § 241a (spätestens jetzt lesen) regelt das Verhältnis zwischen Unternehmer und Verbraucher, wenn der Unternehmer unbestellte Sachen liefert. Der Unternehmer hat dann grundsätzlich keinen Anspruch. Schweigen seitens des Verbrauchers bedeutet also nicht Annahme des Angebots. Dieselbe rechtliche Wertung (aber immer ohne Nennung des § 241a !!!) gilt für das Verhältnis Privatperson – Privatperson. Die Tatsache, dass der Gesetzgeber dort keine dem § 241a entsprechende Regelung gefunden hat, lässt nicht den Schluss zu, dass ein Schweigen einer Privatperson gegenüber einer anderen Privatperson (nun doch) rechtliche Relevanz hat.

3. ***§ 362 I HGB*** (lesen) normiert einen Fall, in dem Schweigen als Annahme eines Antrags gewertet wird. Die genannte Norm gilt aber ebenfalls nicht im Verhältnis Privatperson – Privatperson.

Fall 8

Z benötigt dringend Geld. Deshalb schickt er an seinen vermögenden Cousin C das folgende Schreiben: „Lieber C. Bei deinem letzten Besuch hat dir meine grüne Mao-Mütze mit dem roten Stern besonders zugesagt. Ich verkaufe dir die Kappe für nur 200 €. Das Angebot ist freibleibend." C schreibt erfreut zurück: „Ja ja ja!!! Ich will die Mütze haben." Hierauf meldet sich Z bei C und erklärt, er werde die Kappe an den Dritten D veräußern, der ihm zwischenzeitlich einen höheren Kaufpreis geboten habe. C ist empört und verlangt Übereignung der Mao-Mütze.

Frage: Hat C gegen Z einen Anspruch auf Übereignung der Mütze ?

Lösungsskizze Fall 8

- C gegen Z Übereignung der Mütze gemäß § 433 I 1 ?

I. Anspruch entstanden ?

1. Kaufvertrag, § 433 ?
= zwei übereinstimmende Willenserklärungen = Angebot und Annahme

(Vorüberlegung: Zuerst ist gedanklich zu ermitteln, wer denn nun ein etwaiges Angebot erklärt hat. Nur wenn ihr wisst, wie die Formulierung „freibleibend" rechtlich zu werten ist, könnt ihr das Problem sinnvoll darstellen. Ein Antrag liegt nur dann vor, wenn die andere Seite = der Kaufinteressierte mit einem bloßen „Ja" den Vertragsschluss herbeiführen kann. Ein Antrag liegt also nicht vor, wenn der „Anbietende" gerade noch keine endgültige Entscheidung treffen will, ob und gegebenenfalls an wen er eine Sache verkaufen will. Mit der Formulierung „freibleibend" signalisiert der potenzielle Verkäufer, dass er sich – entgegen der grundsätzlichen Regelung in § 145 = Bindung an den Antrag – gerade nicht rechtlich binden will, es fehlt also der Rechtsbindungswille. Somit ist das vermeintliche „Angebot" des Z lediglich als Aufforderung zur Angebotsabgabe zu werten. Das Angebot des C kann er dann annehmen oder ablehnen (bzw. nicht annehmen).

Um das Problem der Klausel „freibleibend" sinnvoll in der Lösung darzustellen, ist (ausnahmsweise) eine kleine klausurtaktische Täuschung angebracht (siehe bereits Fall 4 zur invitatio ad offerendum). Zuerst ist zu hinterfragen, ob schon durch das „Angebotsschreiben" mit der Formulierung „freibleibend" ein Angebot unterbreitet wurde. Das ist zu verneinen, weil es sich um eine Aufforderung zur Angebotsabgabe handelt. Dann könnt ihr euch der Frage zuwenden, ob vom Kaufwilligen C ein Angebot ausgegangen ist.*)*

a. Willenserklärung des Z = Angebot ?

HIER (–) → mit der Formulierung „freibleibend" signalisiert der potenzielle Verkäufer, dass er sich – entgegen der grundsätzlichen Regelung in § 145 –gerade nicht rechtlich binden will, es fehlt also der Rechtsbindungswille; somit ist das vermeintliche „Angebot“ des Z lediglich als Aufforderung zur Angebotsabgabe zu werten

b. Willenserklärung des C = Angebot ?

HIER (+) → da der Brief des Z lediglich eine Aufforderung zur Angebotsabgabe darstellt, ist im Schreiben des C („Ja ja ja!!! Ich will die Mütze haben.“) ein Angebot zum Kauf der Mütze für 200 € zu sehen; es nimmt direkten Bezug auf den Brief des Z

c. Willenserklärung des Z = Annahme ?

HIER (–) → Z ist nicht verpflichtet, auf ein – auf eine Aufforderung zur Angebotsabgabe folgendes tatsächliches – Angebot einer kaufwilligen Person die Annahme des Angebots zu erklären; er ist in seiner Entscheidung frei, ob er ein Angebot annehmen will; Z hat sich gegen die Annahme des Angebots entschieden

d. also: Kaufvertrag, § 433 im Verhältnis Z – C (–)

2. also: Anspruch entstanden (–)

II. Ergebnis:

C gegen Z Übereignung der Mütze gemäß § 433 I 1 (–)

Formulierungsvorschlag Fall 8

- C gegen Z Übereignung der Mütze gemäß § 433 I 1

C könnte gegen Z einen Anspruch auf Übereignung der Mütze gemäß § 433 I 1 haben.

I. Dann müsste der Anspruch zunächst entstanden sein.

1. Dies setzt einen wirksamen Kaufvertrag, § 433 zwischen den Parteien voraus. Ein Kaufvertrag besteht aus zwei übereinstimmenden Willenserklärungen, Angebot und Annahme.

a. Fraglich ist, ob Z ein Angebot unterbreitet hat. Mit der Formulierung „freibleibend“ signalisiert der potenzielle Verkäufer, dass er sich – entgegen der grundsätzlichen Regelung in § 145 – gerade nicht rechtlich binden will, es fehlt also der Rechtsbindungswille. Somit ist das vermeintliche „Angebot“ des Z lediglich als Aufforderung zur Angebotsabgabe zu werten.

b. Da der Brief des Z lediglich eine Aufforderung zur Angebotsabgabe darstellt, ist im Schreiben des C („Ja ja ja!!! Ich will die Mütze haben.“) ein Angebot zum Kauf der Mütze für 200 € zu sehen. Es nimmt direkten Bezug auf den Brief des Z und bezieht sich deshalb auf den durch Z genannten Preis von 200 €.

c. Z müsste das Angebot des C angenommen haben. Er hat sich jedoch gegen die Annahme des Angebots entschieden. Z ist nicht verpflichtet, auf ein – auf eine Aufforderung zur Angebotsabgabe folgendes tatsächliches – Angebot einer kaufwilligen Person die Annahme des Angebots zu erklären. Er ist in seiner Entscheidung frei, ob er ein Angebot annehmen will.

d. Also besteht kein Kaufvertrag zwischen Z und C.

2. Demnach ist der Anspruch nicht entstanden.

II. C hat gegen Z keinen Anspruch auf Übereignung der Mütze gemäß § 433 I 1.

Fazit

1. Nur wer wusste, wie die Formulierung ***„freibleibend"*** rechtlich zu werten ist, kam in dieser Fallgestaltung weiter. Mit der Formulierung „freibleibend" signalisiert der potenzielle Verkäufer, dass er sich gerade nicht rechtlich binden will, es fehlt also der Rechtsbindungswille. Somit ist das vermeintliche „Angebot" des Z lediglich als ***Aufforderung zur Angebotsabgabe*** zu werten. Das Angebot des C kann er dann annehmen oder ablehnen (bzw. nicht annehmen). Hier hat er es abgelehnt.

2. Die rechtliche Wertung hat Auswirkungen auf den Aufbau der Klausur. Nur wenn ihr von vornherein wisst, von wem das Angebot ausgeht, könnt ihr die Lösung sinnvoll präsentieren. Zuerst war zu hinterfragen, ob schon durch das „Angebotsschreiben" mit der Formulierung „freibleibend" ein Angebot unterbreitet wurde. Das war zu verneinen, weil es sich um eine Aufforderung zur Angebotsabgabe handelt. Dann durftet ihr euch der Frage zuwenden, ob vom Kaufwilligen C ein Angebot ausgegangen ist.

3. Die Formulierung ***„unverbindlich"*** hat – im Rahmen eines „Angebots" – dieselbe Bedeutung wie „freibleibend". Das vermeintliche „Angebot" ist wiederum nur als ***Aufforderung zur Angebotsabgabe*** zu werten.

4. Achtung: Überdenkenswert erscheint es insbesondere bei komplizierteren Fallgestaltungen, ob eine derartige Formulierung (doch) als Angebot gewertet werden darf, der Verkäufer sich aber einen ***Widerrufsvorbehalt*** einräumt hat.

Fall 9

W ist Eigentümer eines „Wackel-Dackels“. Eines Tages schreibt er seinem Freund F folgenden Brief: „Lieber F. Vor einiger Zeit hast du dich für meinen Wackel-Dackel interessiert. Für 5 € kannst du ihn haben.“ Kurz nachdem er das Schreiben per Post an F abgesandt hat, äußert der Dritte D reges Interesse an der Figur. Er möchte sie für 15 € kaufen. Daraufhin schickt W dem F ein Telegramm mit folgendem Wortlaut: „Ich ziehe mein Angebot bezüglich des Verkaufs des Wackel-Dackels zurück.“ F, der zuerst das Telegramm und dann den Brief des W erhält, wundert sich sehr. Er ist der Meinung, W sei an ein einmal abgegebenes Angebot gebunden. Deshalb erklärt F gegenüber W: „Ja, ich kaufe den Wackel-Dackel für 5 €.“

Frage: Hat F gegen W einen Anspruch auf Übereignung der Figur ?

Lösungsskizze Fall 9

- F gegen W Übereignung der Figur gemäß § 433 I 1 ?

I. Anspruch entstanden ?

1. Kaufvertrag, § 433 ?
= zwei übereinstimmende Willenserklärungen = Angebot und Annahme

a. Willenserklärung des W = Angebot ?

HIER (–) → W hat zwar mit der Absendung des Briefes ein Angebot gegenüber F bezüglich des Verkaufs der Figur für 5 € abgegeben; dieses Angebot ist dem F auch zugegangen; eine Willenserklärung unter Abwesenden wird gemäß § 130 I 1 wirksam, wenn sie zugeht; zu beachten ist jedoch § 130 I 2; die Willenserklärung wird nicht wirksam, wenn demjenigen, dem die Willenserklärung zugehen soll, vorher oder gleichzeitig ein Widerruf zugeht; W hat schriftlich per Telegramm sein Angebot widerrufen; der Widerruf ist dem F vor dem eigentlichen Angebotsbrief zugegangen

b. Willenserklärung der F = Angebot ?

HIER (+) → da W sein briefliches Angebot wirksam widerrufen hat, ist in der Erklärung des F („Ja, ich kaufe den Wackel-Dackel für 5 €.“) ein diesbezügliches Angebot zu sehen

c. Willenserklärung des W = Annahme ?

HIER (–) → W hat sich gegen die Annahme des Angebots entschieden

d. also: Kaufvertrag, § 433 im Verhältnis W – F (–)

2. also: Anspruch entstanden (–)

II. Ergebnis:
F gegen W Übereignung der Figur gemäß § 433 I 1 (–)

Formulierungsvorschlag Fall 9

- F gegen W Übereignung der Figur gemäß § 433 I 1

F könnte gegen W einen Anspruch auf Übereignung der Figur gemäß § 433 I 1 haben.

I. Dann müsste der Anspruch zunächst entstanden sein.

1. Dies setzt einen wirksamen Kaufvertrag, § 433 zwischen den Parteien voraus. Ein Kaufvertrag besteht aus zwei übereinstimmenden Willenserklärungen, Angebot und Annahme.

a. Fraglich ist, ob W ein Angebot unterbreitet hat.

W hat zwar mit der Absendung des Briefes ein Angebot gegenüber F bezüglich des Verkaufs der Figur für 5 € abgegeben. Dieses Angebot ist dem F auch zugegangen. Eine Willenserklärung unter Abwesenden wird gemäß § 130 I 1 wirksam, wenn sie zugeht. Zu beachten ist jedoch § 130 I 2. Die Willenserklärung wird nicht wirksam, wenn demjenigen, dem die Willenserklärung zugehen soll, vorher oder gleichzeitig ein Widerruf zugeht. W hat schriftlich per Telegramm sein Angebot widerrufen. Der Widerruf ist dem F vor dem eigentlichen Angebotsbrief zugegangen. Somit liegt zwar ein Angebot vor, das W jedoch wirksam widerrufen hat.

b. Da W sein briefliches Angebot wirksam widerrufen hat, ist in der Erklärung des F („Ja, ich kaufe den Wackel-Dackel für 5 €.") ein diesbezügliches Angebot zu sehen.

c. W hat sich jedoch gegen die Annahme des Angebots entschieden.

d. Also besteht kein Kaufvertrag zwischen W und F.

2. Demnach ist der Anspruch nicht entstanden.

II. F hat gegen W keinen Anspruch auf Übereignung der Figur gemäß § 433 I 1.

Fazit

1. Nach ***§ 130 I 1*** wird eine ***Willenserklärung unter Abwesenden*** dann wirksam, wenn sie zugeht. Und wann wird eine ***Willenserklärung unter Anwesenden*** wirksam? Das ist gesetzlich nicht geregelt, es gilt aber derselbe Grundgedanke. Verkörperte Erklärungen (z.B. Briefe) werden mit Zugang wirksam, nicht verkörperte Erklärungen (z.B. mündliche Erklärungen) mit dem Wahr-

nehmen durch den Empfänger. Hier handelte es sich um eine Erklärung unter Abwesenden.

§ 130 I 2 stellt klar, dass eine einmal abgegebene Erklärung nicht in jedem Fall durch den Zugang wirksam wird. Der Erklärende kann verhindern, dass die Erklärung wirksam wird. Dem Empfänger muss vor dem Zugang oder gleichzeitig ein ***Widerruf*** zugehen. Der Erklärende muss demnach ganz schnell handeln, wenn er wirksam widerrufen will. W hat das Problem elegant gelöst, indem er mit einem Widerrufstelegramm seine ursprüngliche Erklärung „überholt" hat. Der Widerruf ist dem F vor der ursprünglichen Erklärung zugegangen.

Wichtig: Es kommt nur auf den tatsächlichen Zugang des Widerrufs an. Der Empfänger kann sich nicht rechtlich wirksam darauf berufen, der Widerruf sei zwar zuerst zugegangen, er habe ihn aber erst nach der ursprünglichen Erklärung wahrgenommen. Der „Trick" läuft ins Leere.

2. Der eine oder andere mag es übersehen haben: Die „Annahme"-Erklärung des F, die – wie aufgezeigt – keine Annahme darstellt, ist rechtlich als Angebot zu werten. Es ist aber nicht etwa ein „neues" Angebot. Ein „altes" Angebot hat es wegen der überholenden Wirkung des Widerspruchs gar nicht gegeben. Deshalb ist es auch verfehlt, in diesem Zusammenhang § 150 I zu benennen. Diese Norm setzt nämlich ein wirksames Angebot (Antrag) voraus.

3. Zum Schluss ein paar Worte zum Aufbau: Wie ihr gesehen habt, ist im Prüfungspunkt „I.1.a. ... Angebot" zwischen der Abgabe des Angebots und dem Zugang des Angebots differenziert worden. Gedanklich solltet ihr die Differenzierung immer vornehmen, um überprüfen zu können, ob es hier oder da ein beachtenswertes Problem gibt.

Es war und ist im Übrigen im vorliegenden Fall kein Fehler, den Prüfungspunkt „I.1.a. ... Angebot" deshalb nochmals in „aa. Abgabe des Angebots" und „bb. Zugang des Angebots" zu unterteilen. Ich habe hier darauf verzichtet.

Fall 10

Autonarr N interessiert sich seit langer Zeit für einen dem L gehörenden alten Cadillac-Eldorado-Leichenwagen. L möchte sich jedoch von dem Fahrzeug nicht trennen. Weil N das Auto unbedingt haben möchte, fertigt er ein an L adressiertes Schriftstück, in dem er für den Wagen 40.000 € bietet. Der offerierte Preis entspricht etwa dem Doppelten des tatsächlichen Wertes des Fahrzeugs. N denkt zutreffend, L werde sich für diesen Betrag von seinem Kfz trennen. Nachdem er sein Ansinnen zu Papier gebracht hat, legt N den Brief beiseite, um am nächsten Tag zu eruieren, ob sein Konto die nötige Deckung aufweist. Am folgenden Morgen erblickt die fleißige Haushälterin H des N den Brief und nimmt irrtümlich an, N habe vergessen, ihn zur Post zu geben. Dienstbeflissen übernimmt sie diese „Aufgabe". Als L den Brief erhält, ist er äußert entzückt. Er ruft sofort den N an und erklärt, er sei einverstanden. N hat zwischenzeitlich mit einem Blick auf den aktuellen Kontoauszug schmerzlich erkennen müssen, dass sein aufwendiger Lebensstil den Kauf des ach so begehrten Fahrzeugs aktuell verhindert und sich entschlossen, den Brief nicht abzusenden. L besteht jedoch auf der Bezahlung von 40.000 € gegen Übereignung des Autos.

Frage: Hat L gegen N einen Anspruch auf Kaufpreiszahlung ?

Lösungsskizze Fall 10

- L gegen N Kaufpreiszahlung gemäß § 433 II ?

I. Anspruch entstanden ?

1. Kaufvertrag, § 433 ?
= zwei übereinstimmende Willenserklärungen = Angebot und Annahme

a. Willenserklärung des N = Angebot ?

aa. persönliches Angebot = selbst ?

HIER (–) → zwar handelt es sich bei dem Schreiben des N rein inhaltlich um ein Kaufangebot; es fehlt jedoch schon an der Abgabe des Angebots; N hat das Schreiben nicht wissentlich und willentlich in den Verkehr gebracht; er hat den Brief nicht postalisch befördern lassen, sondern wollte vielmehr noch einmal überdenken, ob ihm überhaupt Geld zum Kauf zur Verfügung steht (a.A. vertretbar)

bb. Angebot unter Einschaltung eines (Erklärungs-) Boten (= H) ?

HIER (–) → N hat auch keine andere Person – und insbesondere nicht die H – angewiesen, eine Erklärung zu übermitteln; im Übrigen bestehen auch keine Anhaltspunkte dafür, dass es im Verhältnis zwischen N und seiner Haushälterin H üblich war, dass H derartige Besorgungen tätigt *cc. also: Willenserklärung des N = Angebot* (–)

b. also: Kaufvertrag, § 433 (–)

2. also: Ansprucht entstanden (–)

II. Ergebnis:

L gegen N Kaufpreiszahlung gemäß § 433 II (–)

Formulierungsvorschlag Fall 10

- L gegen N Kaufpreiszahlung gemäß § 433 II

L könnte gegen N einen Anspruch auf Kaufpreiszahlung gemäß § 433 II haben.

I. Dann müsste der Anspruch zunächst entstanden sein.

1. Dies setzt einen wirksamen Kaufvertrag, § 433 zwischen den Parteien voraus. Ein Kaufvertrag besteht aus zwei übereinstimmenden Willenserklärungen, Angebot und Annahme.

a. Fraglich ist, ob N ein Angebot unterbreitet hat.

aa. Rein inhaltlich handelt es sich bei dem Schreiben des N um ein Kaufangebot. Es könnte jedoch bereits an der Abgabe des Angebots fehlen.

Handelt der Erklärende selbst, ist die Willenserklärung abgegeben, wenn er sie wissentlich und willentlich so in den Verkehr bringt, dass er damit rechnen kann, sie werde dem Adressaten ohne sein weiteres Zutun zugehen. N hat das Schreiben jedoch nicht selbst wissentlich und willentlich in den Verkehr gebracht. Er hat den Brief nicht postalisch befördern lassen.

bb. Zweifelhaft erscheint auch, ob N ein Angebot unter Einschaltung eines Boten abgegeben hat. Wenn der Erklärende einen (Erklärungs-) Boten einschaltet, ist die Willenserklärung abgegeben, sobald der Erklärende die Erklärung dem Boten gegenüber vollendet und ihn anweist, sie dem Empfänger zu übermitteln bzw. auszuhändigen. N hat aber keine andere Person – und insbesondere nicht die H – angewiesen, eine Erklärung zu übermitteln. Im Übrigen bestehen auch keine Anhaltspunkte dafür, dass es im Verhältnis zwischen N und seiner Haushälterin H üblich war, dass H derartige Besorgungen tätigt.

cc. Mithin liegt kein Angebot vor.

b. Also besteht kein Kaufvertrag zwischen L und N.

2. Demnach ist der Anspruch nicht entstanden.

II. L hat gegen N keinen Anspruch auf Kaufpreiszahlung gemäß § 433 II.

Fazit

1. Bislang habt ihr wie selbstverständlich überprüft, ob der Erklärende die Erklärung ***selbst*** unterbreitet hat. Der Erklärungswillige muss jedoch nicht ganz alleine tätig werden. Er kann sich einer dritten Person bedienen. Die dritte Person kann ein ***Bote*** sein. Oder ein ***Stellvertreter***.

2. Wenden wir uns dem Boten zu. Der Bote kann ***Erklärungsbote*** (= Überbringungsbote) oder auch ***Empfangsbote*** sein. Während der Erklärungsbote die Willenserklärung quasi als Sprachrohr des Erklärenden übermittelt, nimmt der Empfangsbote eine Willenserklärung einem Briefkasten vergleichbar für den Empfänger an.

3. Der – in Klausuren wichtigere – ***Erklärungsbote*** übermittelt nicht eine eigene Willenserklärung, sondern genau die ***fremde Willenserklärung***, die ihm der Erklärende mit auf den Weg gegeben hat (Sprachrohr). Der Erklärungsbote hat also keinerlei Spielraum in der Übermittlung. Ganz anders der ***Stellvertreter*** (§§ 164 ff). Seine Aufgabe besteht keinesfalls darin, eine Erklärung unverändert zu übermitteln. Er hat einen Entscheidungsspielraum in der Gestaltung der Erklärung. Er äußert eine ***eigene Willenserklärung***.

   Aus § 165 ist zu folgern, dass der Stellvertreter mindestens beschränkt geschäftsfähig sein muss (lest dazu § 106). Er darf also nicht geschäftsunfähig sein (§ 104 lesen). Ganz anders ist das beim Boten: Weil an den Boten keine besonderen Anforderungen gestellt werden, darf er sogar geschäftsunfähig sein.

4. Da der Erklärende hier nicht selbst gehandelt hat, war dies innerhalb der Prüfung des Angebots zu berücksichtigen. Ich habe deshalb die Prüfung des Punktes „I.1.a. ... Angebot“ in „aa. persönliches Angebot = selbst“ und „bb. Angebot unter Einschaltung eines (Erklärungs-) Boten“ unterteilt. Es war unter „aa. ...“ festzustellen, dass der Erklärende nicht selbst gehandelt hat, um dann unter „bb. ...“ zu prüfen, ob der Erklärende sich wirksam eines Boten bedient hat.

5. Inhaltlich war bei der Lösung das Folgende zu beachten: Der Erklärende gibt eine Willenserklärung selbst ab, wenn er die Erklärung (hier das Angebot) wissentlich und willentlich so in den Verkehr bringt, dass er damit rechnen kann, sie werde dem Adressaten ohne sein weiteres Zutun zugehen.

   Unter Einschaltung eines (Erklärungs-) Boten ist die Willenserklärung abgegeben, sobald der Erklärende die Erklärung (hier das Angebot) dem Boten gegenüber vollendet und ihn anweist, sie dem Empfänger zu übermitteln bzw. auszuhändigen.

6. Ich mag es nicht verschweigen: Es gibt eine Meinung, die vertritt, dass doch ein Vertrag zustande gekommen ist. Dort wird auf die Schutzbedürftigkeit des Erklärungsempfängers abgestellt, der nicht erkennen kann, ob die Erklärung wissentlich und willentlich auf den Weg gebracht worden ist. Der Vertrag soll dann allerdings anfechtbar sein.

Fall 11

Der nunmehr bekannte Autonarr N interessiert sich auch für einen dem S gehörenden alten Schwimmwagen. S möchte sich jedoch von dem Fahrzeug nicht trennen. Deshalb ersinnt N einen Plan. Er fertigt ein an S adressiertes Schriftstück, in dem er für den Wagen 40.000 € bietet. Der offerierte Preis entspricht etwa dem Doppelten des tatsächlichen Wertes des Fahrzeugs. N denkt zutreffend, S werde sich für diesen Betrag von seinem Kfz trennen. Nachdem er sein Ansinnen zu Papier gebracht hat, bittet er seine fleißige Haushälterin H, den Brief persönlich an S auszuhändigen. H tut, wie ihr geheißen. Als S den Brief liest, ist er äußert entzückt und wird geldgierig. Er ruft sofort den N an und erklärt, er sei mit dem Verkauf einverstanden, wenn N 50.000 € zahle. N hat zwischenzeitlich mit einem Blick auf den aktuellen Kontoauszug schmerzlich erkennen müssen, dass ihm das nötige Kapital zum Erwerb fehlt und sich bereits darüber geärgert, dass er H mit dem Brief zu S geschickt hat. Darum bemerkt er gegenüber S, unter diesen Umständen sei er nicht mehr an dem Auto interessiert und ziehe sein Angebot insgesamt zurück. Der nunmehr irritierte S schmettert dem N panisch entgegen: „Dann nehme ich dein Angebot über 40.000 € an!"

Frage: Hat S gegen N einen Kaufpreisanspruch ?

Lösungsskizze Fall 11

- S gegen N Kaufpreiszahlung gemäß § 433 II ?

(Anmerkung: Zu beachten ist, dass im Sachverhalt zwei unterschiedliche Preishöhen – nämlich 40.000 € und 50.000 € – auftauchen. Das sollte stutzig machen.*)*

I. Anspruch entstanden ?

1. Kaufvertrag, § 433 ?
= zwei übereinstimmende Willenserklärungen = Angebot und Annahme

a. Willenserklärung des N = Angebot in Höhe von 40.000 € ?

aa. persönliches Angebot = selbst ?

HIER (–) → ein Angebot ist seitens N nicht persönlich, sondern allenfalls unter Einschaltung einer weiteren Person abgegeben worden

bb. Angebot unter Einschaltung eines (Erklärungs-) Boten (= H) ?

HIER (+) → bei dem Brief handelt es sich inhaltlich um ein Kaufangebot in Höhe von 40.000 € für einen Schwimmwagen; N hat zur Abgabe des Angebots einen (Erklärungs- oder Überbringungs-) Boten eingeschaltet; er hat das Schreiben H übergeben und sie angewiesen, es an S auszuhändigen; S hat das Angebotsschreiben erhalten, es ist also auch zugegangen

cc. also: Willenserklärung des N = Angebot in Höhe von 40.000 € (+)

b. Willenserklärung des S = Annahme in Höhe von 40.000 € ?

HIER (–) → S hat erklärt, er werde das Auto für 50.000 € verkaufen; gemäß § 150 II gilt die Annahme unter Änderungen (u.a.) als Ablehnung des Angebots (verbunden mit einem neuen Angebot); die spätere Einlassung des S, er nehme das ursprüngliche Angebot des N in Höhe von 40.000 € an, läuft leer, weil er das Angebot schon abgelehnt hat und N im Übrigen zwischenzeitlich bekräftigend erklärt hat, er fühle sich an sein ursprüngliches Angebot nicht mehr gebunden

c. Willenserklärung des S = Angebot in Höhe von 50.000 € ?

HIER (+) → wie aufgezeigt stellt die Annahme unter Änderungen, also in Höhe von 50.000 €, nach § 150 II auch ein neues Angebot dar

d. Willenserklärung des N = Annahme in Höhe von 50.000 € ?

HIER (–) → N hat dieses neue Angebot nicht angenommen

e. Willenserklärung des S = Angebot in Höhe von 40.000 € ?

HIER (+) → S hat abschließend erklärt, er nehme das Angebot des N in Höhe von 40.000 € an; wie aufgezeigt, läuft diese Erklärung als Annahmeerklärung leer; formal ist sie jedoch wiederum als neues Angebot werten

f. Willenserklärung des N = Annahme in Höhe von 40.000 € ?

HIER (–) → N hat das Angebot nicht angenommen

g. also: Kaufvertrag, § 433 (–)

2. also: Anspruch entstanden (–)

II. Ergebnis:
S gegen N Kaufpreiszahlung gemäß § 433 II (–)

Formulierungsvorschlag Fall 11

- S gegen N Kaufpreiszahlung gemäß § 433 II

S könnte gegen N einen Anspruch auf Kaufpreiszahlung gemäß § 433 II haben.

I. Dann müsste der Anspruch zunächst entstanden sein.

1. Dies setzt einen wirksamen Kaufvertrag, § 433 zwischen den Parteien voraus. Ein Kaufvertrag besteht aus zwei übereinstimmenden Willenserklärungen, Angebot und Annahme.

a. Fraglich ist, ob N ein Angebot unterbreitet hat.

aa. N hat nicht selbst gehandelt.

bb. In Betracht kommt die Abgabe eines Angebots unter Einschaltung eines (Erklärungs-) Boten. Wenn der Erklärende einen (Erklärungs-) Boten einschaltet, ist die Willenserklärung abgegeben, sobald der Erklärende die Erklärung dem Boten gegenüber vollendet und ihn anweist, sie dem Empfänger zu übermitteln bzw. auszuhändigen. Rein inhaltlich handelt es sich bei dem Schreiben des N um ein Kaufangebot bezüglich eines Schwimmwagens für 40.000 €. N hat der H das Schreiben übergeben und sie angewiesen, es an S auszuhändigen. Somit hat N das Angebot unter Einschaltung eines (Erklärungs-) Boten abgegeben. Das Angebot ist auch zugegangen. S hat das Schreiben erhalten.

cc. Mithin liegt ein Angebot des N in Höhe von 40.000 € vor.

b. S müsste das Angebot des N angenommen haben. S hat erklärt, er werde das Auto für 50.000 € verkaufen. Gemäß § 150 II gilt die Annahme unter Änderungen (u.a.) als Ablehnung des Angebots (verbunden mit einem neuen Angebot). Die spätere Einlassung des S, er nehme das ursprüngliche Angebot des N in Höhe von 40.000 € an, läuft leer, weil er das Angebot schon abgelehnt hat und N zwischenzeitlich bekräftigend erklärt hat, er fühle sich an sein ursprüngliches Angebot nicht mehr gebunden. Somit besteht keine Annahme des Angebots in Höhe von 40.000 €.

c. Wie aufgezeigt stellt die Annahme unter Änderungen nach § 150 II auch ein neues Angebot dar. S hat also das Fahrzeug für 50.000 € angeboten.

d. N hat dieses neue Angebot nicht angenommen.

e. S hat abschließend erklärt, er nehme das Angebot des N in Höhe von 40.000 € an. Wie aufgezeigt, läuft diese Erklärung als Annahmeerklärung leer. Formal ist sie jedoch wiederum als neues Angebot werten.

f. N hat aber auch dieses Angebot nicht angenommen.

g. Also besteht kein Kaufvertrag zwischen S und N.

2. Demnach ist der Anspruch nicht entstanden.

II. S hat gegen N keinen Anspruch auf Kaufpreiszahlung gemäß § 433 II.

Fazit

1. Zum Boten bzw. der Botenschaft allgemein und zur oberflächlichen Abgrenzung zwischen Boten und Stellvertreter verweise ich auf das Fazit des vorigen Falls. Blättert bitte zurück und lest.

2. Abermals war – wie im vorigen Fall – zu differenzieren, ob der das Angebot Erklärende ***selbst*** gehandelt hat oder ob er sich zur Erklärung eines ***Bote***n bedient hat.

3. § 150 musste gesehen werden. Die Regelung war das Kernstück der Lösung. Nach ***§ 150 II*** gilt die ***Annahme unter*** Erweiterungen, Einschränkungen oder

sonstigen ***Änderungen*** als ***Ablehnung des Angebots***. Hiermit verbunden ist aber ein ***neues Angebot***.

Die Annahme des S deckte sich nicht mit dem Angebot des N, war also als Ablehnung des Angebots zu werten, gleichzeitig aber auch als neues Angebot des S. Das Angebot des S hat N aber nicht angenommen.

Und: Die spätere „Annahme" des S über den geringeren Kaufpreis stellte zwar keine Annahme dar, aber ebenfalls und wiederum ein neues Angebot. Auch dieses Angebot des S hat N nicht angenommen

War das kompliziert? Das will ich hoffen. Ein Tipp: In Fällen, in denen unterschiedliche Preise hin und her geworfen werden, lohnt es sich meistens, auf einem gesonderten Blatt akribisch zu notieren, wer wann was gesagt oder geschrieben hat. Sonst könnt ihr den Überblick verlieren.

Merkt euch in diesem Zusammenhang die Regelung des ***§ 150 I***. Wenn ein Angebot verspätet angenommen wird, schlägt die Annahme fehlt. Sie ist als neues Angebot zu werten.

Fall 12

Dem Sammler S, der sein Leben mit der Suche nach obskuren Wärmeflaschen erfüllt, liegt ein schriftliches Angebot des V vom 03.01. vor, der ein von S lange ersehntes Exemplar für 100 € verkaufen möchte. V hat das Angebot bis zum 15.01. befristet. Die Bemühungen des S, am 15.01. telefonisch mit V Kontakt aufzunehmen, scheitern. Deshalb fertigt er eine schriftliche Annahmeerklärung, die er gegen 21.00 Uhr in den Briefkasten des V einwirft, weil er ihn nicht persönlich antrifft. Am 16.01. nimmt V vormittags von dem Brief Kenntnis. Sofort ruft er bei S an und spricht auf dessen Anrufbeantworter: „Leider hast du die Frist versäumt. Ich schicke dir die Wärmeflasche, will jetzt aber 120 € haben." Anschließend packt er die Wärmeflasche in ein Paket und übersendet sie an S, der sie bald darauf erhält. Auch die Nachricht auf seinem Anrufbeantworter nimmt S wahr. Er ruft den V an und erklärt: „Ich will das Stück auf jeden Fall behalten." Dann fragt er sich allerdings, ob V tatsächlich 120 € verlangen kann oder nur die ursprünglich geforderten 100 €.

Frage: Hat V gegen S einen Kaufpreisanspruch in Höhe von 120 € oder 100 € ?

Lösungsskizze Fall 12

- V gegen S Kaufpreiszahlung gemäß § 433 II ?

*(**Anmerkung:*** Einmal mehr tauchen im Sachverhalt zwei unterschiedliche Preishöhen – 120 € und 100 € – auf. Der höchste Betrag, den V erzielen kann, beträgt 120 €. Fast immer empfiehlt es sich, zuerst den Anspruch bezüglich des höheren Betrages zu prüfen und allenfalls nach dessen Scheitern den Anspruch bezüglich des niedrigeren Preises in Angriff zu nehmen. Hier seid ihr aber mit einer Besonderheit konfrontiert. Ohne das euch vielleicht noch nicht bekannte Ergebnis vorwegnehmen zu wollen: In solchen Konstellationen ist chronologisch zu prüfen, wer wann welches Angebot gemacht hat und wer wann welches Angebot angenommen hat.*)*

I. Anspruch entstanden ?

1. Kaufvertrag, § 433 ?

= zwei übereinstimmende Willenserklärungen = Angebot und Annahme

a. Willenserklärung des V = (Verkaufs-) Angebot für 100 € ?

HIER (+) → schriftliches Angebot des V bezüglich einer Wärmeflasche für 100 €

b. Willenserklärung des S = Annahme ?

aa. Abgabe der Annahmeerklärung ?

= wenn der Erklärende die (Annahme-) Erklärung wissentlich und willentlich so in den Verkehr bringt, dass er damit rechnen kann, sie werde dem Adressaten ohne sein weiteres Zutun zugehen

HIER (+) → S hat die Annahmeerklärung in den Briefkasten des V eingeworfen, also abgegeben

bb. Zugang der Annahmeerklärung ?

= wenn die (Annahme-) Erklärung so in den Herrschaftsbereich des Empfängers gelangt, dass dieser Kenntnis nehmen kann und unter normalen Umständen mit der Kenntnisnahme zu rechnen ist; überdies muss die Annahme – und damit auch der Zugang der Annahmeerklärung – innerhalb der Frist erfolgen, falls bezüglich der Annahme des Angebots eine solche gesetzt ist, § 148

HIER (–) → V hat bezüglich der Annahme eine Frist bis zum 15.01. gesetzt; S hat die Annahmeerklärung am 15.01. gegen 21.00 Uhr in den Briefkasten des V eingeworfen; der Brief ist damit rechtzeitig durch den Einwurf in den Briefkasten in den Herrschaftsbereich des V gelangt; V konnte zu diesem Zeitpunkt auch von der Erklärung Kenntnis nehmen; allerdings ist unter normalen Umständen erst am nächsten Morgen (16.01.) mit der Kenntnisnahme zu rechnen, weil Briefkästen üblicherweise nicht am Abend, sondern am darauf folgenden Tag geleert werden; somit ist der Zugang der Annahmeerklärung und damit die Annahme als solche nicht innerhalb der gesetzten Frist erfolgt

cc. also: (rechtzeitige) Annahme (–)

c. Willenserklärung des S = (Kauf-) Angebot in Höhe von 100 € ?

HIER (+) → gemäß §§ 146, 148 erlischt das (ursprüngliche) Angebot, wenn es nicht fristgerecht angenommen wird; S hat das Angebot des V verspätet angenommen; § 150 I bestimmt, dass die verspätete Annahme eines Antrags als neues Angebot zu werten ist; die erst am 16.01. erfolgte, also verspätete Annahme durch S stellt ein neues Angebot zum Kauf der Wärmeflasche in Höhe desselben Kaufpreises (100 €) dar

d. Willenserklärung des V = Annahme in Höhe von 100 € ?

HIER (–) → gemäß § 150 II gilt die Annahme unter Änderungen als Ablehnung des Angebots; V hat nicht die Annahme des Angebots für 100 € erklärt; er hat die Wärmeflasche an S geschickt und nunmehr schriftlich 120 € verlangt

e. Willenserklärung des V = (Kauf-) Angebot für 120 € ?

HIER (+) → gemäß § 150 II gilt die Annahme unter Änderungen nicht nur als Ablehnung des Angebots, sondern auch als neues Angebot

f. Willenserklärung des S = Annahme in Höhe von 120 € ?

HIER (+) → S hat gegenüber V erklärt, er wolle die Wärmeflasche auf jeden Fall behalten; damit hat er signalisiert, dass er mit dem Preis von 120 € einverstanden ist; seine späteren Zweifel bezüglich der Höhe seiner Schuld ändern nichts an dieser Beurteilung

g. also: Angebot und Annahme für 120 €; Kaufvertrag, § 433 (+)

2. also: Anspruch entstanden (+)

II. Anspruch untergegangen ? (–)

III. Anspruch durchsetzbar ?

HIER (+) → für ein Zurückbehaltungsrecht des S (§ 320) bleibt kein Raum; V hat die Wärmeflasche schon an S gesendet und dieser hat sie erhalten

IV. Ergebnis:

V gegen S Kaufpreiszahlung in Höhe von 120 € gemäß § 433 II (+)

Formulierungsvorschlag Fall 12

- V gegen S Kaufpreiszahlung gemäß § 433 II

V könnte gegen S einen Anspruch auf Kaufpreiszahlung gemäß § 433 II haben.

I. Dann müsste der Anspruch zunächst entstanden sein.

1. Dies setzt einen wirksamen Kaufvertrag, § 433 zwischen den Parteien voraus. Ein Kaufvertrag besteht aus zwei übereinstimmenden Willenserklärungen, Angebot und Annahme.

a. V hat gegenüber S ein Angebot zum Kauf der Wärmeflasche für 100 € unterbreitet.

b. S müsste das Angebot des V angenommen haben.

aa. Zunächst müsste er die Annahmeerklärung abgegeben haben. Eine Willenserklärung ist abgegeben, wenn der Erklärende die Erklärung wissentlich und willentlich so in den Verkehr bringt, dass er damit rechnen kann, sie werde dem Adressaten ohne sein weiteres Zutun zugehen. S hat die Annahmeerklärung in den Briefkasten des V eingeworfen, also abgegeben.

bb. Außerdem müsste die Annahmeerklärung dem V zugegangen sein. Der Zugang einer Willenserklärung ist erfolgt, wenn die Erklärung so in den Herrschaftsbereich des Empfängers gelangt ist, dass dieser Kenntnis nehmen kann und außerdem unter normalen Umständen mit der Kenntnisnahme zu rechnen ist. Überdies muss die Annahme – und damit auch der Zugang der Annahmeerklärung – innerhalb der Frist erfolgen, falls bezüglich der Annahme des Angebots eine solche gesetzt ist, § 148. V hat bezüglich der Annahme eine Frist bis zum 15.01. gesetzt. S hat die Annahmeerklärung am 15.01. gegen 21.00 Uhr in den Briefkasten des V eingeworfen. Der Brief ist damit rechtzeitig durch den Einwurf in den Briefkasten in den Herrschaftsbereich des V gelangt. V konnte zu diesem Zeitpunkt auch von der Erklärung Kenntnis nehmen. Allerdings ist unter normalen Umständen erst am nächsten Morgen (16.01.) mit der Kenntnisnahme zu rechnen, weil Briefkästen üblicherweise nicht am Abend, sondern am darauf folgenden Tag geleert werden. Somit ist der Zugang der Annahmeerklärung und damit die Annahme als solche nicht innerhalb der gesetzten Frist erfolgt.

cc. S hat das Angebot des V nicht rechtzeitig angenommen.

c. Seitens S könnte jedoch ein neues Angebot bezüglich des Kaufs der Wärmeflasche für 100 € vorliegen. Gemäß §§ 146, 148 erlischt das (ursprüngliche) Angebot, wenn es nicht fristgerecht angenommen wird. S hat das Angebot des V verspätet angenommen. § 150 I bestimmt, dass die verspätete Annahme eines Antrags als neues Angebot zu werten ist. Die erst am 16.01. erfolgte, also verspätete Annahme durch S stellt somit ein neues Angebot zum Kauf der Wärmeflasche in Höhe desselben Kaufpreises (100 €) dar.

d. Fraglich erscheint aber, ob V das neue Angebot des S angenommen hat. Gemäß § 150 II gilt die Annahme unter Änderungen als Ablehnung des Angebots. V hat nicht die Annahme des Angebots für 100 € erklärt. Er hat die Wärmeflasche an S geschickt nunmehr schriftlich 120 € verlangt. Demnach gilt das Angebot des S als abgelehnt.

e. Gemäß § 150 II gilt die Annahme unter Änderungen jedoch nicht nur als Ablehnung des Angebots, sondern auch als neues Angebot. V hat also ein wiederum neues Angebot in Höhe von 120 € erklärt.

f. Dieses Angebot könnte S angenommen haben. S hat gegenüber V erklärt, er wolle die Wärmeflasche auf jeden Fall behalten. Damit hat er signalisiert, dass er mit dem Preis von 120 € einverstanden ist. Seine späteren Zweifel bezüglich der Höhe seiner Schuld ändern nichts an dieser Beurteilung. Somit liegt eine Annahme des Angebots bezüglich der Wärmeflasche für 120 € vor.

g. Also besteht ein diesbezüglicher Kaufvertrag zwischen V und S.

2. Demnach ist der Anspruch entstanden.

II. Der Anspruch ist nicht untergegangen.

III. Er ist auch durchsetzbar. Insbesondere kann S kein Zurückbehaltungsrecht (§ 320) geltend machen, da V ihm die Wärmeflasche schon zugesendet und er sie erhalten hat.

IV. V hat gegen S einen Anspruch auf Kaufpreiszahlung in Höhe von 120 € gemäß § 433 II.

Fazit

1. In diesem Fall war das zu beherzigen, was ich bereits im Fazit des vorigen Falls angeregt habe: In Fällen, in denen unterschiedliche Preise hin und her geworfen werden, lohnt es sich meistens, auf einem gesonderten Blatt akribisch zu notieren, wer wann was gesagt oder geschrieben hat. Dann klappt's auch mit der Lösung.

2. Zuerst hat V die Wärmeflasche für 100 € angeboten. Danach war zu prüfen, ob S das Angebot angenommen hat. Die mit dem Angebot bezüglich der Preishöhe korrespondierende Annahme scheiterte, weil sie verspätet war. Hier kam ***§ 150 I*** ins Spiel. Die ***verspätete Annahme*** gilt als ***neues Angebot***, also als Angebot des S in Höhe von 100 €. V hat das Angebot unter einer Abänderung angenommen. Er wollte nun 120 € haben. Nach ***§ 150 II*** – und das kanntet ihr schon seit dem vorigen Fall – gilt die ***Annahme unter Änderungen*** als ***Ablehnung des Angebots***. Hiermit verbunden ist aber ein ***neues Angebot***. Das neue Angebot des V in Höhe von 120 € hat S schlussendlich angenommen. Frohes Fest!

3. Bekanntlich muss eine Willenserklärung abgegeben werden und auch zugehen. Erst wenn beide Komponenten erfüllt sind, ist die Erklärung üblicherweise wirksam. Wenn entweder die ***Abgabe*** der Erklärung oder aber der ***Zugang*** der Erklärung problematisch ist, kann es sich lohnen, Abgabe und Zugang getrennt zu prüfen. So habe ich es in diesem Fall im Prüfungspunkt I.1.b. gemacht.

Damit keine Missverständnisse entstehen: Hier ist innerhalb der Prüfung einer Annahmeerklärung zwischen Abgabe und Zugang der Willenserklärung differenziert worden. Dieselbe Differenzierung dürft ihr selbstverständlich bei einem Angebot treffen.

4. Für Anfänger: Ich habe es immer wieder erleben müssen, dass Studenten anfänglich Probleme mit der ***Terminologie*** bzw. der Zuordnung bestimmter Begriffe hatten. Deshalb möchte ich an dieser Stelle einige erklärende Sätze zu Papier bringen, die sich banal lesen. Einerseits sind ***Angebot*** und ***Annahme*** zu unterscheiden. Dies sind andere Bezeichnungen für Willenserklärungen. Andererseits sind ***Abgabe*** und ***Zugang*** zu unterscheiden. Jede Willenserklärung muss abgegeben werden und zugehen. Oder noch genauer: Jedes Angebot (= Willenserklärung) muss abgegeben werden und zugehen. Und jede Annahme (= Willenserklärung) muss abgegeben werden und zugehen. So viel zur Terminologie.

5. Wenn ihr Abgabe und Zugang einer Erklärung unterscheidet, solltet ihr euch zudem einprägen, wann eine Abgabe bzw. ein Zugang wirksam erfolgt.

Die Willenserklärung (also Angebot oder Annahme) ist abgegeben, wenn der Erklärende die Erklärung wissentlich und willentlich so in den Verkehr bringt, dass er damit rechnen kann, sie werde dem Adressaten ohne sein weiteres Zutun zugehen.

Die Willenserklärung (also Angebot oder Annahme) ist zugegangen, wenn die Erklärung so in den Herrschaftsbereich des Empfängers gelangt, dass dieser Kenntnis nehmen kann und unter normalen Umständen mit der Kenntnisnahme zu rechnen ist.

Und: Eine Annahme und damit auch der Zugang der Annahmeerklärung muss innerhalb einer bestimmten Frist erfolgen, falls bezüglich der Annahme eine solche gesetzt ist, § 148. Die verspätete Annahme führt zum Erlöschen des Angebots, § 146.

6. Abschließend zum Briefzugang: Hier lauern einige Probleme. Schnappt euch einen aktuellen Kommentar und lest, was euch in einer Klausur oder Hausarbeit ereilen kann.

Niemand kann sich heute darauf berufen, dass die Leerung des Briefkastens nur vormittags oder mittags erfolgt. Ihr könnt euch durchaus auf den Standpunkt stellen, dass bis etwa 18 Uhr in den Briefkasten gelangte Briefe noch am selben Tag zugehen.

Fall 13

Rentner R interessiert sich für alte „Cigaretten-Bilderdienst"-Alben. Am 03.01. geht ihm ein schriftliches Angebot des Y zu, der ein Album „Deutsche Kolonien" für 50 € verkaufen möchte. Y hat das Angebot bis zum 15.01. befristet. Bereits am 05.01. fertigt R eine schriftliche Annahmeerklärung, die er am selben Tag mit einem 50-€-Geldschein per Post versendet. Aus unerfindlichen Gründen stellt die Deutsche Post AG den Brief erst am 16.01. zu. Y sieht den zehn Tage alten Poststempel auf dem Briefumschlag und ist verunsichert. Er weiß nicht, wie er sich verhalten soll. Zwischenzeitlich hat nämlich ein Museum Interesse an dem Album bekundet und 200 € für das seltene Exemplar geboten. Wenig später meldet sich R bei Y und verlangt Erfüllung des Kaufvertrags.

Frage: Hat R gegen Y einen Anspruch auf Übereignung des Albums ?

Lösungsskizze Fall 13

- R gegen Y Übereignung des Albums gemäß § 433 I 1 ?

I. Anspruch entstanden ?

1. Kaufvertrag, § 433 ?
= zwei übereinstimmende Willenserklärungen = Angebot und Annahme

a. Willenserklärung des Y = Angebot ?

HIER (+) → schriftliches Angebot des Y bezüglich des Verkaufs eines bestimmten Albums für 50 €

b. Willenserklärung des R = Annahme?

aa. Abgabe der Annahmeerklärung ?
= wenn der Erklärende die (Annahme-) Erklärung wissentlich und willentlich so in den Verkehr bringt, dass er damit rechnen kann, sie werde dem Adressaten ohne sein weiteres Zutun zugehen

HIER (+) → R hat ein an Y gerichtetes Schriftstück gefertigt, in dem er erklärt hat, er wolle das Album für 50 € kaufen; den Brief hat er bereits am 05.01. per Post versendet

bb. Zugang der Annahmeerklärung ?
= wenn die (Annahme-) Erklärung so in den Herrschaftsbereich des Empfängers gelangt, dass dieser Kenntnis nehmen kann und unter normalen Umständen mit der Kenntnisnahme zu rechnen ist; überdies muss die Annahme – und damit auch der Zugang der Annahmeerklärung – innerhalb der Frist erfolgen, falls bezüglich der Annahme des Angebots eine solche gesetzt ist, § 148

HIER (+) → Y hat bezüglich der Annahme eine Frist bis zum 15.01. gesetzt; der Brief ist tatsächlich an R zugestellt worden und auch von ihm gelesen worden; die Tatsache, dass das Schreiben erst nach Ablauf der von Y gesetzten Frist, nämlich erst am 16.01. den Herrschaftsbereich des Y erreicht hat, führt nicht zur grundsätzlich denkbaren Rechtsfolge der §§ 146, 148; zwar kann ein Angebot nur innerhalb der gesetzten Frist angenommen werden und erlischt bei nicht rechtzeitiger Annahme; überdies bestimmt § 150 I, dass die verspätete Annahme eines Antrags als neuer Antrag gilt; zu beachten ist jedoch die Vorschrift des § 149; wenn die Erklärung so abgesendet wurde, dass sie dem Adressaten bei regelmäßiger Beförderung rechtzeitig zugegangen wäre und der Adressat dies erkennen musste, ist er verpflichtet, dem Erklärenden die Verspätung unverzüglich nach dem Empfang der Erklärung anzuzeigen, falls er die Annahmeerklärung wegen der Verspätung nicht mehr gelten lassen möchte; verzögert der Empfänger die Anzeige, gilt die Annahme als nicht verspätet; R hat die Erklärung per Post am 05.01. versendet; bei regelmäßiger Beförderung wäre sie dem Y rechtzeitig, d.h. innerhalb der bis zum 15.01. gesetzten Frist zugegangen; Y konnte diesen Umstand nicht nur erkennen, sondern hat ihn aufgrund des Poststempels tatsächlich wahrgenommen; anschließend hat der die Verspätung gegenüber R nicht angezeigt; insofern gilt der erst am 16.01. erfolgte Zugang der Annahmeerklärung des R als nicht verspätet

cc. also: Willenserklärung des R = Annahme (+)

c. also: Kaufvertrag, § 433 (+)

2. also: Anspruch entstanden (+)

II. Anspruch untergegangen ? (–)

III. Anspruch durchsetzbar ?

HIER (+) → für ein Zurückbehaltungsrecht des Y (§ 320) bleibt kein Raum; Y hat das Geld bereits erhalten

IV. Ergebnis:
R gegen Y Übereignung des Albums gemäß § 433 I 1 (+)

Formulierungsvorschlag Fall 13

- R gegen Y Übereignung des Albums gemäß § 433 I 1

R könnte gegen Y einen Anspruch auf Übereignung des Albums gemäß § 433 I 1 haben.

I. Dann müsste der Anspruch zunächst entstanden sein.

1. Dies setzt einen wirksamen Kaufvertrag, § 433 zwischen den Parteien voraus. Ein Kaufvertrag besteht aus zwei übereinstimmenden Willenserklärungen, Angebot und Annahme.

a. Y hat gegenüber R schriftlich ein Angebot zum Kauf eines bestimmten Albums für 50 € unterbreitet.

b. R müsste das Angebot des Y angenommen haben.

aa. Zunächst müsste er die Annahmeerklärung abgegeben haben. Eine Willenserklärung ist abgegeben, wenn der Erklärende die Erklärung wissentlich und willentlich so in den Verkehr bringt, dass er damit rechnen kann, sie werde dem Adressaten ohne sein weiteres Zutun zugehen. R hat ein an Y gerichtetes Schriftstück gefertigt, in dem er erklärt hat, er wolle das Album zum Preis von 50 € kaufen. Den Brief hat er bereits am 05.01. per Post an Y gesendet. Somit hat er die Annahmeerklärung abgegeben.

bb. Außerdem müsste die Annahmeerklärung dem Y zugegangen sein. Der Zugang einer Willenserklärung ist erfolgt, wenn die Erklärung so in den Herrschaftsbereich des Empfängers gelangt ist, dass dieser Kenntnis nehmen kann und zudem unter normalen Umständen mit der Kenntnisnahme zu rechnen ist. Überdies muss die Annahme – und damit auch der Zugang der Annahmeerklärung – innerhalb der Frist erfolgen, falls bezüglich der Annahme des Angebots eine solche gesetzt ist, § 148. Y hat bezüglich der Annahme eine Frist bis zum 15.01. gesetzt. Der Brief ist tatsächlich an Y zugestellt worden und auch von ihm gelesen worden. Die Tatsache, dass das Schreiben erst nach Ablauf der von Y gesetzten Frist, nämlich erst am 16.01. den Herrschaftsbereich des Y erreicht hat, führt nicht zur grundsätzlich denkbaren Rechtsfolge der §§ 146, 148. Zwar kann ein Angebot nur innerhalb der gesetzten Frist angenommen werden und erlischt bei nicht rechtzeitiger Annahme. Überdies bestimmt § 150 I, dass die verspätete Annahme eines Antrags als neuer Antrag gilt. Zu beachten ist jedoch die Vorschrift des § 149. Wenn die Erklärung so abgesendet wurde, dass sie dem Adressaten bei regelmäßiger Beförderung rechtzeitig zugegangen wäre und der Adressat dies erkennen musste, ist er verpflichtet, dem Erklärenden die Verspätung unverzüglich nach dem Empfang der Erklärung anzuzeigen, falls er die Annahmeerklärung wegen der Verspätung nicht mehr gelten lassen möchte. Verzögert der Empfänger die Anzeige, gilt die Annahme als nicht verspätet. R hat die Erklärung per Post am 05.01. versendet. Bei regelmäßiger Beförderung wäre sie dem Y rechtzeitig, d.h. innerhalb der bis zum 15.01. gesetzten Frist zugegangen. Y konnte diesen Umstand nicht nur erkennen, sondern hat ihn aufgrund des Poststempels tatsächlich wahrgenommen. Anschließend hat er die Verspätung gegenüber R nicht angezeigt. Insofern gilt der erst am 16.01. erfolgte Zugang der Annahmeerklärung des R als nicht verspätet.

cc. Es ist mithin insgesamt von einer – als nicht verspätet geltenden – Annahme des Angebots durch R auszugehen.

c. Also besteht ein Kaufvertrag zwischen Y und R.

2. Demnach ist der Anspruch entstanden.

II. Der Anspruch ist nicht untergegangen.

III. Er ist auch durchsetzbar. Insbesondere kann Y kein Zurückbehaltungsrecht (§ 320) geltend machen, da er den Kaufpreis bereits erhalten hat.

IV. R hat gegen Y einen Anspruch auf Übereignung des Albums gemäß § 433 I 1.

Fazit

1. Lest bitte noch einmal das Fazit zum vorigen Fall. Es beleuchtet teilweise bereits die Tücken dieses Falls.

2. Hier war es abermals sinnvoll, zwischen Abgabe und Zugang einer Willenserklärung – hier zwischen Abgabe und Zugang der Annahme – zu unterscheiden.

In der Prüfung des ***Zugang***s ***der Annahmeerklärung*** war zu berücksichtigen, dass bezüglich der Annahme eine Frist gesetzt worden ist. Das Annahmeschreiben hat erst nach Ablauf der Frist den Herrschaftsbereich des Verkäufers erreicht. Zu beachten ist ***§ 149***. Wenn die Erklärung so abgesendet wurde, dass sie dem Adressaten bei regelmäßiger Beförderung rechtzeitig zugegangen wäre und der Adressat dies erkennen musste, ist er verpflichtet, dem Erklärenden die Verspätung unverzüglich nach dem Empfang der Erklärung anzuzeigen, falls er die Annahmeerklärung wegen der Verspätung nicht mehr gelten lassen möchte. Verzögert der Empfänger die Anzeige, gilt die Annahme als nicht verspätet.

Eine verspätete Annahme führt also nicht in jedem Fall zur Rechtsfolge der §§ 146, 148 bzw. des § 150.

3. Lest bitte auch § 151: Hier ist normiert, wann die Annahme nicht erklärt werden muss. Abermals empfehle ich mehrere Blicke in euren Lieblingskommentar, der sicherlich einige erhellende Passagen zu diesem Thema bereithält und diverse Beispiele nennen wird.

Fall 14

Am 05.05. bietet die B dem S ein von diesem lange gesuchtes „Trink Sinalco"-Emailleschild für 200 € schriftlich zum Kauf an. B hat das Angebot bis zum 15.05. befristet. Am 15.05. bemerkt S, dass er vergessen hat, seine schon am 06.05. gefertigte schriftliche Annahmeerklärung per Post zu versenden. S kann B telefonisch nicht erreichen. Weil sein Terminkalender ihm unaufschiebbare Termine signalisiert, ruft er seinen Freund F an und bittet diesen, persönlich bei B vorbeizuschauen und unter Übergabe von 200 € zu übermitteln, er (S) nehme das Angebot an. F trifft im Haus der B nicht diese, sondern deren Ehemann E an, dem er die Nachricht des S mitteilt und 200 € übergibt. Am Nachmittag leitet E die Erklärung und das Geld an B weiter.

Frage: Hat S gegen B einen Anspruch auf Übereignung des Schildes ?

Lösungsskizze Fall 14

- S gegen B Übereignung des Schildes gemäß § 433 I 1 ?

I. Anspruch entstanden ?

1. Kaufvertrag, § 433 ?

= zwei übereinstimmende Willenserklärungen = Angebot und Annahme

a. Willenserklärung der B = Angebot ?

HIER (+) → schriftliches Angebot der B bezüglich des Verkaufs eines bestimmten Emaille-Schildes für 200 €

b. Willenserklärung des S = Annahme?

aa. Abgabe der Annahmeerklärung ?

(1) persönliche Abgabe = selbst ?

HIER (–) → eine Annahmeerklärung ist seitens S nicht persönlich, sondern allenfalls unter Einschaltung einer weiteren Person abgegeben worden

(2) Abgabe unter Einschaltung eines (Erklärungs-) Boten (= F) ?

= sobald der Erklärende die (Annahme-) Erklärung dem Boten gegenüber vollendet und ihn anweist, sie dem Empfänger zu übermitteln bzw. auszuhändigen

HIER (+) → bei der dem F zur Übermittlung mitgeteilten Nachricht handelt es sich inhaltlich um die Annahme des Verkaufsangebots der B in Höhe von 200 € für ein Emaille-Schild; S hat zur Abgabe der Annahmeerklärung einen (Erklärungs- oder Überbringungs-) Boten eingeschaltet; er hat die Erklärung dem F gegenüber vollendet und ihn angewiesen, sie der Empfängerin B mündlich zu übermitteln

(3) also: Abgabe der Annahmeerklärung **(+)**

bb. Zugang der Annahmeerklärung ?

(1) Zugang an den Empfänger persönlich ? **(–)**

(2) Zugang an einen (Empfangs-) Boten ?

= bei Erklärung gegenüber einer zur Entgegennahme der Erklärung geeigneten und ermächtigten Person zu dem Zeitpunkt, in dem üblicherweise die Weiterleitung von dieser Person zum (eigentlichen) Erklärungsempfänger zu erwarten ist; überdies muss die Annahme – und damit auch der Zugang der Annahmeerklärung – innerhalb der Frist erfolgen, falls bezüglich der Annahme des Angebots eine solche gesetzt ist, § 148

HIER (+) → im Haushalt des Empfängers lebende Eheleute werden als geeignet und ermächtigt angesehen, Erklärungen entgegenzunehmen, sind also Empfangsboten; S hat unter Einschaltung des Überbringungsboten F dem im Haushalt der B lebenden Ehemann E, also einem Empfangsboten, die Annahmeerklärung übermittelt; die Weiterleitung der Erklärung war am selben Tag zu erwarten und ist sogar am selben Tag erfolgt; die Übermittlung der Annahmeerklärung ist am 15.05. erfolgt, also innerhalb der durch B gesetzten Frist

(3) also: Zugang der Annahmeerklärung **(+)**

cc. also: Willenserklärung des S = Annahme **(+)**

c. also: Kaufvertrag, § 433 **(+)**

2. also: Anspruch entstanden **(+)**

II. Anspruch untergegangen ? **(–)**

III. Anspruch durchsetzbar ?

HIER (+) → für ein Zurückbehaltungsrecht der B (§ 320) bleibt kein Raum; B hat das Geld bereits erhalten

IV. Ergebnis:

S gegen B Übereignung des Schildes gemäß § 433 I 1 (+)

Formulierungsvorschlag Fall 14

- S gegen B Übereignung des Schildes gemäß § 433 I 1

S könnte gegen B einen Anspruch auf Übereignung des Schildes gemäß § 433 I 1 haben.

I. Dann müsste der Anspruch zunächst entstanden sein.

1. Dies setzt einen wirksamen Kaufvertrag, § 433 zwischen den Parteien voraus. Ein Kaufvertrag besteht aus zwei übereinstimmenden Willenserklärungen, Angebot und Annahme.

a. B hat gegenüber S schriftlich ein Angebot zum Kauf eines bestimmten Emaille-Schildes für 200 € unterbreitet.

b. S müsste das Angebot der B angenommen haben.

aa. Zunächst müsste er die Annahmeerklärung abgegeben haben.

S hat nicht selbst gehandelt.

In Betracht kommt die Abgabe einer Annahmeerklärung unter Einschaltung eines (Erklärungs-) Boten. Wenn der Erklärende einen (Erklärungs-) Boten einschaltet, ist die Willenserklärung abgegeben, sobald der Erklärende die Erklärung dem Boten gegenüber vollendet und ihn anweist, sie dem Empfänger zu übermitteln bzw. auszuhändigen. Bei der dem F zur Übermittlung mitgeteilten Nachricht handelt es sich inhaltlich um die Annahme des Verkaufsangebots der B in Höhe von 200 € für ein Emaille-Schild. S hat zur Abgabe der Annahmeerklärung einen (Erklärungs- oder Überbringungs-) Boten eingeschaltet. Er hat die Erklärung dem F gegenüber vollendet und ihn angewiesen, sie der Empfängerin B mündlich zu übermitteln.

Somit hat S die Annahmeerklärung unter Einschaltung eines (Erklärungs-) Boten abgegeben.

bb. Außerdem müsste die Annahmeerklärung der B zugegangen sein.

Die Annahmeerklärung ist der B nicht persönlich zugegangen.

Sie könnte jedoch einem (Empfangs-) Boten zugegangen sein. Zunächst müsste die Erklärung gegenüber einer zur Entgegennahme der Erklärung geeigneten und ermächtigten Person erfolgt sein. Im Haushalt des Empfängers lebende Eheleute werden als geeignet und ermächtigt angesehen, Erklärungen entgegenzunehmen, sind also Empfangsboten. S hat unter Einschaltung des Überbringungsboten F dem im Haushalt der B lebenden Ehemann E, also einem Empfangsboten, die Annahmeerklärung übermittelt. Der Zugang an einen Empfangsboten wird zu dem Zeitpunkt bejaht, in dem üblicherweise die Weiterleitung von dieser Person zum (eigentlichen) Erklärungsempfänger zu erwarten ist. Die Weiterleitung der Erklärung war am selben Tag zu erwarten und ist sogar am selben Tag erfolgt. Überdies muss die Annahme – und damit auch der Zugang der Annahmeerklärung – innerhalb der Frist erfolgen, falls bezüglich der Annahme des Angebots eine solche gesetzt ist, § 148. Die Übermittlung der Annahmeerklärung ist am 15.05. erfolgt, also innerhalb der durch B gesetzten Frist.

Somit ist die Annahmeerklärung durch die Übermittlung an den Empfangsboten E der B zugegangen.

cc. Mithin hat S das Angebot der B angenommen.

c. Also besteht ein Kaufvertrag zwischen B und S.

2. Demnach ist der Anspruch entstanden.

II. Der Anspruch ist nicht untergegangen.

III. Er ist auch durchsetzbar. Insbesondere kann B kein Zurückbehaltungsrecht (§ 320) geltend machen. B hat das Geld bereits erhalten.

IV. S hat gegen B einen Anspruch auf Übereignung des Schildes gemäß § 433 I 1.

Fazit

1. In einigen der vorigen Fälle ist unterschieden worden, ob eine Willenserklärung (Angebot bzw. Annahme) selbst unterbreitet wurde oder unter Einschaltung eines Boten. In anderen Fällen wurde unterschieden, ob eine Willenserklärung (Angebot bzw. Annahme) einerseits abgegeben und andererseits zugegangen ist.

Aber es geht weiter. Wir mischen beide Möglichkeiten gut durch. Et voila. Selbstverständlich lassen sich beide „Unterteilungen" in einer Prüfung unterbringen. Und noch viel mehr. Das habt ihr in diesem Fall gesehen.

Im bösesten aller Extremfälle (keine Angst, der kommt selten) könnt ihr – nach dem jetzigen Wissensstand – wie folgt unterteilen:

a. Angebot = Willenserklärung

- ***aa. Abgabe des Angebots***
  - ***- durch den Anbietenden persönlich = selbst*** oder
  - ***- unter Einschaltung eines Boten***
- ***bb. Zugang des Angebots***
  - ***- an den Empfänger des Angebots*** oder
  - ***- an einen (Empfangs-) Boten***

b. Annahme = Willenserklärung

- ***aa. Abgabe der Annahmeerklärung***
  - ***- durch den Annehmenden persönlich = selbst*** oder
  - ***- unter Einschaltung eines Boten***
- ***bb. Zugang der Annahmeerklärung***
  - ***- an den Empfänger der Annahme (= den Anbietenden)*** oder
  - ***- an einen (Empfangs-) Boten (des Anbietenden)***

Und wenn die Annahme verspätet erfolgt ist? Oder unter einer Erweiterung, Einschränkung oder Änderung? Wir lesen abermals § 150 I und II. Dann fängt die gesamte Unterteilung mit einem neuen Angebot wieder von vorne an …

2. Zurück zur Lösung: Im Fall gab es einen Erklärungsboten und einen Empfangsboten. Der ***Erklärungsbote*** taucht immer bei der Abgabe einer Erklärung auf, der ***Empfangsbote*** immer beim Zugang einer Erklärung.

Unter Einschaltung eines Erklärungsboten ist die Willenserklärung abgegeben, sobald der Erklärende die (Annahme-) Erklärung dem Boten gegenüber vollendet und ihn anweist, sie dem Empfänger zu übermitteln bzw. auszuhändigen.

Um den Zugang einer Willenserklärung unter Einschaltung eines Empfangsboten bejahen zu können, müsst ihr mehrere Voraussetzungen durchprüfen. Zum einen muss die Erklärung gegenüber einer zur Entgegennahme der Erklärung geeigneten und ermächtigten Person – dem Empfangsboten – erklärt werden. Zum anderen ist zu beachten, dass der Zugang (erst) zu dem Zeitpunkt erfolgt, in dem üblicherweise die Weiterleitung der Erklärung vom Empfangsboten zum (eigentlichen) Erklärungsempfänger zu erwarten ist. Und zusätzlich: Die Annahme und damit auch der Zugang der Annahmeerklärung muss innerhalb einer bestimmten Frist erfolgen, falls bezüglich der Annahme des Angebots eine solche gesetzt ist, § 148.

Im Haushalt des Empfängers lebende ***Eheleute*** werden regelmäßig als geeignet und ermächtigt angesehen, Erklärungen entgegenzunehmen. Sie sind also geeignete Empfangsboten. Mit der Übermittlung der Erklärung war am selben Tag zu rechnen. Tatsächlich ist die Übermittlung am selben Tag erfolgt. Wenn die Übermittlung nicht erfolgt wäre, hätte das aber keinen Einfluss auf die Wertung, dass ein Zugang erfolgt ist. Denn es kommt darauf an, wann üblicherweise mit der Weiterleitung der Erklärung zu rechnen ist.

Und: Euer Lieblingskommentar verrät euch, wer außerdem unter welchen Umständen wann und wie geeigneter Empfangsbote ist.

Fall 15

Am 05.05. bietet die B dem S ein von diesem lange gesuchtes „Trink Bluna“-Emailleschild für 200 € schriftlich zum Kauf an. B hat das Angebot bis zum 15.05. befristet. Am 15.05. bemerkt S, dass er vergessen hat, seine schon am 06.05. gefertigte schriftliche Annahmeerklärung per Post zu versenden. S kann B telefonisch nicht erreichen. Weil sein Terminkalender ihm unaufschiebbare Termine signalisiert, ruft er seinen Freund F an und bittet diesen, persönlich bei B vorbeizuschauen und unter Übergabe von 200 € zu übermitteln, er (S) nehme das Angebot an. F trifft im Haus der B nicht diese, sondern den zufällig anwesenden Handwerker H an, dem er die Nachricht des S mitteilt und 200 € übergibt. Erst am nächsten Tag leitet H die Erklärung und das Geld an B weiter.

Frage: Hat S gegen B einen Anspruch auf Übereignung des Schildes ?

Lösungsskizze Fall 15

- S gegen B Übereignung des Schildes gemäß § 433 I 1 ?

I. Anspruch entstanden ?

1. Kaufvertrag, § 433 ?

= zwei übereinstimmende Willenserklärungen = Angebot und Annahme

a. Willenserklärung der B = Angebot ?

HIER (+) → schriftliches Angebot der B bezüglich des Verkaufs eines bestimmten Emaille-Schildes für 200 €

b. Willenserklärung des S = Annahme?

aa. Abgabe der Annahmeerklärung ?

(1) persönliche Abgabe = selbst ?

HIER (–) → eine Annahmeerklärung ist seitens S nicht persönlich, sondern allenfalls unter Einschaltung einer weiteren Person abgegeben worden

(2) Abgabe unter Einschaltung eines (Erklärungs-) Boten (= F) ?

= sobald der Erklärende die (Annahme-) Erklärung dem Boten gegenüber vollendet und ihn anweist, sie dem Empfänger zu übermitteln bzw. auszuhändigen

HIER (+) → bei der dem F zur Übermittlung mitgeteilten Nachricht handelt es sich inhaltlich um die Annahme des Verkaufsangebots der B in Höhe von 200 € für ein Schild; S hat zur Abgabe der Annahmeerklärung einen (Erklärungs- oder Überbringungs-) Boten eingeschaltet; er hat die Erklärung dem F gegenüber vollendet und ihn angewiesen, sie der Empfängerin B mündlich zu übermitteln

(3) <u>also</u>: Abgabe der Annahmeerklärung **(+)**

bb. Zugang der Annahmeerklärung ?

(1) Zugang an den Empfänger persönlich ? **(–)**

(2) Zugang an einen (Empfangs-) Boten ?

= bei Erklärung gegenüber einer zur Entgegennahme der Erklärung geeigneten und ermächtigten Person zu dem Zeitpunkt, in dem üblicherweise die Weiterleitung von dieser Person zum (eigentlichen) Erklärungsempfänger zu erwarten ist; überdies muss die Annahme – und damit auch der Zugang der Annahmeerklärung – innerhalb der Frist erfolgen, falls bezüglich der Annahme des Angebots eine solche gesetzt ist, § 148

HIER (–) → zufällig im Haus des Empfängers anwesende Handwerker werden zwar als geeignet, nicht aber als ermächtigt angesehen, Erklärungen entgegenzunehmen, sind also keine Empfangsboten; S hat unter Einschaltung des Überbringungsboten F dem im Haus der B anwesenden Handwerker H die Annahmeerklärung übermittelt; bei der Übermittlung der Erklärung an eine nicht zur Entgegennahme ermächtigte Person tritt der Zugang erst ein, wenn diese die Erklärung tatsächlich an den eigentlichen Empfänger weiterleitet; H hat die Annahmeerklärung erst am 16.01. weitergeleitet; die Übermittlung der Annahmeerklärung ist somit nicht bis zum 15.01. erfolgt, also nicht innerhalb der durch B gesetzten Frist

(3) <u>also</u>: (rechtzeitiger) Zugang der Annahmeerklärung **(–)**

cc. <u>also</u>: Willenserklärung des S = Annahme **(–)**

c. Willenserklärung des S = Angebot ?

HIER (+) → gemäß § 150 I gilt die verspätete Annahme eines Angebots als neues Angebot

d. Willenserklärung der B = Annahme ?

HIER (–) → B hat das Angebot nicht angenommen

e. <u>also</u>: Kaufvertrag, § 433 **(–)**

2. <u>also</u>: Anspruch entstanden **(–)**

II. Ergebnis:

S gegen B Übereignung des Schildes gemäß § 433 I 1 (–)

Formulierungsvorschlag Fall 15

- S gegen B Übereignung des Schildes gemäß § 433 I 1

S könnte gegen B einen Anspruch auf Übereignung des Schildes gemäß § 433 I 1 haben.

I. Dann müsste der Anspruch zunächst entstanden sein.

1. Dies setzt einen wirksamen Kaufvertrag, § 433 zwischen den Parteien voraus. Ein Kaufvertrag besteht aus zwei übereinstimmenden Willenserklärungen, Angebot und Annahme.

a. B hat gegenüber S schriftlich ein Angebot zum Kauf eines bestimmten Emaille-Schildes für 200 € unterbreitet.

b. S müsste das Angebot der B angenommen haben.

aa. Zunächst müsste er die Annahmeerklärung abgegeben haben.

S hat nicht selbst gehandelt.

In Betracht kommt die Abgabe einer Annahmeerklärung unter Einschaltung eines (Erklärungs-) Boten. Wenn der Erklärende einen (Erklärungs-) Boten einschaltet, ist die Willenserklärung abgegeben, sobald der Erklärende die Erklärung dem Boten gegenüber vollendet und ihn anweist, sie dem Empfänger zu übermitteln bzw. auszuhändigen. Bei der dem F zur Übermittlung mitgeteilten Nachricht handelt es sich inhaltlich um die Annahme des Verkaufsangebots der B in Höhe von 200 € für ein Emaille-Schild. S hat zur Abgabe der Annahmeerklärung einen (Erklärungs- oder Überbringungs-) Boten eingeschaltet. Er hat die Erklärung dem F gegenüber vollendet und ihn angewiesen, sie der Empfängerin B mündlich zu übermitteln.

Somit hat S die Annahmeerklärung unter Einschaltung eines (Erklärungs-) Boten abgegeben.

bb. Außerdem müsste die Annahmeerklärung der B zugegangen sein.

Die Annahmeerklärung ist der B nicht persönlich zugegangen.

Sie könnte jedoch einem (Empfangs-) Boten zugegangen sein. Abgesehen vom Zugang erscheint bereits fraglich, ob die Erklärung gegenüber einem tauglichen Empfangsboten, also einer zur Entgegennahme der Erklärung geeigneten und ermächtigten Person erfolgt ist. Zufällig im Haus des Empfängers anwesende Handwerker werden zwar als geeignet, nicht aber als ermächtigt angesehen, Erklärungen entgegenzunehmen, sind also keine tauglichen Empfangsboten. S hat unter Einschaltung des Überbringungsboten F dem im Haus der B anwesenden Handwerker H die Annahmeerklärung übermittelt. Bei der Übermittlung der Erklärung an eine nicht zur Entgegennahme ermächtigte Person tritt der Zugang aber erst ein, wenn diese die Erklärung tatsächlich an den eigentlichen Empfänger weiterleitet. H hat die Annahmeerklärung erst am 16.01. weitergeleitet. Die Übermittlung der Annahmeerklärung ist somit nicht bis zum 15.01. erfolgt, also nicht innerhalb der durch B gesetzten Frist.

Also ist der Zugang der Annahmeerklärung nicht rechtzeitig erfolgt.

cc. Mithin hat S das Angebot der B nicht angenommen.

c. Gemäß § 150 I gilt die verspätete Annahme eines Angebots jedoch als neues Angebot. Demnach hat S ein neues Angebot unterbreitet.

d. B hat das Angebot aber nicht angenommen.

e. Also besteht kein Kaufvertrag zwischen B und S.

2. Demnach ist der Anspruch nicht entstanden.

II. S hat gegen B keinen Anspruch auf Übereignung des Emaille-Schildes gemäß § 433 I 1.

Fazit

1. Führt euch unbedingt abermals das Fazit zum vorigen Fall zu Gemüte. Dort steht ganz viel zum Aufbau einer solchen Fallkonstellation.

2. Einmal mehr ist euch in einem einzigen Fall sowohl ein Erklärungsbote als auch ein Empfangsbote über den Weg gelaufen.

   Probleme machte allenfalls der ***Empfangsbote***. Grundsätzlich gilt folgendes: Um den Zugang einer Willenserklärung unter Einschaltung eines Empfangsboten bejahen zu können, müsst ihr mehrere Voraussetzungen durchprüfen. Zum einen muss die Erklärung gegenüber einer zur Entgegennahme der Erklärung geeigneten und ermächtigten Person – dem Empfangsboten – erklärt werden. Zum anderen ist zu beachten, dass der Zugang (erst) zu dem Zeitpunkt erfolgt, in dem üblicherweise die Weiterleitung der Erklärung vom Empfangsboten zum (eigentlichen) Erklärungsempfänger zu erwarten ist. Und zusätzlich: Die Annahme und damit auch der Zugang der Annahmeerklärung muss innerhalb einer bestimmten Frist erfolgen, falls bezüglich der Annahme des Angebots eine solche gesetzt ist, § 148.

   Zufällig im Haus des Empfängers anwesende ***Handwerker*** werden zwar als geeignet, nicht aber als ermächtigt angesehen, Erklärungen entgegenzunehmen. Sie sind also keine tauglichen Empfangsboten. Bei der Übermittlung der Erklärung an eine nicht zur Entgegennahme ermächtigte Person tritt der Zugang erst ein, wenn diese die Erklärung tatsächlich an den eigentlichen Empfänger weiterleitet.

   Achtung: Üblicherweise werden derartige Klausuren – wie hier – so konstruiert, dass die tatsächliche Weiterleitung der Erklärung erst nach Ablauf einer Frist erfolgt. Dann kommt einmal mehr § 150 I ins Spiel …

Fall 16

Anlässlich eines Stadtfestes verkaufen Boss B und dessen Hilfswicht H aus einem fahrbaren Imbiss Bratwürste. Als sich abzeichnet, dass der Vorrat am nächsten Tag zur Neige gehen wird, schickt B den H zu dem ihm bekannten Metzger M. Er überreicht dem H einige Zeilen, die er auf einem Bogen seines Geschäftsbriefpapiers niedergeschrieben hat: „Lieber M. Ich benötige morgen früh dringend 240 Bratwürste der Qualität „fettig“ zum Preis von 6,50 € pro Dutzend. Das Geld gibt's bei Übergabe der Ware. Bis bald, B.“ In der Metzgerei bemerkt H, dass er das Schriftstück verloren hat. Er meint, sich an dessen Inhalt richtig erinnern zu können und äußert deshalb gegenüber M: „B will von Ihnen 240 Bratwürste der Qualität „weniger fettig“ für 8,00 € pro Dutzend, die Sie am folgenden Morgen bei B gegen Bezahlung anliefern sollen.“ Wie gewünscht erscheint M am nächsten Tag mit 240 Bratwürsten der Qualität „weniger fettig“ bei B, der jedoch die Entgegennahme verweigert. M besteht auf Zahlung gegen Aushändigung der Ware.

Frage: Hat M einen Anspruch auf Kaufpreiszahlung gegen B ?

Hinweis: Ein etwaiges Anfechtungsrecht des B ist nicht zu berücksichtigen.

Lösungsskizze Fall 16

- M gegen B Kaufpreiszahlung gemäß § 433 II ?

I. Anspruch entstanden ?

1. Kaufvertrag, § 433 ?
= zwei übereinstimmende Willenserklärungen = Angebot und Annahme

a. Willenserklärung des B = Angebot ?

aa. persönliches Angebot ?

HIER (–) → B hat nicht selbst gehandelt

bb. Angebot unter Einschaltung eines (Erklärungs-) Boten (= H) ?

HIER (+) → H hat dem M zwar das Schriftstück des B nicht zugänglich gemacht; dann wäre unmissverständlich ersichtlich gewesen, dass H als „Sprachrohr“ des B handelt; H hat aber durch die Äußerung, B habe ihm aufgetragen, eine bestimmte Anzahl Würste einer bestimmten Qualität zum Preis von € 8,00 pro Dutzend zu besorgen, so gehandelt, dass ein objektiver Betrachter in der Lage des M nicht von einem eigenen Entscheidungsspielraum des H ausgehen konnte; ein objektiver Betrachter in der Lage des M konnte deshalb nicht auf eine Vertretereigenschaft des H schließen, sondern musste annehmen, H handele als Bote; also ist von einem Angebot des B durch den Boten H auszugehen

***cc. also: Willenserklärung des B = Angebot* (+)**

b. Willenserklärung des M = Annahme ?

HIER (+) → spätestens konkludent durch die Lieferung der Ware

***c. also: Kaufvertrag, § 433* (+)**

***2. also: Anspruch entstanden* (+)**

***II. Anspruch untergegangen ?* (–)**

III. Anspruch durchsetzbar ?

HIER (+) → für ein Zurückbehaltungsrecht des B (§ 320) bleibt kein Raum; M hat die Zahlung ausdrücklich gegen Übereignung der Ware gefordert

IV. Ergebnis:
M gegen B Kaufpreiszahlung gemäß § 433 II (+)

Formulierungsvorschlag Fall 16

- M gegen B Kaufpreiszahlung gemäß § 433 II

M könnte gegen B einen Anspruch auf Kaufpreiszahlung gemäß § 433 II haben.

I. Dann müsste der Anspruch zunächst entstanden sein.

1. Dies setzt einen wirksamen Kaufvertrag, § 433 zwischen den Parteien voraus. Ein Kaufvertrag besteht aus zwei übereinstimmenden Willenserklärungen, Angebot und Annahme.

a. Fraglich ist, ob B ein Angebot unterbreitet hat.

aa. B hat nicht selbst gehandelt.

bb. In Betracht kommt die Angebotsunterbreitung unter Einschaltung eines (Erklärungs-) Boten. Eine Botenschaft wäre gegeben, wenn H dem M das Schriftstück des B zugänglich gemacht hätte. Dann wäre ersichtlich gewesen, dass H quasi als „Sprachrohr“ des B und damit als Bote gehandelt hätte. H hat das Schriftstück aber nicht dem M vorgewiesen. Er hat jedoch durch die Äußerung, B habe ihm aufgetragen, eine bestimmte Anzahl Würste einer bestimmten Qualität zum Preis von € 8,00 pro Dutzend zu besorgen, so gehandelt, dass ein objektiver Betrachter in der Lage des M nicht von einem eigenen Entscheidungsspielraum des H, also nicht von einer Vertretereigenschaft ausgehen konnte, sondern annehmen musste, H handele als Bote.

cc. Also ist von einem Angebot des B unter Einschaltung des Boten H auszugehen.

b. M hat das Kaufangebot des B auch angenommen. Die Annahme liegt spätestens konkludent in der Lieferung der Ware.

c. Also besteht ein Kaufvertrag zwischen B und M.

2. Demnach ist der Anspruch entstanden.

II. Der Anspruch ist nicht untergegangen.

III. Er ist auch durchsetzbar. Für ein Zurückbehaltungsrecht des B (§ 320) bleibt kein Raum. M hat die Zahlung ausdrücklich gegen Übereignung der Ware gefordert.

IV. M hat gegen B einen Anspruch auf Kaufpreiszahlung gemäß § 433 II.

Fazit

1. Was passiert eigentlich, wenn eine Person ***Bote*** sein soll, auch als Bote auftritt, aber ***irrtümlich etwas anderes erklärt***, als sie erklären sollte? Hat das direkte Auswirkungen auf die Wirksamkeit der Willenserklärung oder des Vertrags? Das wisst ihr spätestens jetzt.

   Wenn der Bote irrtümlich etwas Falsches übermittelt, kommt ein Vertrag zustande, dessen Inhalt sich an dem orientiert, was der Bote tatsächlich übermittelt hat. Der „Irrtum" hat keine Auswirkungen auf die Willenserklärung oder den Vertrag.

   Achtung: Der Hinweis am Ende der Aufgabenstellung lässt vermuten, wie es üblicherweise weitergeht. Natürlich kann B gegenüber H nach § 120 wegen unrichtiger Übermittlung anfechten. Wenn er dies rechtswirksam tut, kann M von H gemäß § 122 Ersatz des Vertrauensschadens verlangen. Aber danach war hier nicht gefragt. Eine Anmerkung: Selbst ohne den Hinweis und mit Prüfung der Anfechtungsmöglichkeit hättet ihr je nach Argumentation dasselbe Ergebnis ermittelt. Lest hierzu vorab § 143 I. Die Anfechtung muss erklärt werden. Ausdrücklich ist sie nicht erklärt worden. Ob in der alleinigen Verweigerung der Entgegennahme der Ware die Anfechtungserklärung zu sehen ist, erscheint zumindest diskussionswürdig.

   Keine Panik. Die Anfechtung werdet ihr in einem gesonderten Kapitel kennenlernen.

2. Zurück zum Fall. Ihr habt außerdem gesehen, wie und an welcher Stelle die ***Abgrenzung*** zwischen ***Bote*** und ***Stellvertreter*** vorgenommen werden kann.

   Zur Stellvertretung gibt's ebenfalls ein eigenes Kapitel, das gleich folgt. Deshalb nur so viel: Bote ist – im Gegensatz zum Stellvertreter – jede Person, die keine eigene Willenserklärung mit eigenem Entscheidungsspielraum abgibt, sondern eine fremde Willenserklärung ohne Entscheidungsspielraum übermittelt bzw. weiterleitet.

3. Und nun folgt – wie versprochen – das Kapitel mit Fällen zur ***Stellvertretung***.

Stellvertretung

- Eine kleine Einführung

Und jetzt zu einem neuen Kapitel. Im Folgenden lernt ihr insbesondere die ***Stellvertretung*** kennen. Sie ist in den §§ 164 ff geregelt. Aber ihr werdet auch noch einmal mit der Botenschaft konfrontiert. Einleitend und zur Einstimmung: Nicht immer kann eine Person selbst handeln. Das wäre auch ziemlich stressig. So kann z.B. ein Firmenchef nicht alle anfallenden Tätigkeiten im Betrieb ausführen. Nicht nur bei den innerbetrieblichen Tätigkeiten, sondern auch und gerade im Bereich der Kommunikation mit der Außenwelt werden andere Personen tätig. Insbesondere und üblicherweise sind das die Angestellten der Firma. Sie dürfen den Betrieb nach außen repräsentieren und für die Firma Geschäfte tätigen. Ein wohl einleuchtendes Szenario: Im Betrieb gehen die Papiervorräte zur Neige. Jetzt wird sich unser Chef wohl kaum in eigener Person auf den beschwerlichen Fußweg ins nächste Schreibwarengeschäft machen und dieses oder jenes kaufen. Dafür gibt es in einem großen Betrieb bestimmte Personen, die oft sogar eine oder mehrere Abteilungen bevölkern. Nennen wir das ganze „Einkauf". Dort sitzen typische Stellvertreter.

Ihr könnt in nahezu allen juristischen Lehrpublikationen nachlesen, wie eine Stellvertretung zu prüfen ist. Lest dazu erst einmal § 164 I 1. Hiernach besteht die Prüfung im Wesentlichen aus drei Prüfungspunkten:

1. Hat der vermeintliche Stellvertreter eine ***eigene Willenserklärung*** abgegeben?
2. Hat er die Willenserklärung ***im Namen des Vertretenen*** abgegeben?
3. Hat er ***mit Vertretungsmacht*** gehandelt?

Wenn ihr alle Fragen bejahen könnt, liegt eine wirksame Stellvertretung vor.

Jetzt stellt sich nur noch die Frage nach dem genauen Prüfungsstandort der Stellvertretung. Die Frage lässt sich nur beantworten, wenn man die „Stellvertretung" im Gesamtkontext betrachtet.

Denn: Nicht jeder, der für einen anderen etwas tut oder vermeintlich tut, ist automatisch Stellvertreter. Die handelnde Person kann auch Bote sein. Und wer ist nun Bote und wer ist Stellvertreter? Oder genauer formuliert: Wer ist vielleicht Bote und wer ist vielleicht Stellvertreter (das soll ja erst geprüft werden)? Das ist eine Frage der Abgrenzung, die im Zweifelsfall in der Klausur oder Hausarbeit vorzunehmen ist. Wir kommen der Frage nach dem Prüfungsstandort der Stellvertretung also immer näher.

Zum Grübeln ein grundsätzliches ***Beispiel:***

> Zwei Personen – nennen wir sie X und Y – wollen einen Kaufvertrag schließen. Nehmen wir an, anstelle des X tritt eine dritte Person „für" den X auf und unterbreitet Y ein Angebot, das Y auch annimmt. Wie ist eine solche Konstellation klausurtechnisch zu betrachten und zu prüfen?

Es dürfte klar sein, dass die dritte Person (D) je nach (genauerer) Ausgestaltung des Sachverhalts sowohl Bote als auch Stellvertreter sein kann. Und wer ist Stellvertreter bzw. Bote? Grob gesagt ist der Unterschied der folgende: Während der Stellvertreter eine eigene Willenserklärung abgibt, also einen Entscheidungsspielraum bezüglich der Willenserklärung hat, gibt der Bote genau die Willenserklärung ab, die ihm von seinem Hintermann oder von seiner Hinterfrau mit auf den Weg gegeben worden ist.

Ein ***Beispiel:***

> Chef X bittet seinen Angestellten D, zum Geschäft des Y zu fahren und für den Betrieb Briefumschläge der Größe C6 zu kaufen. In der Auswahl soll D frei sein. D tut wie ihm geheißen. Gegenüber Y entäußert er, er wolle für X Umschläge kaufen und sucht Briefumschläge der gewünschten Größe aus. Hierbei entscheidet er sich für die Marke „ZZZ". Es kommt zum Kaufvertragsabschluss.

Ein anderes ***Beispiel:***

> Chef X bittet seinen Angestellten D, zum Geschäft des Y zu fahren und für den Betrieb Briefumschläge zu kaufen. D tut wie ihm geheißen. Dem Y überreicht er einen Brief des X, in dem dieser entäußert, er wolle 500 Umschläge der Marke „ZZZ" in der Größe C6 kaufen. Es kommt zum Kaufvertragsabschluss.

Offensichtlich ist jetzt schon: Ein Angestellter ist nicht immer Stellvertreter oder immer Bote. Ein Angestellter kann Bote oder Stellvertreter sein. Im ersten Beispiel war er Stellvertreter (eigene Willenserklärung / Entscheidungsspielraum), im zweiten Beispiel war er Bote (fremde Willenserklärung / kein Entscheidungsspielraum).

Ob die dritte Person Bote oder Stellvertreter ist, solltet ihr vor der Präsentation der Lösung gedanklich entscheiden und die Klausur dementsprechend aufbauen.

Und noch einmal: Die Abgrenzung Bote – Stellvertreter findet üblicherweise gedanklich schon vor der Ausformulierung der eigentlichen Klausur statt. Denn meistens ist es offensichtlich, ob die dritte Person dieses oder jenes ist. Für die Eifrigen: Wenn ich das schon so formuliere, dürfte klar sein, dass es durchaus einen Problemfall gibt. Die Feinheiten des diesbezüglichen Aufbaus werdet ihr noch kennenlernen.

Das soll einleitend zu den Möglichkeiten des Aufbaus reichen.

Fall 17

Der Neureiche N interessiert sich für einen aufblasbaren „Strandkorb“. Er bittet seinen Freund F, für ihn beim Händler H einen solchen zu erwerben. In der Auswahl soll F frei sein. F begibt sich zu H lässt sich verschiedene Modelle vorführen. Schlussendlich entscheidet er sich im Namen des N für ein grellgelbes Modell, das H anschließend gegen Rechnung an N liefert.

Frage: Hat H gegen N einen Anspruch auf Kaufpreiszahlung ?

Lösungsskizze Fall 17

- H gegen N Kaufpreiszahlung gemäß § 433 II ?

I. Anspruch entstanden ?

1. Kaufvertrag, § 433 ?

= zwei übereinstimmende Willenserklärungen = Angebot und Annahme

a. Willenserklärung des N = Angebot ?

aa. persönliches Angebot = selbst ?

HIER (–) → N hat nicht selbst gehandelt

bb. Angebot durch Stellvertreter (= F) ?

= Zurechnung der Willenserklärung eines Dritten bei Stellvertretung, §§ 164 ff

(1) eigene Willenserklärung, § 164 I ?

HIER (+) → F hat so gehandelt, dass ein objektiver Betrachter in der Lage des H nur von einem eigenen Entscheidungsspielraum des F ausgehen konnte; das lässt allenfalls auf eine Vertretereigenschaft des F, nicht etwa auf eine Botenschaft schließen

(2) im Namen des Vertretenen, § 164 I ?

HIER (+) → F hat ausdrücklich erklärt, er wolle für N kaufen

(3) mit Vertretungsmacht, § 164 I ?

HIER (+) → F handelte mit Vollmacht des N

(4) also: Angebot durch Stellvertreter (= F) (+)

cc. also: Willenserklärung des N = Angebot (+)

b. Willenserklärung des H = Annahme ?

HIER (+) → spätestens konkludent durch die Übergabe der Ware

c. also: Kaufvertrag, § 433 (+)

2. also: Anspruch entstanden (+)

II. Anspruch untergegangen ? (–)

III. Anspruch durchsetzbar ?

HIER (+) → für ein Zurückbehaltungsrecht des N (§ 320) bleibt kein Raum; H hat ihm den Kaufgegenstand schon ausgehändigt

IV. Ergebnis:

H gegen N Kaufpreiszahlung gemäß § 433 II (+)

Formulierungsvorschlag Fall 17

- H gegen N Kaufpreiszahlung gemäß § 433 II

H könnte gegen N einen Anspruch auf Kaufpreiszahlung gemäß § 433 II haben.

I. Dann müsste der Anspruch zunächst entstanden sein.

1. Dies setzt einen wirksamen Kaufvertrag, § 433 zwischen den Parteien voraus. Ein Kaufvertrag besteht aus zwei übereinstimmenden Willenserklärungen, Angebot und Annahme.

a. Fraglich ist, ob N ein Angebot unterbreitet hat.

aa. N hat nicht selbst gehandelt.

bb. Möglicherweise ist dem N jedoch das Handeln des F zuzurechnen. In Betracht kommt ein Handeln des F als Stellvertreter des N. Ob dem N das Handeln des F zugerechnet wird, bestimmt sich nach den §§ 164 ff.

Es müsste eine eigene Willenserklärung des F vorliegen. F hat so gehandelt, dass ein objektiver Betrachter in der Lage des H nur von einem eigenen Entscheidungsspielraum des F ausgehen konnte. Das lässt allenfalls auf eine eigene Willenserklärung und damit auf eine Vertretereigenschaft des F schließen.

Zudem hat F im Namen des Vertretenen N gehandelt. Er hat ausdrücklich erklärt, er wolle für N kaufen.

Letztlich handelte F auch mit Vertretungsmacht. N hat ihm entsprechende Vollmacht erteilt.

Die Willenserklärung des F ist wegen der wirksamen Stellvertretung dem N zuzurechnen.

cc. Somit ist von einem Angebot des N auszugehen.

b. H hat das Kaufangebot auch angenommen. Die Annahme liegt spätestens konkludent in der Übergabe der Ware.

c. Also besteht ein Kaufvertrag zwischen H und N.

2. Demnach ist der Anspruch entstanden.

II. Der Anspruch ist nicht untergegangen.

III. Er ist auch durchsetzbar. N kann kein Zurückbehaltungsrecht (§ 320) geltend machen, da H ihm den Kaufgegenstand schon ausgehändigt hat.

IV. H hat gegen N einen Anspruch auf Kaufpreiszahlung gemäß § 433 II.

Fazit

1. Das war ein ***ganz einfacher Fall*** aus dem Bereich Stellvertretung. Er sollte euch lediglich den Einstieg in die Materie erleichtern. Ein nochmaliges Lesen der Einführung zum Kapitel dürfte allerdings nicht schaden.

2. Nicht jeder, der für einen anderen etwas tut oder vermeintlich tut, ist automatisch Stellvertreter. Die handelnde Person kann auch Bote sein. Und wer ist nun ***Bote*** und wer ist ***Stellvertreter***? Oder genauer formuliert: Wer ist vielleicht Bote und wer ist vielleicht Stellvertreter? Das ist eine Frage der ***Abgrenzung***. Mit der gedanklichen Abgrenzung habt ihr euch schon einmal beschäftigt. Und zwar im Kapitel „Willenserklärung“.

Ärgerlicherweise wirkt es arg gestelzt, wenn ihr in jedem Fall entweder mit der Prüfung der Botenschaft oder mit der Prüfung der Stellvertretung beginnt, um euch dann voranzuhangeln. Das ist nicht falsch, aber auch nicht sonderlich geschickt.

Deshalb geschieht die Abgrenzung Bote – Stellvertreter vornehmlich gedanklich. Ihr entscheidet quasi im Kopf, um dann das Ergebnis zu Papier zu bringen. Aber: Weil ihr eine Klausur im Gutachtenstil schreibt, tut ihr so, als sei euch das Ergebnis noch nicht bekannt und prüft munter vor euch hin.

3. Merkt euch zur ***Abgrenzung***: Während der ***Bote*** eine ***fremde Willenserklärung*** übermittelt („Sprachrohr“), unterbreitet der ***Stellvertreter*** eine ***eigene Willenserklärung***. Er plappert also nicht nur nach oder übergibt einen Zettel, sondern hat einen Entscheidungsspielraum. Der Spielraum kann sich etwa auf die Auswahl des Kaufgegenstandes oder auf die Höhe des zu zahlenden Preises erstrecken.

Die Entscheidung für oder gegen diese oder jene Zuordnung ist aus der ***Sicht eines objektiven Betrachters*** in der Rolle des Erklärungsempfängers zu treffen. Wie präsentiert sich der Erklärende aus seiner Sicht? Hat er einen Entscheidungsspielraum (eigene Willenserklärung) oder übermittelt er nur (fremde Willenserklärung)? Oft lässt sich aus dem konkreten Auftreten ableiten, wer Bote bzw. Stellvertreter ist. Der Bote sagt z.B.: „Ich soll für XY ... kaufen“ oder „XY hat mir aufgetragen ... zu kaufen“. Oder er überreicht einen vorgefertigten „Einkaufszettel“. Ganz anders der Stellvertreter. Er verlangt etwa die Präsentation eines Sortiments, damit er entscheiden kann. Oder er lässt sich bezüglich der Auswahl beraten.

Wichtig: Solltet ihr euch gedanklich dazu entschieden haben, dass der Erklärende Stellvertreter ist, beginnt ihr die Prüfung üblicherweise mit der Stellvertreterprüfung. Und nach der gedanklichen Entscheidung für die Botenschaft mit der Botenprüfung.

4. Wie ihr eine Botenschaft prüft, habt ihr bereits im Kapitel „Willenserklärung" erfahren.

5. Wie ihr eine Stellvertretung prüft, hat euch in diesem Buch erstmals der vorliegende Fall präsentiert.

In der ***Stellvertreterprüfung*** sind drei wichtige Prüfungspunkte zu berücksichtigen. Und ein fast immer unwichtiger Prüfungspunkt.

Zuerst dürft ihr gedanklich hinterfragen, ob eine Stellvertretung überhaupt zulässig ist. Bringt den Punkt ***„Zulässigkeit der Stellvertretung"*** jedoch bitte nur in die Klausurformulierung ein, wenn in diesem Bereich wirklich etwas kritisch ist. Ansonsten verliert ihr dazu kein Wort. Unzulässig ist die Vertretung laut Gesetz z.B. bei der Eheschließung (§ 1311) oder bei der Errichtung des Testaments (§ 2064).

Die folgenden drei Voraussetzungen für die Stellvertreterprüfung ergeben sich aus § 164 I: Im Prüfungspunkt ***„eigene Willenserklärung"*** darf die Abgrenzung zwischen Boten und Stellvertreter stattfinden. Anschließend ist zu prüfen, ob ein Handeln ***„im Namen des Vertretenen"*** vorliegt. Letztlich habt ihr keine Probleme mit der Stellvertretung, wenn der Erklärende ***„mit Vertretungsmacht"*** gehandelt hat.

6. So, das soll fürs Erste reichen. Weitere Tücken erwarten euch in den folgenden Fällen.

Fall 18

Anlässlich eines Stadtfestes verkaufen Boss B und dessen Hilfswicht H aus einem fahrbaren Imbiss Bratwürste. Als sich abzeichnet, dass der Vorrat am nächsten Tag zur Neige gehen wird, schickt B den H zu dem ihm bekannten Metzger M. Er überreicht dem H einige Zeilen, die er auf einem Bogen seines Geschäftsbriefpapiers niedergeschrieben hat: „Lieber M. Ich benötige morgen früh dringend 240 Bratwürste der Qualität „fettig“ zum Preis von 6,50 € pro Dutzend. Das Geld gibt's bei Übergabe der Ware. Bis bald, B.“ In der Metzgerei äußert H zwar, er wolle Würste für B kaufen, legt jedoch das Schriftstück des B nicht vor. Weil er der Meinung ist, zu viel Fett schade der Gesundheit, lässt er sich von M verschiedene Bratwurstsorten zeigen und entscheidet sich dann weltmännisch für 240 Bratwürste der Qualität „weniger fettig“ für 8,00 € pro Dutzend, die M am folgenden Morgen bei B gegen Bezahlung anliefern soll. Wie gewünscht erscheint M am nächsten Tag mit 240 Bratwürsten der Qualität „weniger fettig“ bei B, der jedoch die Entgegennahme verweigert. M besteht auf Zahlung gegen Aushändigung der Ware.

Frage: Hat M einen Anspruch auf Kaufpreiszahlung gegen B ?

Lösungsskizze Fall 18

- M gegen B Kaufpreiszahlung gemäß § 433 II ?

I. Anspruch entstanden ?

1. Kaufvertrag, § 433 ?

= zwei übereinstimmende Willenserklärungen = Angebot und Annahme

a. Willenserklärung des B = Angebot ?

aa. persönliches Angebot = selbst ?

HIER (–) → B hat nicht selbst gehandelt

bb. Angebot unter Einschaltung eines (Erklärungs-) Boten (= H) ?

HIER (–) → eine Botenschaft wäre gegeben, wenn H dem M lediglich das Schriftstück des B zugänglich gemacht hätte; dann wäre ersichtlich gewesen, dass H quasi als „Sprachrohr“ des B gehandelt hätte; H hat aber so gehandelt, dass ein objektiver Betrachter in der Lage des M nur von einem eigenen Entscheidungsspielraum des H ausgehen konnte; das lässt aus der Sicht eines Dritten allenfalls auf eine Vertretereigenschaft des H, nicht aber auf eine Botenschaft schließen

cc. Angebot durch Stellvertreter (= H) ?

= Zurechnung der Willenserklärung eines Dritten bei Stellvertretung, §§ 164 ff

(1) eigene Willenserklärung, § 164 I ?

HIER (+) → s.o., H hat nicht nur als Bote gehandelt

(2) im Namen des Vertretenen, § 164 I ? (+)

HIER (+) → H hat ausdrücklich erklärt, er wolle für B kaufen

(3) mit Vertretungsmacht, § 164 I ?

HIER (–) → B wollte, dass H als Bote auftritt, hat also gerade keine Vertretungsmacht erteilt

(4) also: Angebot durch Stellvertreter (= H) (+),
aber Stellvertretung ohne Vertretungsmacht

→ aus § 177 ergibt sich, dass die Willenserklärung eines Vertreters ohne Vertretungsmacht nicht automatisch nichtig oder unwirksam ist; sollte M das Angebot angenommen haben, liegt ein schwebend unwirksamer Vertrag vor

dd. also: Willenserklärung der B = Angebot (+)

b. Willenserklärung des M = Annahme ?

HIER (+) → spätestens durch die Lieferung der Ware

c. also: Kaufvertrag, § 433 (+), aber schwebend unwirksam

2. Wirksamkeit des Vertrags trotz fehlender Vertretungsmacht ?

a. Genehmigung, § 177 I ?
= nachträgliche Zustimmung (nach Vertragsschluss)

HIER (–) → eine Genehmigung ist nicht erfolgt

b. also: Wirksamkeit des Vertrags trotz fehlender Vertretungsmacht (–)
→ endgültige Unwirksamkeit des Vertrags (+)

3. also: Anspruch entstanden (–)

II. Ergebnis:
M gegen B Kaufpreiszahlung gemäß § 433 II (–)

Formulierungsvorschlag Fall 18

- M gegen B Kaufpreiszahlung gemäß § 433 II

M könnte gegen B einen Anspruch auf Kaufpreiszahlung gemäß § 433 II haben.

I. Dann müsste der Anspruch zunächst entstanden sein.

1. Dies setzt einen wirksamen Kaufvertrag, § 433 zwischen den Parteien voraus. Ein Kaufvertrag besteht aus zwei übereinstimmenden Willenserklärungen, Angebot und Annahme.

a. Fraglich ist, ob B ein Angebot unterbreitet hat.

aa. B hat nicht selbst gehandelt.

bb. In Betracht kommt die Angebotsunterbreitung durch Einschaltung eines (Erklärungs-) Boten. Eine Botenschaft wäre gegeben, wenn H dem M das Schriftstück des B zugänglich gemacht hätte. Dann wäre ersichtlich gewesen, dass H quasi als „Sprachrohr“ des B und damit als Bote gehandelt hätte. H hat aber so gehandelt, dass ein objektiver Betrachter in der Lage des M nur von einem eigenen Entscheidungsspielraum des H ausgehen konnte. Das lässt allenfalls auf eine Vertretereigenschaft des H, nicht aber auf eine Botenschaft schließen. B hat deshalb auch kein Angebot durch einen Boten unterbreitet.

cc. Möglicherweise ist dem B jedoch das Handeln des H zuzurechnen. In Betracht kommt ein Handeln des H als Stellvertreter des B. Ob dem B das Handeln des H zugerechnet wird, bestimmt sich nach den §§ 164 ff.

Es müsste eine eigene Willenserklärung des H vorliegen. Indem H aus mehreren Wurstqualitäten eine bestimmte ausgewählt hat, hat er so gehandelt, dass ein objektiver Betrachter in der Lage des M nur von einem eigenen Entscheidungsspielraum des H ausgehen konnte. Das lässt allenfalls auf eine eigene Willenserklärung und damit auf eine Vertretereigenschaft des H schließen.

Zudem hat H im Namen des Vertretenen B gehandelt. Er hat ausdrücklich erklärt, er wolle für B kaufen.

Fraglich erscheint aber, ob H auch mit Vertretungsmacht handelte. B hat dem H ein Schreiben mit genauen Anweisungen übergeben. Er wollte demnach, dass H als Bote und eben nicht als Stellvertreter auftritt. Er hat also gerade keine Vertretungsmacht erteilt.

Die Willenserklärung des H ist trotz fehlender Vertretungsmacht dem B zuzurechnen. Aus § 177 ergibt sich, dass die Willenserklärung eines Vertreters ohne Vertretungsmacht nicht automatisch nichtig oder unwirksam ist. Sollte M das Angebot des B angenommen haben, liegt ein schwebend unwirksamer Vertrag vor.

dd. Es ist von einem Angebot des B auszugehen. Die fehlende Vertretungsmacht führt nicht automatisch zur endgültigen Unwirksamkeit.

b. M hat das Kaufangebot auch angenommen. Die Annahme liegt spätestens konkludent in der Lieferung der Ware.

c. Also besteht ein Kaufvertrag zwischen B und M, der jedoch – wie aufgezeigt – schwebend unwirksam ist.

2. Der Vertrag könnte trotz fehlender Vertretungsmacht wirksam sein. Die Wirksamkeit des Vertrags hängt von der Genehmigung (= nachträgliche Zustimmung) des Vertretenen ab, § 177.

a. Eine Genehmigung ist nicht erfolgt.

b. Also ist nicht von einer Wirksamkeit des Vertrags trotz fehlender Vertretungsmacht auszugehen. Der Vertrag ist endgültig unwirksam.

3. Demnach ist der Anspruch nicht entstanden.

II. M hat gegen B keinen Anspruch auf Kaufpreiszahlung gemäß § 433 II.

Fazit

1. Das ist einer der – wenigen – Fälle, in denen es sich lohnt, anders als etwa im vorigen Fall sowohl die Botenschaft als auch die Stellvertretung anzuprüfen. Diese Art der ***Abgrenzung Bote – Stellvertreter*** drängt sich in bestimmten Konstellationen auf. Es sind die Konstellationen, in denen der Handelnde eigentlich Bote sein soll, dann aber als Stellvertreter herumhampelt.

So war und ist es hier. Boss B hat Hilfswicht H mit einem „Einkaufszettel" losgeschickt. Den Zettel hätte H übergeben sollen. Aus der Sicht eines objektiven Betrachters in der Rolle des Erklärungsempfängers hätte sich ein solches Handeln als Botenschaft präsentiert. H hat aber den Zettel nicht übergeben. Vielmehr hat er selbst einen Kaufgegenstand ausgesucht. Ein solches Verhalten stellt sich aber aus der Sicht eines objektiven Betrachters in der Rolle des Erklärungsempfängers eben nicht als Botenschaft dar. H präsentierte sich vielmehr als Vertreter.

Wie die Abgrenzung konkret umzusetzen ist, habt ihr in der Lösungsskizze bzw. im Formulierungsvorschlag gesehen.

2. Nach der Ablehnung der Botenschaft war zu überprüfen, ob dem Boss B das Handeln des Hilfswichtes H zuzurechnen ist. Das bestimmt sich nach Stellvertreterregeln.

Wenn ihr alle drei Prüfungspunkte des § 164 I bejahen könnt, ist die Sache einfach. Noch einmal: Zuerst ist die ***„eigene Willenserklärung"*** zu überprüfen. Anschließend ist zu hinterfragen, ob ein Handeln ***„im Namen des Vertretenen"*** vorliegt. Letztlich habt ihr keine Probleme mit der Stellvertretung, wenn der Erklärende ***„mit Vertretungsmacht"*** gehandelt hat.

Die „eigene Willenserklärung" war mit Verweis nach oben schnell abzuhaken. Im Prüfungspunkt „im Namen des Vertretenen" ist zu berücksichtigen, dass sich die Beantwortung der Frage im Zweifel aus der Sicht eines objektiven Betrachters in der Rolle des Erklärungsempfängers ergibt.

Dann kam der eigentliche „Knackpunkt". Ihr konntet ziemlich schnell feststellen, dass H eben nicht mit Vertretungsmacht gehandelt hat. An sich scheitert eine Prüfung immer an dem Punkt, an dem eine Voraussetzung nicht vorliegt. Das kennt ihr.

3. Aus § 177 ergibt sich mittelbar, dass die Willenserklärung eines Vertreters ohne Vertretungsmacht nicht automatisch nichtig oder unwirksam ist. Ausweislich des Wortlauts des ***§ 177 I*** hängt die ***Wirksamkeit eines Vertrags*** (nicht nur einer Willenserklärung!) von der Genehmigung des Vertretenen ab. Der ***Vertrag***, der ohne Vertretungsmacht geschlossen worden ist, ist ***schwebend unwirksam***. Wenn die Genehmigung erfolgt, ist er wirksam. Wenn die Genehmigung nicht erfolgt, ist er unwirksam.

Noch einmal: Der Gesetzgeber geht – zunächst – von einem schwebend unwirksamen Vertrag aus. Das heißt aber zwangsläufig, dass die Willenserklärungen, die erst zum Vertragsschluss führen, nicht automatisch unwirksam sein können.

Und weil es so ist wie es ist, bietet sich der hier präsentierte Aufbau an. Wenn ihr festgestellt habt, dass ein schwebend unwirksamer Vertrag vorliegt, ist gleich anschließend die ***„Wirksamkeit des Vertrags trotz fehlender Vertretungsmacht“*** zu prüfen. Dann steht und fällt der Vertrag mit der Genehmigung. Er ist endgültig wirksam oder endgültig unwirksam.

Hier ist eine Genehmigung nicht erfolgt. Also war der Vertrag unwirksam.

4. Eine zusammenfassende Endbetrachtung soll nicht fehlen. Unser Fall behandelte die folgende Konstellation: Eine Person sollte als Bote auftreten, ist aber als Stellvertreter aufgetreten und hat ***bewusst etwas anderes*** erklärt, als sie übermitteln sollte. Die ohne Vertretungsmacht abgegebene Willenserklärung ist nicht unwirksam. Schwebend unwirksam ist nur der Vertrag, der durch diese und eine andere Willenserklärung zustande gekommen ist. Die Wirksamkeit des Vertrags wiederum hängt von der Genehmigung des Vertretenen ab.

Fall 19

Anlässlich eines Stadtfestes verkaufen Boss B und dessen Hilfswicht H aus einem fahrbaren Imbiss Bratwürste. Als sich abzeichnet, dass der Vorrat am nächsten Tag zur Neige gehen wird, schickt B den H zu dem ihm bekannten Metzger M. Er überreicht dem H einige Zeilen, die er auf einem Bogen seines Geschäftsbriefpapiers niedergeschrieben hat: „Lieber M. Ich benötige morgen früh dringend 240 Bratwürste der Qualität „fettig“ zum Preis von 6,50 € pro Dutzend. Das Geld gibt's bei Lieferung der Ware. Bis bald, B.“ Unglücklicherweise verliert H das Schreiben. Er weiß zwar, dass er 240 Würste kaufen soll, erinnert sich aber nicht an deren Qualität. Trotzdem geht er in die Metzgerei und äußert, er wolle Würste für B kaufen. H lässt sich von M verschiedene Bratwurstsorten zeigen. Weil er denkt, es handele sich um die richtige Ware, entscheidet er sich für 240 Bratwürste der Qualität „weniger fettig“ für 8,00 € pro Dutzend, die M am folgenden Morgen bei B gegen Bezahlung anliefern soll. Wie gewünscht erscheint M am nächsten Tag mit 240 Bratwürsten der Qualität „weniger fettig“ bei B, der jedoch die Entgegennahme verweigert. M besteht auf Zahlung gegen Aushändigung der Ware.

Frage: Hat M einen Anspruch auf Kaufpreiszahlung gegen B ?

Lösungsskizze 19

- M gegen B Kaufpreiszahlung gemäß § 433 II ?

I. Anspruch entstanden ?

1. Kaufvertrag, § 433 ?
= zwei übereinstimmende Willenserklärungen = Angebot und Annahme

a. Willenserklärung des B = Angebot ?

aa. persönliches Angebot = selbst ?

HIER (–) → B hat nicht selbst gehandelt

bb. Angebot unter Einschaltung eines (Erklärungs-) Boten (= H) ?

HIER (–) → eine Botenschaft wäre gegeben, wenn H dem M lediglich das Schriftstück des B zugänglich gemacht hätte; dann wäre ersichtlich gewesen, dass H quasi als „Sprachrohr“ des B gehandelt hätte; H hat aber so gehandelt, dass ein objektiver Betrachter in der Lage des M nur von einem eigenen Entscheidungsspielraum des H ausgehen konnte; das lässt aus der Sicht eines Dritten allenfalls auf eine Vertretereigenschaft des H, nicht aber auf eine Botenschaft schließen

cc. Angebot durch Stellvertreter (= H) ?
= Zurechnung der Willenserklärung eines Dritten bei Stellvertretung, §§ 164 ff

(1) eigene Willenserklärung, § 164 I ?

HIER (+) → s.o., H hat nicht nur als Bote gehandelt

***(2) im Namen des Vertretenen, § 164 I ?* (+)**

HIER (+) → H hat ausdrücklich erklärt, er wolle für B kaufen

(3) mit Vertretungsmacht, § 164 I ?

HIER (−) → B wollte, dass H als Bote auftritt, hat also gerade keine Vertretungsmacht erteilt

(4) also: Angebot durch Stellvertreter (= H)* (+), *aber Stellvertretung ohne Vertretungsmacht

→ aus § 177 ergibt sich, dass die Willenserklärung eines Vertreters ohne Vertretungsmacht nicht automatisch nichtig oder unwirksam ist; sollte M das Angebot angenommen haben, liegt ein schwebend unwirksamer Vertrag vor

***dd. also: Willenserklärung der B = Angebot* (+)**

b. Willenserklärung des M = Annahme ?

HIER (+) → spätestens durch die Lieferung der Ware

c. also: Kaufvertrag, § 433* (+), *aber schwebend unwirksam

2. Wirksamkeit des Vertrags trotz fehlender Vertretungsmacht ?

a. Genehmigung, § 177 I ?
= nachträgliche Zustimmung (nach Vertragsschluss)

HIER (−) → eine Genehmigung ist nicht erfolgt

***b. also: Wirksamkeit des Vertrags trotz fehlender Vertretungsmacht* (−)**
→ *endgültige Unwirksamkeit des Vertrags* (+)

***3. also: Anspruch entstanden* (−)**

II. Ergebnis:
M gegen B Kaufpreiszahlung gemäß § 433 II (−)

Formulierungsvorschlag Fall 19

- M gegen B Kaufpreiszahlung gemäß § 433 II

M könnte gegen B einen Anspruch auf Kaufpreiszahlung gemäß § 433 II haben.

I. Dann müsste der Anspruch zunächst entstanden sein.

1. Dies setzt einen wirksamen Kaufvertrag, § 433 zwischen den Parteien voraus. Ein Kaufvertrag besteht aus zwei übereinstimmenden Willenserklärungen, Angebot und Annahme.

a. Fraglich ist, ob B ein Angebot unterbreitet hat.

aa. B hat nicht selbst gehandelt.

bb. In Betracht kommt die Angebotsunterbreitung durch Einschaltung eines (Erklärungs-) Boten. Eine Botenschaft wäre gegeben, wenn H dem M das Schriftstück des B zugänglich gemacht hätte. Dann wäre ersichtlich gewesen, dass H quasi als „Sprachrohr" des B und damit als Bote gehandelt hätte. H hat aber so gehandelt, dass ein objektiver Betrachter in der Lage des M nur von einem eigenen Entscheidungsspielraum des H ausgehen konnte. Das lässt allenfalls auf eine Vertretereigenschaft des H, nicht aber auf eine Botenschaft schließen. B hat deshalb auch kein Angebot durch einen Boten unterbreitet.

cc. Möglicherweise ist dem B jedoch das Handeln des H zuzurechnen. In Betracht kommt ein Handeln des H als Stellvertreter des B. Ob dem B das Handeln des H zugerechnet wird, bestimmt sich nach den §§ 164 ff.

Es müsste eine eigene Willenserklärung des H vorliegen. Indem H aus mehreren Wurstqualitäten eine bestimmte ausgewählt hat, hat er so gehandelt, dass ein objektiver Betrachter in der Lage des M nur von einem eigenen Entscheidungsspielraum des H ausgehen konnte. Das lässt allenfalls auf eine eigene Willenserklärung und damit auf eine Vertretereigenschaft des H schließen.

Zudem hat H im Namen des Vertretenen B gehandelt. Er hat ausdrücklich erklärt, er wolle für B kaufen.

Fraglich erscheint aber, ob H auch mit Vertretungsmacht handelte. B hat dem H ein Schreiben mit genauen Anweisungen übergeben. Er wollte demnach, dass H als Bote und eben nicht als Stellvertreter auftritt. Er hat also gerade keine Vertretungsmacht erteilt.

Die Willenserklärung des H ist trotz fehlender Vertretungsmacht dem B zuzurechnen. Aus § 177 ergibt sich, dass die Willenserklärung eines Vertreters ohne Vertretungsmacht nicht automatisch nichtig oder unwirksam ist. Sollte M das Angebot des B angenommen haben, liegt ein schwebend unwirksamer Vertrag vor.

dd. Es ist von einem Angebot des B auszugehen. Die fehlende Vertretungsmacht führt nicht automatisch zur endgültigen Unwirksamkeit.

b. M hat das Kaufangebot auch angenommen. Die Annahme liegt spätestens konkludent in der Lieferung der Ware.

c. Also besteht ein Kaufvertrag zwischen B und M, der jedoch – wie aufgezeigt – schwebend unwirksam ist.

2. Der Vertrag könnte trotz fehlender Vertretungsmacht wirksam sein. Die Wirksamkeit des Vertrags hängt von der Genehmigung (= nachträgliche Zustimmung) des Vertretenen ab, § 177.

a. Eine Genehmigung ist nicht erfolgt.

b. Also ist nicht von einer Wirksamkeit des Vertrags trotz fehlender Vertretungsmacht auszugehen. Der Vertrag ist endgültig unwirksam.

3. Demnach ist der Anspruch nicht entstanden.

II. M hat gegen B keinen Anspruch auf Kaufpreiszahlung gemäß § 433 II.

Fazit

1. Erinnert euch: Im vorigen Fall sollte eine Person als Bote auftreten, war aber als Stellvertreter aufgetreten und hatte ***bewusst etwas anderes*** erklärt, als sie übermitteln sollte.

In diesem Fall sollte wiederum eine Person als Bote auftreten, ist jedoch abermals als Stellvertreter aufgetreten und hatte ***irrtümlich etwas anderes*** erklärt, als sie übermitteln sollte.

In der Lösung der sich entsprechenden Fallfragen gibt es keinen Unterschied. Es ist innerhalb der Prüfung des Kaufpreisanspruchs ohne Belang, ob bewusst oder irrtümlich etwas anders erklärt wurde.

2. Wenn der Aufbau noch nicht klar sein sollte, empfehle ich eine nochmalige Vertiefung in die Ausführungen des Fazits zum vorigen Fall. Wichtig ist insbesondere der Umgang mit § 177 I. Beachtet, dass die Willenserklärung eines Vertreters ohne Vertretungsmacht nicht automatisch nichtig oder unwirksam ist. Ausweislich des Wortlauts des ***§ 177 I*** hängt die ***Wirksamkeit eines Vertrags*** (nicht nur einer Willenserklärung!) von der Genehmigung des Vertretenen ab. Der ***Vertrag***, der ohne Vertretungsmacht geschlossen worden ist, ist ***schwebend unwirksam***. Wenn die Genehmigung erfolgt, ist er wirksam. Wenn die Genehmigung nicht erfolgt, ist er unwirksam.

3. Ein Unterschied ergibt sich bei einer weiteren Betrachtung der beiden Fälle. M hat zwar keinen Anspruch gegen B, aber gegen den „Falschhandelnden“ H. Lest hierzu § 179. Da macht es plötzlich einen Unterschied, ob jemand irrtümlich oder bewusst etwas falsch macht. Ein Fall zu § 179 wird euch noch über den Weg laufen.

4. Jetzt fehlt nur noch eine weitere Konstellation. Zum Mitdenken: Wie sieht es aus, wenn eine Person als Bote auftreten soll, aber als Stellvertreter auftritt und dann ***genau das*** erklärt, was sie übermitteln soll?

Bei der Lösung ist zu berücksichtigen, dass dem Vertretenen dadurch, dass der Erklärende nicht die ihm zugedachte Botenrolle übernommen hat, kein Nachteil entstanden ist. Insofern ist trotz fehlender Vertretungsmacht die Willenserklärung des Vertreters ausnahmsweise dem Vertretenen zuzurechnen. Auf eine Genehmigung kommt es nicht mehr an.

5. So, jetzt kennt ihr alle Konstellationen, in denen eine Person als Bote auftreten soll, aber als Stellvertreter auftritt. Weiter geht's …

Fall 20

X möchte ein Radiogerät herstellen, das äußerlich einem „Halloween"-Kürbis nachempfunden ist. Da ihm noch einige Bauteile fehlen, fragt er seinen Freund F, der in demselben Haus wohnt und ebenfalls Radiogeräte baut, ob dieser Geschäfte kenne, in denen er Teile günstig erwerben könne. F nennt ihm den Betrieb des Z, in dem er Stammkunde ist. Gegenüber Z äußert X in dessen Geschäft: „Sie kennen doch F. Er schickt mich zu Ihnen, damit ich einige Teile kaufe." Nachdem er passendes Material gesichtet hat und sich für mehrere Schalter entschieden hat, werden sich Z und X handelseinig. X bittet Z, die Schalter nebst Rechnung zuzusenden und nennt seine Adresse, die der des F entspricht. Mit der Ware erhält F wenige Tage später eine Rechnung, die an ihn gerichtet ist. Da F davon ausgeht, die Ware sei für X bestimmt, übergibt er die Schalter und die Rechnung an X. Weil in der Folgezeit keine Zahlung erfolgt, wendet sich Z an F und fordert die Begleichung der Rechnung.

Frage: Hat Z gegen F einen Kaufpreisanspruch ?

Lösungsskizze Fall 20

- Z gegen F Kaufpreiszahlung gemäß § 433 II ?

I. Anspruch entstanden ?

1. Kaufvertrag, § 433 ?

= zwei übereinstimmende Willenserklärungen = Angebot und Annahme

a. Willenserklärung des F = Angebot ?

aa. persönliches Angebot = selbst ?

HIER (–) → F hat nicht selbst gehandelt

bb. Angebot durch Stellvertreter (= X) ?

= Zurechnung der Willenserklärung eines Dritten bei Stellvertretung, §§ 164 ff

(1) eigene Willenserklärung, § 164 I ?

HIER (+) → X hat durch die Äußerung „Sie kennen doch F. Er schickt mich zu Ihnen, damit ich einige Teile kaufe." und die anschließende Auswahl der Bauteile so gehandelt, dass ein objektiver Betrachter in der Lage des Z von einem eigenen Entscheidungsspielraum des X ausgehen konnte; das lässt allenfalls auf eine Vertretereigenschaft des X, nicht etwa auf eine Botenschaft schließen

(2) im Namen des Vertretenen, § 164 I ?

HIER (+) → aus der Äußerung des X („Sie kennen doch F. Er schickt mich zu Ihnen, damit ich einige Teile kaufe.") ergibt sich für einen objektiven Betrachter, dass X für F kaufen wollte

(3) mit Vertretungsmacht, § 164 I ?

HIER (−) → F wollte nicht, dass X als Stellvertreter auftritt, hat also gerade keine Vertretungsmacht erteilt

(4) also: Angebot durch Stellvertreter (= X) (+), aber Stellvertretung ohne Vertretungsmacht

→ aus § 177 ergibt sich, dass die Willenserklärung eines Vertreters ohne Vertretungsmacht nicht automatisch nichtig oder unwirksam ist; sollte Z das Angebot angenommen haben, liegt ein schwebend unwirksamer Vertrag vor

cc. also: Willenserklärung des F = Angebot (+)

b. Willenserklärung des Z = Annahme ?

HIER (+) → spätestens konkludent mit der Übersendung der Ware

c. also: Kaufvertrag, § 433 (+), aber schwebend unwirksam

2. Wirksamkeit des Vertrags trotz fehlender Vertretungsmacht ?

a. Genehmigung, § 177 I ?
= nachträgliche Zustimmung (nach Vertragsschluss)

HIER (−) → eine Genehmigung ist nicht erfolgt

b. also: Wirksamkeit des Vertrags trotz fehlender Vertretungsmacht (−)
→ endgültige Unwirksamkeit des Vertrags (+)

3. also: Anspruch entstanden (−)

II. Ergebnis:
Z gegen F Kaufpreiszahlung gemäß § 433 II (−)

Formulierungsvorschlag Fall 20

- Z gegen F Kaufpreiszahlung gemäß § 433 II

Z könnte gegen F einen Anspruch auf Kaufpreiszahlung gemäß § 433 II haben.

I. Dann müsste der Anspruch zunächst entstanden sein.

1. Dies setzt einen wirksamen Kaufvertrag, § 433 zwischen den Parteien voraus. Ein Kaufvertrag besteht aus zwei übereinstimmenden Willenserklärungen, Angebot und Annahme.

a. Fraglich ist, ob F ein Angebot unterbreitet hat.

aa. F hat nicht selbst gehandelt.

bb. Möglicherweise ist dem F jedoch das Handeln des X zuzurechnen. In Betracht kommt ein Handeln des X als Stellvertreter des F. Ob dem F das Handeln des X zugerechnet wird, bestimmt sich nach den §§ 164 ff.

Es müsste eine eigene Willenserklärung des X vorliegen. X hat durch die Äußerung „Sie kennen doch F. Er schickt mich zu Ihnen, damit ich einige Teile kaufe." und die anschließende Auswahl der Bauteile so gehandelt, dass ein objektiver Betrachter in der Lage des Z von einem eigenen Entscheidungsspielraum des X ausgehen konnte. Das lässt allenfalls auf eine eigene Willenserklärung und damit auf eine Vertretereigenschaft des X schließen.

Zudem hat X im Namen des Vertretenen F gehandelt. Aus der Äußerung des X („Sie kennen doch F. Er schickt mich zu Ihnen, damit ich einige Teile kaufe.") ergibt sich für einen objektiven Betrachter, dass X für F kaufen wollte.

Fraglich erscheint aber, ob X auch mit Vertretungsmacht handelte. F wollte nicht, dass X als Stellvertreter auftritt, hat also gerade keine Vertretungsmacht erteilt.

Die Willenserklärung des X ist trotz fehlender Vertretungsmacht dem F zuzurechnen. Aus § 177 ergibt sich, dass die Willenserklärung eines Vertreters ohne Vertretungsmacht nicht automatisch nichtig oder unwirksam ist. Sollte Z das Angebot des F angenommen haben, liegt ein schwebend unwirksamer Vertrag vor.

cc. Es ist von einem Angebot des F auszugehen. Die fehlende Vertretungsmacht führt nicht automatisch zur endgültigen Unwirksamkeit.

b. Z hat das Kaufangebot auch angenommen. Die Annahme liegt spätestens konkludent in der Übersendung der Ware.

c. Also besteht ein Kaufvertrag zwischen Z und F, der jedoch – wie aufgezeigt – schwebend unwirksam ist.

2. Der Vertrag könnte trotz fehlender Vertretungsmacht wirksam sein. Die Wirksamkeit des Vertrags hängt von der Genehmigung (= nachträgliche Zustimmung) des Vertretenen ab, § 177.

a. Eine Genehmigung ist nicht erfolgt.

b. Also ist nicht von einer Wirksamkeit des Vertrags trotz fehlender Vertretungsmacht auszugehen. Der Vertrag ist endgültig unwirksam.

3. Demnach ist der Anspruch nicht entstanden.

II. Z hat gegen F keinen Anspruch auf Kaufpreiszahlung gemäß § 433 II.

Fazit

1. Hier wollte der Käufer im eigenen Namen auftreten, ist aber versehentlich ***im fremden Namen***, also im Namen des Vertretenen aufgetreten.

   Achtung: Ob jemand im eigenen oder im fremden Namen = ***im Namen des Vertretenen*** auftritt, bestimmt sich abermals aus der Sicht eines objektiven Betrachters in der Rolle des Erklärungsempfängers. Das ist genauso wie bei der Beantwortung der Frage, ob eine eigene oder eine fremde Willenserklärung vorliegt. Für einen objektiven Betrachter in der Rolle des Z, sah es so aus, als handele X im Namen des F, also im Namen des Vertretenen.

2. Ein paar allgemeine Anmerkungen zum hier kritischen Prüfungspunkt: ***§ 164 I*** normiert, dass der Vertreter im Namen des Vertretenen handeln muss. Der Prüfungspunkt lautet also ***„im Namen des Vertretenen"***. Durchaus üblich ist auch die Bezeichnung ***„in fremdem Namen"***. Gemeint ist dasselbe. § 164 I beinhaltet das sogenannte ***Offenkundigkeitsprinzip***. Für den Vertragspartner soll klar sein, mit wem er einen Vertrag abschließt. Hierin soll er sich sicher sein können. Der Handelnde muss aber nicht unbedingt ausdrücklich erklären, dass er für einen anderen handelt. Das darf sich auch aus den Umständen ergeben.

Übrigens: Der ***Kommissionär*** (§ 383 HGB lesen!) handelt nicht im fremden Namen, sondern ***im eigenen Namen*** für fremde Rechnung. Man bezeichnet das – durchaus missverständlich – als mittelbare Stellvertretung.

3. Wenn der Aufbau noch nicht klar sein sollte, empfehle ich eine nochmalige Vertiefung in die Ausführungen des Fazits des vorvorigen Falls 18 (dort unter 3.). Wichtig ist insbesondere der Umgang mit § 177 I. Beachtet, dass die Willenserklärung eines Vertreters ohne Vertretungsmacht nicht automatisch nichtig oder unwirksam ist. Ausweislich des Wortlauts des ***§ 177 I*** hängt die ***Wirksamkeit eines Vertrags*** (nicht nur einer Willenserklärung) von der Genehmigung des Vertretenen ab. Der ***Vertrag***, der ohne Vertretungsmacht geschlossen worden ist, ist ***schwebend unwirksam***. Wenn die Genehmigung erfolgt, ist er wirksam. Wenn die Genehmigung nicht erfolgt, ist er unwirksam.

Fall 21

X möchte ein Radiogerät herstellen, das äußerlich einem „Halloween“-Kürbis nachempfunden ist. Da ihm noch einige Bauteile fehlen, schickt er seinen Freund F, der in demselben Haus wohnt, zum Betrieb des Z, um dort passendes Material zu sichten und für X günstig zu erwerben. Bei seinem Besuch stellt sich F dem Z vor, versäumt es aber zu offenbaren, dass er für X handelt. Nachdem er sich für mehrere Schalter entschieden hat, werden sich Z und F handelseinig. F bittet Z, die Schalter nebst Rechnung zuzusenden und nennt seine Adresse, die der des X entspricht. Mit der Ware erhält er wenige Tage später eine Rechnung, die an ihn persönlich gerichtet ist. Da F davon ausgeht, er habe die Ware im Namen des X gekauft, übergibt er die Schalter und die Rechnung an X. Als in den nächsten Wochen keine Zahlung erfolgt, wendet sich Z an F und fordert die Begleichung der Rechnung.

Frage: Hat Z gegen F einen Kaufpreisanspruch ?

Lösungsskizze Fall 21

- Z gegen F Kaufpreiszahlung gemäß § 433 II ?

I. Anspruch entstanden ?

1. Kaufvertrag, § 433 ?

= zwei übereinstimmende Willenserklärungen = Angebot und Annahme

a. Willenserklärung des F = Angebot ?

aa. persönliches Angebot = selbst ?

HIER (+) → F hat im eigenen Namen gehandelt; ein objektiver Betrachter in der Lage des Z konnte zu keinem anderen Ergebnis kommen; der Irrtum des F, er handele im fremden Namen (im Namen des X) ist unbeachtlich; dies ergibt sich aus § 164 II

bb. also: Willenserklärung des F = Angebot **(+)**

b. Willenserklärung des Z = Annahme ?

HIER (+) → spätestens konkludent durch die Übersendung der Ware

c. also: Kaufvertrag, § 433 **(+)**

2. also: Anspruch entstanden **(+)**

II. Anspruch untergegangen ? (–)

III. Anspruch durchsetzbar ? (+)

HIER (+) → für ein Zurückbehaltungsrecht des F (§ 320) bleibt kein Raum; F hat die Schalter bereits erhalten

IV. Ergebnis:
Z gegen F Kaufpreiszahlung gemäß § 433 II (+)

Formulierungsvorschlag Fall 21

- Z gegen F Kaufpreiszahlung gemäß § 433 II

Z könnte gegen F einen Anspruch auf Kaufpreiszahlung gemäß § 433 II haben.

I. Dann müsste der Anspruch zunächst entstanden sein.

1. Dies setzt einen wirksamen Kaufvertrag, § 433 zwischen den Parteien voraus. Ein Kaufvertrag besteht aus zwei übereinstimmenden Willenserklärungen, Angebot und Annahme.

a. Fraglich ist, ob F ein Angebot unterbreitet hat.

aa. F hat im eigenen Namen gehandelt und nicht offenbart, dass er für eine dritte Person handeln wollte. Ein objektiver Betrachter in der Lage des Z konnte zu keinem anderen Ergebnis kommen. Der Irrtum des F, er handele im fremden Namen (im Namen des X) ist unbeachtlich. Dies ergibt sich aus § 164 II.

bb. Somit ist von einem Angebot des F auszugehen.

b. Z hat das Angebot zum Kaufvertragsabschluss auch angenommen. Die Annahme liegt spätestens konkludent in der Übersendung der Ware.

c. Also besteht ein Kaufvertrag zwischen Z und F.

2. Demnach ist der Anspruch entstanden.

II. Der Anspruch ist nicht untergegangen.

III. Er ist auch durchsetzbar. Insbesondere kann F kein Zurückbehaltungsrecht (§ 320) geltend machen, da er die Schalter bereits erhalten hat.

IV. Z hat gegen F einen Anspruch auf Kaufpreiszahlung gemäß § 433 II.

Fazit

1. Während der Käufer im vorigen Fall im eigenen Namen auftreten wollte, aber versehentlich im fremden Namen aufgetreten ist, verhält es sich in diesem Fall umgekehrt. Hier wollte der Käufer im fremden Namen (im Namen des Vertretenen) auftreten, ist aber versehentlich ***im eigenen Namen*** aufgetreten.

2. ***§ 164 II*** greift die aktuelle Konstellation auf. Der ***Irrtum***, im fremden Namen zu handeln, ist unbeachtlich. Oder anders ausgedrückt: Es spielt keine Rolle, ob der Handelnde im fremden Namen handeln will. Wenn er das nicht zeigt, ist er im eigenen Namen aufgetreten. Er ist dann Vertragspartner.

Eine Anfechtung nach § 119 I ist im Übrigen ausgeschlossen.

3. Zur Abrundung eine weitere Konstellation, die als ***„Handeln unter fremdem Namen"*** bezeichnet wird. Hier bedient sich jemand des Namens einer anderen existierenden Person oder auch eines erfundenen Namens, um seine eigene Identität nicht zu offenbaren. Streng genommen ist das keine Stellvertreter-Konstellation, weil der Erklärende eine eigene Willenserklärung abgibt.

Allgemein wird aber differenziert zwischen der bloßen Namenstäuschung und der sogenannten Identitätstäuschung.

Wenn dem Vertragspartner herzlich egal ist, wie sein Gegenüber heißt, haben wir es mit einer bloßen ***Namenstäuschung*** zu tun. Eine bloße Namenstäuschung bereitet keine wirklichen Probleme. Der Vertrag kommt selbstverständlich zwischen den beiden Personen zustande, die sich gegenübergetreten sind.

Wenn dem Vertragspartner nicht egal ist, wie sein Gegenüber heißt, haben wir es mit einer sogenannten ***Identitätstäuschung*** zu tun. Hier will der „Getäuschte" den Vertrag gerade mit der Person anschließen, die benannt worden ist. Und nicht etwa mit einer anderen Person. In dieser Variante wird das Handeln unter fremdem Namen wie ein Handeln in fremdem Namen behandelt (§ 164 I analog). Zwar fehlt dann logischerweise die nächste Voraussetzung, nämlich die Vertretungsmacht. Der Vertrag ist aber lediglich schwebend unwirksam. Derjenige, unter dessen Namen der Handelnde aufgetreten ist, hat die Möglichkeit, per Genehmigung in den Vertrag „einzusteigen" (§ 177 I). Tut er das nicht, haftet der „Täuscher", der unter fremdem Namen aufgetreten ist, nach § 179 I.

Fall 22

Der forsche F betritt die Bäckerei des B, sieht sich um und entscheidet sich für ein „Kölner Kastenbrot". F zahlt den Kaufpreis und erhält von B das Brot aushändigt. Alsbald überreicht F das Brot seiner Schwester S, die ihn ob ihrer momentanen Bettlägerigkeit mit dem Kauf von Backwaren bevollmächtigt hatte. Als S bemerkt, dass das Brot ungenießbar ist, fragt sie sich, ob sie wegen des Mangels einen eigenen vertraglichen Anspruch gegen Bäcker B hat.

Frage: Besteht ein wirksamer Kaufvertrag im Verhältnis S – B ?

Lösungsskizze Fall 22

- Wirksamkeit des Kaufvertrags im Verhältnis S – B ?

I. Kaufvertrag, § 433 ?

= zwei übereinstimmende Willenserklärungen = Angebot und Annahme

1. Willenserklärung der S = Angebot ?

HIER (+) → B hat in eigener Person und für sich selbst ein Angebot unterbreitet

a. persönliches Angebot = selbst ?

HIER (–) → S hat nicht selbst gehandelt

b. Angebot durch Stellvertreter (= F) ?

= Zurechnung der Willenserklärung eines Dritten bei Stellvertretung, §§ 164 ff

aa. eigene Willenserklärung, § 164 I ?

HIER (+) → das Verhalten des F lässt aus der Sicht eines objektiven Betrachters in der Lage des B auf einen eigenen Entscheidungsspielraum hinsichtlich der Auswahl der Brotsorte schließen; es ist allenfalls von einer Vertretereigenschaft des F, nicht etwa von einer Botenschaft auszugehen

bb. im Namen des Vertretenen, § 164 I ?

(1) Wahrung des Offenkundigkeitsprinzips ?

HIER (–) → F hat aus der Sicht eines objektiven Betrachter nicht erkennen lassen, dass er für eine dritte Person handelt; auch aus den Umständen ist ein Handeln für eine dritte Person nicht ersichtlich

(2) Ausnahme vom Offenkundigkeitsprinzip ?

HIER (+) → ein offenkundiges Handeln für einen Dritten ist entbehrlich bei sogenannten Geschäften, für den, den es angeht; dies sind regelmäßig Bargeschäfte des täglichen Lebens; beim Kauf des

Brots durch F handelt es sich um ein solches Bargeschäft, also ein Geschäft für den, den es angeht

(3) also: im Namen des Vertretenen* (–), *aber entbehrlich

cc. mit Vertretungsmacht, § 164 I ?

HIER (+) → S hat F entsprechende Vollmacht erteilt

***dd. also: Angebot durch Stellvertreter (= F)* (+)**

***c. also: Willenserklärung der S = Angebot* (+)**

2. Willenserklärung des B = Annahme ?

HIER (+) → spätestens konkludent mit der Aushändigung der Ware

***3. also: Kaufvertrag, § 433* (+)**

II. Ergebnis:
Wirksamkeit des Kaufvertrags im Verhältnis S – B (+)

Formulierungsvorschlag Fall 22

- Wirksamkeit des Kaufvertrags im Verhältnis S – B

Fraglich ist, ob ein im Verhältnis E – B wirksamer Kaufvertrag besteht.

I. Ein Kaufvertrag (§ 433) besteht aus zwei übereinstimmenden Willenserklärungen, Angebot und Annahme.

1. Fraglich ist, ob S ein Angebot unterbreitet hat.

a. S hat nicht selbst gehandelt.

b. Möglicherweise ist der S jedoch das Handeln des F zuzurechnen. In Betracht kommt ein Handeln des F als Stellvertreter der S. Ob der S das Handeln des F zugerechnet wird, bestimmt sich nach den §§ 164 ff.

Es müsste eine eigene Willenserklärung des F vorliegen. Das Verhalten des F lässt aus der Sicht eines objektiven Betrachters in der Lage des B auf einen eigenen Entscheidungsspielraum hinsichtlich der Auswahl der Brotsorte schließen. Also ist allenfalls von einer Vertretereigenschaft des F, nicht etwa von einer Botenschaft auszugehen.

F müsste im fremden Namen, nämlich im Namen der S gehandelt haben. F hat aus der Sicht eines objektiven Betrachters nicht erkennen lassen, dass er für eine dritte Person handelt. Auch aus den Umständen ist ein Handeln für eine dritte Person nicht ersichtlich. Insofern scheidet ein Handeln im fremden Namen aus. Das Offenkundigkeitsprinzip ist nicht gewahrt. Ein offenkundiges Handeln für einen Dritten könnte jedoch ausnahmsweise entbehrlich sein. Es ist entbehrlich bei sogenannten Geschäften, für den, den es angeht. Dies sind regelmäßig Bargeschäfte des täglichen Lebens. Beim Kauf des Brots durch F handelt es sich um ein solches Bargeschäft, also ein Geschäft für den, den es angeht. Mithin war ein Handeln im fremden Namen ausnahmsweise entbehrlich.

Letztlich handelte F auch mit Vertretungsmacht. S hat ihm entsprechende Vollmacht erteilt.

Die Willenserklärung des F ist wegen der wirksamen Stellvertretung der S zuzurechnen.

c. Somit ist von einem Angebot der S auszugehen.

2. B hat das Kaufangebot auch angenommen. Die Annahme liegt spätestens konkludent in der Aushändigung der Ware.

3. Also ist von einem wirksamen Kaufvertrag auszugehen.

IV. Es besteht mithin ein wirksamer Kaufvertrag im Verhältnis S – B.

Fazit

1. Ausnahmsweise war nicht nach einem Anspruch gefragt, sondern nach der ***Wirksamkeit des Vertrags***. Wie ihr gesehen habt, bereitet der Aufbau dennoch keine Schwierigkeiten. De facto prüft ihr unter abgeänderten Überschriften das, was ihr sonst im Prüfungspunkt „Anspruch entstanden" prüft. Nicht mehr und nicht weniger.

2. Problematisch war wiederum der Prüfungspunkt ***„im Namen des Vertretenen"***, also das Handeln in fremdem Namen. Grundsätzlich gilt das ***Offenkundigkeitsprinzip***. Der Vertragspartner soll wissen, mit wem er den Vertrag abschließt.

3. Doch es gibt ***Ausnahmen*** vom Offenkundigkeitsprinzip. Eine Ausnahme betrifft das sogenannte ***Geschäft für den, den es angeht***.

   Bargeschäfte des täglichen Lebens fallen regelmäßig unter diese Rubrik. Wenn eine Person etwas für eine andere Person kaufen will, ist es dem Verkäufer überwiegend egal, für wen etwas gekauft werden soll. Man muss sich das praktisch vorstellen: Die Nachbarin bittet euch, für sie beim nächsten Einkauf im Supermarkt einen Liter Milch zu erwerben. Ihr werdet wohl kaum an der Kasse mit der Tüte Milch wackeln und der freundlichen Kassiererin offenbaren, dass dieses Nahrungsmittel für Frau XY erworben werden soll. Das ist der Kassiererin und auch der hinter ihr stehenden Warenhausleitung schnurzegal. Die Kassiererin will nur euer Geld. Dafür gibt's die Ware.

4. Zwar ist bei Bargeschäften des täglichen Lebens wegen der Durchbrechung des Offenkundigkeitsprinzips das Handeln „im Namen des Vertretenen" ausnahmsweise entbehrlich.

   Das heißt allerdings nicht, dass die Prüfung der Stellvertretung dort ein Ende findet. Natürlich prüft ihr gleich im Anschluss wie immer das Handeln „mit Vertretungsmacht". Wenn mit Vertretungsmacht gehandelt wurde, liegt eine wirksame Stellvertretung vor. Wenn ohne Vertretungsmacht gehandelt wurde, liegt erst einmal ein schwebend unwirksamer Vertrag vor, der durch eine Genehmigung des Vertretenen „gerettet" werden kann. Aber das kennt ihr ja schon.

5. Ein Exkurs: Wann erwirbt der Vertretene beim Bargeschäft des täglichen Lebens eigentlich ***Eigentum***?

Nach ***§ 929 S. 1*** ist für einen Eigentumserwerb an einer beweglichen Sache die ***Einigung*** über den Eigentumsübergang und die ***Übergabe*** der Sache erforderlich.

Bezüglich der ***Einigung***, die einen (dinglichen) Vertrag darstellt, gelten die Grundsätze der Stellvertretung. Also ist auch hier das „Handeln im Namen des Vertretenen" ausnahmsweise entbehrlich. Auch die ***Übergabe*** der Sache bereitet keine wirklichen Probleme, obwohl hier Stellvertretungsregeln nicht gelten. Wenn der Kaufgegenstand an den Vertreter übergeben wird, erlangt der Vertretene zwar keinen unmittelbaren Besitz an der Sache. Er erlangt aber regelmäßig ***mittelbaren Besitz***. Lest hierzu § 868. Man spricht insofern von einem ***Besitzmittlungsverhältnis***.

Fall 23

Der alternde Onkel O beauftragt seinen technisch bewanderten 15-jährigen Neffen N, für ihn einen MP3-Player zu erwerben. In der Auswahl soll N frei sein. N tut wie ihm geheißen und sucht im Geschäft des G im Namen des O einen Player für 300 € aus, den G wie gewünscht mit Rechnung an die Adresse des O sendet. Als O die Höhe des Preises erfährt, verweigert er die Zahlung.

Frage: Hat G gegen O einen Anspruch auf Kaufpreiszahlung ?

Lösungsskizze Fall 23

- G gegen O Kaufpreiszahlung gemäß § 433 II ?

I. Anspruch entstanden ?

1. Kaufvertrag, § 433 ?
= zwei übereinstimmende Willenserklärungen = Angebot und Annahme

a. Willenserklärung des O = Angebot ?

aa. persönliches Angebot = selbst ?

HIER (–) → O hat nicht selbst gehandelt

bb. Angebot durch Stellvertreter (= N) ?
= Zurechnung der Willenserklärung eines Dritten bei Stellvertretung, §§ 164 ff

(1) eigene Willenserklärung, § 164 I ? (+)

(2) im Namen des Vertretenen, § 164 I ? (+)

(3) mit Vertretungsmacht, § 164 I ?

(a) durch Gesetz ? (–)

(b) durch Bevollmächtigung ?

(aa) wirksame Erteilung der Vollmacht ?

HIER (+) → O hat die Vollmacht als Innenvollmacht (§ 167 I Alt. 1) gegenüber N erteilt; mit 15 Jahren ist N zwar minderjährig und damit nur beschränkt geschäftsfähig, §§ 2, 106; nach § 165 hat die Minderjährigkeit jedoch keinen Einfluss auf die Wirksamkeit der Willenserklärung des Vertreters

(bb) kein Erlöschen der Vollmacht ? (+)

(cc) also: durch Bevollmächtigung (+)

(c) also: mit Vertretungsmacht (+)

(4) also: Angebot durch Stellvertreter (= N) (+)

***cc. also: Willenserklärung des O = Angebot* (+)**

b. Willenserklärung des G = Annahme ?

HIER (+) → spätestens konkludent mit der Übersendung der Ware

***c. also: Kaufvertrag, § 433* (+)**

***2. also: Anspruch entstanden* (+)**

***II. Anspruch untergegangen ?* (–)**

III. Anspruch durchsetzbar ?

HIER (+) → für ein Zurückbehaltungsrecht des O (§ 320) bleibt kein Raum; der Kaufgegenstand ist schon ausgehändigt worden

IV. Ergebnis:

G gegen O Kaufpreiszahlung gemäß § 433 II (+)

Formulierungsvorschlag Fall 23

- G gegen O Kaufpreiszahlung gemäß § 433 II

G könnte gegen O einen Anspruch auf Kaufpreiszahlung gemäß § 433 II haben.

I. Dann müsste der Anspruch zunächst entstanden sein.

1. Dies setzt einen wirksamen Kaufvertrag, § 433 zwischen den Parteien voraus. Ein Kaufvertrag besteht aus zwei übereinstimmenden Willenserklärungen, Angebot und Annahme.

a. Fraglich ist, ob O ein Angebot unterbreitet hat.

aa. O hat nicht selbst gehandelt.

bb. Möglicherweise ist dem O jedoch das Handeln des N zuzurechnen. In Betracht kommt ein Handeln des N als Stellvertreter des O. Ob dem O das Handeln des N zugerechnet wird, bestimmt sich nach den §§ 164 ff.

Es liegt eine eigene Willenserklärung des N vor.

Zudem hat N im Namen des Vertretenen O gehandelt.

N müsste auch mit Vertretungsmacht gehandelt haben.

Eine gesetzliche Vollmacht ist nicht ersichtlich.

In Betracht kommt eine Vertretungsmacht kraft Bevollmächtigung.

O hat die Vollmacht als Innenvollmacht (§ 167 I Alt. 1) gegenüber N erteilt. Fraglich ist, wie es sich auswirkt, dass N erst 15 Jahre alt ist. Mit 15 Jahren ist N zwar minderjährig und damit nur beschränkt geschäftsfähig, §§ 2, 106. Nach § 165 hat die Minderjährigkeit jedoch keinen Einfluss auf die Wirksamkeit der

Willenserklärung des Vertreters. Es ist von einer wirksamen Erteilung der Vollmacht auszugehen.

Die Vollmacht ist nicht erloschen.

Also handelte N mit Vertretungsmacht.

Damit ist dem O das Handeln des N zuzurechnen.

cc. Es ist von einem Angebot des O auszugehen.

b. G hat das Kaufangebot auch angenommen. Die Annahme liegt spätestens konkludent in der Übersendung der Ware.

c. Also besteht ein Kaufvertrag zwischen O und G.

2. Demnach ist der Anspruch entstanden.

II. Der Anspruch ist nicht untergegangen.

III. Er ist auch durchsetzbar. O kann kein Zurückbehaltungsrecht (§ 320) geltend machen, da G den Kaufgegenstand schon ausgehändigt hat.

IV. G hat gegen O einen Anspruch auf Kaufpreiszahlung gemäß § 433 II.

Fazit

1. Das war der erste Fall, der sich mit dem Prüfungspunkt ***„Vertretungsmacht“*** beschäftigt. Die Vertretungsmacht kann auf Gesetz oder auf Bevollmächtigung beruhen.

2. Die ***gesetzliche Vertretungsmacht*** findet sich etwa in § 1629 (Eltern für Kinder), in § 1793 (Vormund für Mündel) oder in § 1902 (Betreuer für Betreuten).

3. Eine weitere Möglichkeit, Vertretungsmacht zu erlangen, bietet die ***Bevollmächtigung***

Hier stellt sich zunächst die Frage nach der wirksamen ***Erteilung der Vollmacht***. Die Vollmacht kann nach ***§ 167 I*** entweder als sogenannte ***Innenvollmacht*** (Vertretener erteilt Vollmacht an Vertreter gegenüber diesem) und/oder als sogenannte ***Außenvollmacht*** (Vertreter erteilt Vollmacht an Vertreter gegenüber dem zukünftigen Vertragspartner) erteilt werden. Die Erteilung der Vollmacht erfolgt in beiden Varianten durch einseitige empfangsbedürftige Willenserklärung. Die Vollmacht ist grundsätzlich nicht formbedürftig, § 167 II. Es gibt jedoch Ausnahmen. Außerdem kann die Vollmacht nach allgemeiner Meinung durch ***Erklärung an die Öffentlichkeit*** erteilt werden, etwa durch eine Anzeige in der Zeitung. Eine derartige wiederum einseitige Erklärung ist aber nicht empfangsbedürftig.

4. In unserem Fall ist die Vollmacht im Innenverhältnis (§ 167 I Alt. 1) erteilt worden. Der Bevollmächtigte war zwar minderjährig (15 Jahre) und damit nur beschränkt geschäftsfähig (§§ 2, 106). Nach ***§ 165*** hat die ***Minderjährigkeit*** jedoch keinen Einfluss auf die Wirksamkeit der Willenserklärung des Vertreters.

Fall 24

Der alternde Onkel O beauftragt seinen technisch bewanderten 15-jährigen Neffen N, für ihn einen MP3-Player zu erwerben. In der Auswahl soll N frei sein. N tut wie ihm geheißen und sucht im Geschäft des G im Namen des O einen Player für 300 € aus, den G wie gewünscht mit Rechnung an die Adresse des O sendet. Bereits bevor N sich für das in Rede stehende Gerät entschieden hat, ist O verstorben. Die einzige Tochter des O und alleinige Erbin E verweigert die Zahlung.

Frage: Hat G gegen E einen Anspruch auf Kaufpreiszahlung ?

Lösungsskizze Fall 24

- G gegen E Kaufpreiszahlung gemäß § 433 II ?

Vorüberlegung: E hat gemäß § 1922 I als Alleinerbin die Rechte und Pflichten des Erblassers O übernommen. G hat also einen Kaufpreisanspruch gegen E, wenn der Anspruch im Verhältnis G – O entstanden, nicht untergegangen und durchsetzbar ist.

I. Anspruch (im Verhältnis G – O) entstanden ?

1. Kaufvertrag, § 433 ?
= zwei übereinstimmende Willenserklärungen = Angebot und Annahme

a. Willenserklärung des O = Angebot ?

aa. persönliches Angebot = selbst ?

HIER (–) → O hat nicht selbst gehandelt

bb. Angebot durch Stellvertreter (= N) ?
= Zurechnung der Willenserklärung eines Dritten bei Stellvertretung, §§ 164 ff

(1) eigene Willenserklärung, § 164 I ? (+)

(2) im Namen des Vertretenen, § 164 I ? (+)

(3) mit Vertretungsmacht, § 164 I ?

(a) durch Gesetz ? (–)

(b) durch Bevollmächtigung ?

(aa) wirksame Erteilung der Vollmacht ?

HIER (+) → O hat die Vollmacht als Innenvollmacht (§ 167 I Alt. 1) gegenüber N erteilt; mit 15 Jahren ist N zwar minderjährig und damit nur beschränkt geschäftsfähig, §§ 2, 106; nach § 165 hat die Minderjährigkeit jedoch keinen Einfluss auf die Wirksamkeit der Willenserklärung des Vertreters

(bb) kein Erlöschen der Vollmacht ?

HIER (+) → O und N haben ein Auftragsverhältnis vereinbart; grundsätzlich erlischt die Vollmacht mit dem Tod des Auftraggebers nicht, § 672 S. 1; ein Ausnahmefall ist nicht ersichtlich

(cc) also: durch Bevollmächtigung **(+)**

(c) also: mit Vertretungsmacht **(+)**

(4) also: Angebot durch Stellvertreter (= N) **(+)**

cc. also: Willenserklärung des O = Angebot **(+)**

b. Willenserklärung des G = Annahme ?

HIER (+) → spätestens konkludent mit der Übersendung der Ware

c. also: Kaufvertrag, § 433 **(+)**

2. also: Anspruch entstanden **(+)**

II. Anspruch untergegangen ? **(–)**

III. Anspruch durchsetzbar ? **(+)**

IV. Ergebnis:

G gegen O Kaufpreiszahlung gemäß § 433 II (+); da E gemäß § 1922 I in die Position des Erblassers O eingetreten ist, besteht der Anspruch des G gegen E

Formulierungsvorschlag Fall 24

- G gegen E Kaufpreiszahlung gemäß § 433 II

G könnte gegen E einen Anspruch auf Kaufpreiszahlung gemäß § 433 II haben. E hat gemäß § 1922 I als Alleinerbin die Rechte und Pflichten des Erblassers O übernommen. G hat also einen Kaufpreisanspruch gegen E, wenn der Anspruch im Verhältnis G – O entstanden, nicht untergegangen und durchsetzbar ist.

I. Der Anspruch müsste zunächst im Verhältnis G – O entstanden sein.

1. Dies setzt einen wirksamen Kaufvertrag, § 433 zwischen den Parteien voraus. Ein Kaufvertrag besteht aus zwei übereinstimmenden Willenserklärungen, Angebot und Annahme.

a. Fraglich ist, ob O ein Angebot unterbreitet hat.

aa. O hat nicht selbst gehandelt.

bb. Möglicherweise ist dem O jedoch das Handeln des N zuzurechnen. In Betracht kommt ein Handeln des N als Stellvertreter des O. Ob dem O das Handeln des N zugerechnet wird, bestimmt sich nach den §§ 164 ff.

Es liegt eine eigene Willenserklärung des N vor.

Zudem hat N im Namen des Vertretenen O gehandelt.

N müsste auch mit Vertretungsmacht gehandelt haben.

Eine gesetzliche Vollmacht ist nicht ersichtlich.

In Betracht kommt eine Vertretungsmacht kraft Bevollmächtigung.

O hat die Vollmacht als Innenvollmacht (§ 167 I Alt. 1) gegenüber N erteilt. Fraglich ist, wie es sich auswirkt, dass N erst 15 Jahre alt ist. Mit 15 Jahren ist N zwar minderjährig und damit nur beschränkt geschäftsfähig, §§ 2, 106. Nach § 165 hat die Minderjährigkeit jedoch keinen Einfluss auf die Wirksamkeit der Willenserklärung des Vertreters. Es ist von einer wirksamen Erteilung der Vollmacht auszugehen.

Die Vollmacht könnte durch den Tod des O erloschen sein. O und N haben ein Auftragsverhältnis vereinbart. Grundsätzlich erlischt die Vollmacht mit dem Tod des Auftraggebers jedoch nicht, § 672 S. 1. Ein Ausnahmefall ist nicht ersichtlich. Also ist die Vollmacht nicht durch den Tod des O erloschen. Ein anderweitiges Erlöschen der Vollmacht scheidet ebenfalls aus.

Also handelte N mit Vertretungsmacht.

Damit ist dem O das Handeln des N zuzurechnen.

cc. Es ist von einem Angebot des O auszugehen.

b. G hat das Kaufangebot auch angenommen. Die Annahme liegt spätestens konkludent in der Übersendung der Ware.

c. Also besteht ein Kaufvertrag zwischen O und G.

2. Demnach ist der Anspruch entstanden.

II. Der Anspruch ist nicht untergegangen.

III. Er ist auch durchsetzbar.

IV. G hat gegen O einen Anspruch auf Kaufpreiszahlung gemäß § 433 II. Da E gemäß § 1922 I in die Position des Erblassers O eingetreten ist, besteht der Anspruch des G gegen E.

Fazit

1. Schwierigkeiten könnte der Einstieg in die Lösung bereitet haben. Wenn der eigentliche Vertragspartner stirbt, kommt als Anspruchsgegner immer der Erbe in Betracht. Gemäß ***§ 1922 I*** tritt der ***Erbe*** mit dem Erbfall in die Stellung des Erblassers. Mit einigen einleitenden Sätzen konntet ihr ins richtige Fahrwasser kommen. Wenn euch ein solcher Fall ereilt, ist unbedingt darauf zu achten, die Prüfung wieder sauber zu verlassen. Wie das geht, habt ihr im „Ergebnis“ gesehen.

2. Bezüglich der Prüfung verweise ich auf die Ausführungen im Fazit des vorigen Falls.

3. Zusätzlich war ein weiterer Prüfungspunkt zu beachten. Bisher war lediglich zu eruieren, ob eine Vollmacht wirksam erteilt worden ist. Natürlich darf die Vollmacht dann aber nicht erloschen sein.

Das ***Erlöschen der Vollmacht*** ist allgemein in § 168 geregelt. Aus der Norm ergeben sich zwei Möglichkeiten des Erlöschens. Zum einen erlischt die Vollmacht, wenn das zugrunde liegende ***Rechtsgeschäft erlischt***, ***§ 168 S. 1***. Zum anderen eröffnet ***§ 168 S. 2*** die Möglichkeit, die Vollmacht durch ***Widerruf*** zum Erlöschen zu bringen.

Aber es sind weitere Erlöschengründe denkbar. So kann sich aus der Vollmacht selbst ergeben, wann sie erlischt. Das ist z.B. bei einer ***Befristung*** ziemlich eindeutig. Andererseits ist bezüglich einer Vollmacht natürlich – wie bei jeder Willenserklärung – eine ***Anfechtung*** denkbar. Auch ein ***Verzicht*** des Bevollmächtigten auf die Vollmacht ist zu berücksichtigen. Mit dieser beispielhaften Aufzählung ist der muntere Reigen der Erlöschensgründe mitnichten ausgeschöpft.

Hier war ***§ 672 S. 1*** die entscheidende Norm. Der Vollmachtserteilung liegt üblicherweise ein Auftrag zugrunde. O und N haben ein Auftragsverhältnis vereinbart. Grundsätzlich erlischt die Vollmacht mit dem ***Tod des Auftraggebers*** jedoch nicht. Eine andere Bewertung der Umstände bietet sich an, wenn die Parteien vereinbart haben, dass die Vollmacht mit dem Tod des Auftraggebers erlöschen soll

Achtung: Nach ***§ 673 S. 1*** erlischt der Auftrag im Zweifel mit dem ***Tod des Beauftragten***. Wer hätt's gedacht …

Fall 25

Wegen einer starken Gehbehinderung kann Mutter M die täglichen Einkäufe im Tante-Emma-Laden des L nicht mehr selbst tätigen. Deshalb benachrichtigt sie den L, in Zukunft werde ihr Sohn S für sie einkaufen. L möge sich wegen der Bezahlung an sie wenden. S besorgt auf Bitten der M in den Folgemonaten tatsächlich die Einkäufe, M bezahlt jeweils nach Rechnungsstellung durch L. Nach einem heftigen Streit entzieht M dem S die Einkaufsberechtigung und teilt dies auch dem L mit. Als S am nächsten Tag bei L eine Magnum-Flasche Eierlikör im Namen der M erwerben will, händigt L dem S die Ware aus, weil er fälschlicherweise meint, S dürfe doch wieder für M einkaufen. L verlangt von M den Kaufpreis.

Frage: Hat L einen Anspruch auf Kaufpreiszahlung gegen M ?

Lösungsskizze Fall 25

- L gegen M Kaufpreiszahlung gemäß § 433 II ?

I. Anspruch entstanden ?

1. Kaufvertrag, § 433 ?
= zwei übereinstimmende Willenserklärungen = Angebot und Annahme

a. Willenserklärung der M = Angebot ?

aa. persönliches Angebot = selbst ?

HIER (–) → M hat nicht selbst gehandelt

bb. Angebot durch Stellvertreter (= S) ?
= Zurechnung der Willenserklärung eines Dritten bei Stellvertretung, §§ 164 ff

(1) eigene Willenserklärung, § 164 I ? (+)

(2) im Namen des Vertretenen, § 164 I ? (+)

(3) mit Vertretungsmacht, § 164 I ?

(a) durch Gesetz ? (–)

(b) durch Bevollmächtigung ?

(aa) wirksame Erteilung der Vollmacht ?

HIER (+) → M hat die Vollmacht als Innenvollmacht (§ 167 I Alt. 1) gegenüber S und als Außenvollmacht (§ 167 I Alt. 2) gegenüber L erteilt

(bb) kein Erlöschen der Vollmacht ?

HIER (–) → die Vollmacht ist durch den seitens M erklärten Widerruf erloschen; die Erklärung des Widerrufs entspricht den §§ 168 S. 3 i.V.m. § 167 I analog; M hat gegenüber dem Bevollmächtigten S die Vollmacht im Innenverhältnis widerrufen und im Außenverhältnis gegenüber dem Dritten L

(cc) also: durch Bevollmächtigung **(–)**

(c) also: mit Vertretungsmacht **(–)**

(4) also: Angebot durch Stellvertreter (= S) **(+),**
aber Stellvertretung ohne Vertretungsmacht

→ aus § 177 ergibt sich, dass die Willenserklärung eines Vertreters ohne Vertretungsmacht nicht automatisch nichtig oder unwirksam ist; sollte L das Angebot angenommen haben, liegt ein schwebend unwirksamer Vertrag vor

cc. also: Willenserklärung der M = Angebot **(+)**

b. Willenserklärung des L = Annahme ?

HIER (+) → spätestens mit der Aushändigung der Ware

c. also: Kaufvertrag, § 433 **(+),** ***aber schwebend unwirksam***

2. Wirksamkeit des Vertrags trotz fehlender Vertretungsmacht ?

a. Genehmigung, § 177 I ?
= nachträgliche Zustimmung (nach Vertragsschluss)

HIER (–) → eine Genehmigung ist nicht erfolgt

b. also: Wirksamkeit des Vertrags trotz fehlender Vertretungsmacht **(–)**
→ ***endgültige Unwirksamkeit des Vertrags*** **(+)**

3. also: Anspruch entstanden **(–)**

II. Ergebnis:
L gegen M Kaufpreiszahlung gemäß § 433 II (–)

Formulierungsvorschlag Fall 25

- L gegen M Kaufpreiszahlung gemäß § 433 II

L könnte gegen M einen Anspruch auf Kaufpreiszahlung gemäß § 433 II haben.

I. Dann müsste der Anspruch zunächst entstanden sein.

1. Dies setzt einen wirksamen Kaufvertrag, § 433 zwischen den Parteien voraus. Ein Kaufvertrag besteht aus zwei übereinstimmenden Willenserklärungen, Angebot und Annahme.

a. Fraglich ist, ob M ein Angebot unterbreitet hat.

aa. M hat nicht selbst gehandelt.

bb. Möglicherweise ist der M jedoch das Handeln des S zuzurechnen. In Betracht kommt ein Handeln des S als Stellvertreter der M. Ob der M das Handeln des S zugerechnet wird, bestimmt sich nach den §§ 164 ff.

Es liegt eine eigene Willenserklärung des S vor.

Zudem hat S im Namen der Vertretenen M gehandelt.

S müsste auch mit Vertretungsmacht gehandelt haben.

Eine gesetzliche Vollmacht ist nicht ersichtlich.

In Betracht kommt eine Vertretungsmacht kraft Bevollmächtigung.

M hat die Vollmacht als Innenvollmacht (§ 167 I Alt. 1) gegenüber S und als Außenvollmacht (§ 167 I Alt. 2) gegenüber L erteilt.

Die Vollmacht könnte aber durch Widerruf erloschen sein. M hat einen Widerruf ausgesprochen. Sie hat gegenüber dem Bevollmächtigten S die Vollmacht im Innenverhältnis widerrufen und im Außenverhältnis gegenüber dem Dritten L. Die Erklärung des Widerrufs entspricht den §§ 168 S. 3 i.V.m. § 167 I analog. Die Vollmacht ist folglich durch Widerruf erloschen.

Also handelte S nicht mit Vertretungsmacht.

Die Willenserklärung des S ist trotz fehlender Vertretungsmacht der M zuzurechnen. Aus § 177 ergibt sich, dass die Willenserklärung eines Vertreters ohne Vertretungsmacht nicht automatisch nichtig oder unwirksam ist. Sollte L das Angebot angenommen haben, liegt ein schwebend unwirksamer Vertrag vor.

cc. Es ist von einem Angebot der M auszugehen. Die fehlende Vertretungsmacht führt nicht automatisch zur endgültigen Unwirksamkeit.

b. L hat das Kaufangebot auch angenommen. Die Annahme liegt spätestens in der Aushändigung der Ware.

c. Also besteht ein Kaufvertrag zwischen L und M, der jedoch – wie aufgezeigt – schwebend unwirksam ist.

2. Der Vertrag könnte trotz fehlender Vertretungsmacht wirksam sein. Die Wirksamkeit des Vertrags hängt von der Genehmigung (= nachträgliche Zustimmung) des Vertretenen ab, § 177.

a. Eine Genehmigung ist nicht erfolgt.

b. Also ist nicht von einer Wirksamkeit des Vertrags trotz fehlender Vertretungsmacht auszugehen. Der Vertrag ist endgültig unwirksam.

3. Demnach ist der Anspruch nicht entstanden.

II. L hat gegen M keinen Anspruch auf Kaufpreiszahlung gemäß § 433 II.

Fazit

1. Die Vollmacht kann nicht nur durch die Beendigung des zugrunde liegenden Rechtsverhältnisses erlöschen (§ 168 S. 1), sondern auch durch ***Widerruf der Vollmacht***. Das ergibt sich aus ***§ 168 S. 2***. Der Widerruf erfolgt – wie die Erteilung der Vollmacht – durch einseitige empfangsbedürftige Willenserklärung.

2. Nach ***§ 168 S. 3*** findet auf die ***Erklärung des Widerrufs*** § 167 I entsprechende Anwendung.

Der durchaus missverständlich formulierte § 168 S. 3 meint dies: Der Widerruf kann – wie die Erteilung der Vollmacht – ***im Innenverhältnis*** (§ 167 I Alt. 1; Vertretener widerruft Vollmacht an Vertreter gegenüber diesem) und/oder ***im Außenverhältnis*** (§ 167 I Alt. 2; Vertreter widerruft Vollmacht an Vertreter gegenüber dem Vertragspartner) erfolgen. Aber: Nach allgemeiner Ansicht muss der Widerruf nicht in dem Verhältnis erfolgen, in dem die Vollmacht erteilt wurde. Eine im Innenverhältnis erteilte Vollmacht darf demnach auch im Außenverhältnis widerrufen werden. Und umgekehrt.

3. Grundsätzlich solltet ihr immer bedenken, dass es – außerhalb des § 168 – weitere Erlöschengründe gibt. So kann sich aus der Vollmacht selbst ergeben, wann sie erlischt, z.B. aufgrund einer ***Befristung***. Erlöschen kann die Vollmacht – wie jede Willenserklärung – auch durch eine erfolgreiche ***Anfechtung***. Ein ***Verzicht*** des Bevollmächtigten auf die Vollmacht führt ebenfalls zum Erlöschen.

Fall 26

Wegen einer starken Gehbehinderung kann Mutter M die täglichen Einkäufe im Tante-Emma-Laden des L nicht mehr selbst tätigen. Deshalb benachrichtigt sie den L, in Zukunft werde ihr Sohn S für sie einkaufen. L möge sich wegen der Bezahlung an sie wenden. S besorgt auf Bitten der M in den Folgemonaten tatsächlich die Einkäufe, M bezahlt jeweils nach Rechnungsstellung durch L. Nach einem heftigen Streit entzieht M dem S die Einkaufsberechtigung, teilt dies dem L jedoch nicht mit. Als S am nächsten Tag bei L eine Magnum-Flasche Eierlikör im Namen der M erwerben will, händigt L dem S die Ware aus, obwohl ihm ein anderer Kunde zwischenzeitlich vom Entzug der Berechtigung berichtet hat.

Frage: Hat L einen Anspruch auf Kaufpreiszahlung gegen M ?

Lösungsskizze Fall 26

- L gegen M Kaufpreiszahlung gemäß § 433 II ?

I. Anspruch entstanden ?

1. Kaufvertrag, § 433 ?
= zwei übereinstimmende Willenserklärungen = Angebot und Annahme

a. Willenserklärung der M = Angebot ?

aa. persönliches Angebot = selbst ?

HIER (–) → M hat nicht selbst gehandelt

bb. Angebot durch Stellvertreter (= S) ?
= Zurechnung der Willenserklärung eines Dritten bei Stellvertretung, §§ 164 ff

(1) eigene Willenserklärung, § 164 I ? (+)

(2) im Namen des Vertretenen, § 164 I ? (+)

(3) mit Vertretungsmacht, § 164 I ?

(a) durch Gesetz ? (–)

(b) durch Bevollmächtigung ?

(aa) wirksame Erteilung der Vollmacht ?

HIER (+) → M hat die Vollmacht als Innenvollmacht (§ 167 I Alt. 1) gegenüber S und als Außenvollmacht (§ 167 I Alt. 2) gegenüber L erteilt

(bb) kein Erlöschen der Vollmacht ?

HIER (–) → die Vollmacht ist durch den seitens M erklärten Widerruf erloschen; die Erklärung des Widerrufs entspricht den §§ 168 S. 3 i.V.m. § 167 I analog; es reicht aus, wenn der Widerruf entweder gegenüber dem Bevollmächtigten oder gegenüber dem Geschäftspartner erfolgt; M hat gegenüber dem Bevollmächtigten S die Vollmacht im Innenverhältnis widerrufen

(cc) Fiktion des Fortbestehens der Vollmacht ?
= nach § 170 / § 171 II / § 172 II und keine Kenntnis bzw. kein Kennenmüssen des Erlöschens der Vollmacht, § 173

- nach § 170 ?

HIER (+) → die Erteilung der Vollmacht ist (auch) im Außenverhältnis gegenüber dem Dritten L erfolgt; die Vollmacht ist jedoch nicht gegenüber dem L widerrufen worden; insofern gilt die Vollmacht dem L gegenüber als fortbestehend

- keine Kenntnis bzw. kein Kennenmüssen nach § 173 ?

HIER (−) → L wusste durch einen anderen Kunden von dem Entzug der Berechtigung, also vom Erlöschen der Vollmacht

- also: Fiktion des Fortbestehens der Vollmacht (−)

(dd) also: durch Bevollmächtigung (−)

(c) also: mit Vertretungsmacht (−)

(4) also: Angebot durch Stellvertreter (= S) (+),
aber Stellvertretung ohne Vertretungsmacht
→ aus § 177 ergibt sich, dass die Willenserklärung eines Vertreters ohne Vertretungsmacht nicht automatisch nichtig oder unwirksam ist; sollte L das Angebot angenommen haben, liegt ein schwebend unwirksamer Vertrag vor

cc. also: Willenserklärung der M = Angebot (+)

b. Willenserklärung des L = Annahme ?

HIER (+) → spätestens mit der Aushändigung der Ware

c. also: Kaufvertrag, § 433 (+), aber schwebend unwirksam

2. Wirksamkeit des Vertrags trotz fehlender Vertretungsmacht ?

a. Genehmigung, § 177 I ?
= nachträgliche Zustimmung (nach Vertragsschluss)

HIER (−) → eine Genehmigung ist nicht erfolgt

b. also: Wirksamkeit des Vertrags trotz fehlender Vertretungsmacht (−)
→ endgültige Unwirksamkeit des Vertrags (+)

3. also: Anspruch entstanden (−)

II. Ergebnis:
L gegen M Kaufpreiszahlung gemäß § 433 II (−)

Formulierungsvorschlag Fall 26

- L gegen M Kaufpreiszahlung gemäß § 433 II

L könnte gegen M einen Anspruch auf Kaufpreiszahlung gemäß § 433 II haben.

I. Dann müsste der Anspruch zunächst entstanden sein.

1. Dies setzt einen wirksamen Kaufvertrag, § 433 zwischen den Parteien voraus. Ein Kaufvertrag besteht aus zwei übereinstimmenden Willenserklärungen, Angebot und Annahme.

a. Fraglich ist, ob M ein Angebot unterbreitet hat.

aa. M hat nicht selbst gehandelt.

bb. Möglicherweise ist der M jedoch das Handeln des S zuzurechnen. In Betracht kommt ein Handeln des S als Stellvertreter der M. Ob der M das Handeln des S zugerechnet wird, bestimmt sich nach den §§ 164 ff.

Es liegt eine eigene Willenserklärung des S vor.

Zudem hat S im Namen der Vertretenen M gehandelt.

S müsste auch mit Vertretungsmacht gehandelt haben.

Eine gesetzliche Vollmacht ist nicht ersichtlich.

In Betracht kommt eine Vertretungsmacht kraft Bevollmächtigung.

M hat die Vollmacht als Innenvollmacht (§ 167 I Alt. 1) gegenüber S und als Außenvollmacht (§ 167 I Alt. 2) gegenüber L erteilt.

Die Vollmacht könnte aber durch Widerruf erloschen sein. M hat einen Widerruf ausgesprochen. Sie hat gegenüber dem Bevollmächtigten S die Vollmacht im Innenverhältnis widerrufen. Es reicht aus, wenn der Widerruf entweder gegenüber dem Bevollmächtigten oder gegenüber dem Geschäftspartner erfolgt. Insofern entspricht die Erklärung des Widerrufs den §§ 168 S. 3 i.V.m. § 167 I analog. Die Vollmacht ist folglich durch Widerruf erloschen.

Trotz Erlöschens der Vollmacht könnte diese dem Dritten L gegenüber als fortbestehend gelten. In Betracht kommt eine Fortgeltung nach § 170. Die Erteilung der Vollmacht ist (auch) im Außenverhältnis gegenüber dem Dritten L erfolgt. Die Vollmacht ist jedoch nicht gegenüber dem L widerrufen worden. Insofern gilt die Vollmacht dem L gegenüber als fortbestehend. Etwas anderes gilt jedoch dann, wenn der Dritte das Erlöschen der Vollmacht kannte oder kennen musste, § 173. L wusste durch einen anderen Kunden von dem Entzug der Berechtigung, also vom Erlöschen der Vollmacht. Also gilt die Vollmacht ihm gegenüber nicht als fortgeltend.

Also handelte S nicht mit Vertretungsmacht.

Die Willenserklärung des S ist trotz fehlender Vertretungsmacht der M zuzurechnen. Aus § 177 ergibt sich, dass die Willenserklärung eines Vertreters ohne Vertretungsmacht nicht automatisch nichtig oder unwirksam ist. Sollte L das Angebot angenommen haben, liegt ein schwebend unwirksamer Vertrag vor.

cc. Es ist von einem Angebot der M auszugehen. Die fehlende Vertretungsmacht führt nicht automatisch zur endgültigen Unwirksamkeit.

b. L hat das Kaufangebot auch angenommen. Die Annahme liegt spätestens in der Aushändigung der Ware.

c. Also besteht ein Kaufvertrag zwischen L und M, der jedoch – wie aufgezeigt – schwebend unwirksam ist.

2. Der Vertrag könnte trotz fehlender Vertretungsmacht wirksam sein. Die Wirksamkeit des Vertrags hängt von der Genehmigung (= nachträgliche Zustimmung) des Vertretenen ab, § 177.

a. Eine Genehmigung ist nicht erfolgt.

b. Also ist nicht von einer Wirksamkeit des Vertrags trotz fehlender Vertretungsmacht auszugehen. Der Vertrag ist endgültig unwirksam.

3. Demnach ist der Anspruch nicht entstanden.

II. L hat gegen M keinen Anspruch auf Kaufpreiszahlung gemäß § 433 II.

Fazit

1. Bereits im vorigen Fall habt ihr gesehen, dass eine Vollmacht durch ***Widerruf*** erlöschen kann, und zwar gemäß § 168 S. 3 i.V.m. § 167 I analog durch Widerruf ***im Innenverhältnis*** (§ 167 I Alt. 1 = gegenüber dem Vertreter) und/oder durch Widerruf ***im Außenverhältnis*** (§ 167 I Alt. 2 = gegenüber dem Geschäftspartner). Aber: Nach allgemeiner Ansicht muss der Widerruf nicht in dem Verhältnis erfolgen, in dem die Vollmacht erteilt wurde. Eine im Innenverhältnis erteilte Vollmacht darf im Außenverhältnis widerrufen werden. Eine im Außenverhältnis erteilte Vollmacht darf im Innenverhältnis widerrufen werden.

Im aktuellen Fall ist die Vollmacht sowohl im Innenverhältnis als auch im Außenverhältnis erteilt worden. Sie ist zwar nur im Innenverhältnis widerrufen worden. Das hat aber – wie ausgeführt – keine Auswirkungen. Die Vollmacht ist erloschen

2. Nachdem ihr festgestellt habt, dass die Vollmacht erloschen ist, geht die Prüfung aber weiter. Lest hierzu § 170, § 171 II, § 172 II. Die genannten Normen beschreiben, wann eine (an sich erloschene) Vollmacht fortwirkt (Rechtsschein). § 173 relativiert das Fortwirken unter bestimmten Voraussetzungen.

Aus ***§ 170*** ist zu folgern, dass die im Außenverhältnis erteilte Vollmacht bestehen bleibt, bis sie auch im Außenverhältnis widerrufen wird. § 173 schränkt diese ***Fiktion der Vollmacht*** ein, wenn der Dritte bei der Vornahme des Rechtsgeschäfts das Erlöschen kannte oder kennen musste.

§ 171 II und ***§ 172 II*** erklären sich von selbst. Auch hier ist als Korrektiv § 173 zu berücksichtigen.

Fall 27

Der greise Großvater G weiß, dass seine Tochter T für ihn ab und an Einkäufe im Tante-Emma-Laden des L tätigt und hierbei in seinem Namen auftritt. Mit ihrem Handeln ist er nicht einverstanden, die durch L zugesandten Rechnungen begleicht G jedoch immer prompt. Eines Tages bringt T aus dem Laden eine Flasche Obstler mit, weil sie bemerkt hat, dass die Alkoholvorräte ihres Vaters langsam aber sicher zur Neige gehen. G ist empört, weil er noch nie Obstler, sondern zeitlebens preiswerten Frühstückskorn getrunken hat. Die durch L übermittelte Rechnung will er nicht begleichen. Er führt zutreffend aus, er habe der T nie eine Einkaufsvollmacht erteilt.

Frage: Hat L gegen G einen Anspruch auf Kaufpreiszahlung ?

Lösungsskizze Fall 27

- L gegen G Kaufpreiszahlung gemäß § 433 II ?

I. Anspruch entstanden ?

1. Kaufvertrag, § 433 ?
= zwei übereinstimmende Willenserklärungen = Angebot und Annahme

a. Willenserklärung des G = Angebot ?

aa. persönliches Angebot = selbst ?

HIER (–) → G hat nicht selbst gehandelt

bb. Angebot durch Stellvertreter (= T) ?
= Zurechnung der Willenserklärung eines Dritten bei Stellvertretung, §§ 164 ff

(1) eigene Willenserklärung, § 164 I ? (+)

(2) im Namen des Vertretenen, § 164 I ? (+)

(3) mit Vertretungsmacht, § 164 I ?

(a) durch Gesetz ? (–)

(b) durch Bevollmächtigung ?

HIER (–) → G hat der T keine Vollmacht erteilt

(c) Duldungsvollmacht ?

HIER (+) → der Geschäftspartner genießt dann Schutz, wenn er auf eine tatsächlich nicht bestehende Vollmacht vertrauen darf; zwar hat G der T keine Vollmacht erteilt, er hat aber bemerkt, dass eine andere Person (T) als sein Vertreter gehandelt hat und nichts dagegen unternommen

(d) <u>also</u>: mit Vertretungsmacht (+)

(4) <u>also</u>: Angebot durch Stellvertreter (= T) (+)

cc. <u>also</u>: Willenserklärung des G = Angebot (+)

b. Willenserklärung des L = Annahme ? (+)

c. <u>also</u>: Kaufvertrag, § 433 (+)

2. <u>also</u>: Anspruch entstanden (+)

II. Anspruch untergegangen ? (–)

III. Anspruch durchsetzbar ? (+)

IV. Ergebnis:
L gegen G Kaufpreiszahlung gemäß § 433 II (+)

Formulierungsvorschlag Fall 27

- L gegen G Kaufpreiszahlung gemäß § 433 II

L könnte gegen G einen Anspruch auf Kaufpreiszahlung gemäß § 433 II haben.

I. Dann müsste der Anspruch zunächst entstanden sein.

1. Dies setzt einen wirksamen Kaufvertrag, § 433 zwischen den Parteien voraus. Ein Kaufvertrag besteht aus zwei übereinstimmenden Willenserklärungen, Angebot und Annahme.

a. Fraglich ist, ob G ein Angebot unterbreitet hat.

aa. G hat nicht selbst gehandelt.

bb. Möglicherweise ist dem G jedoch das Handeln der T zuzurechnen. In Betracht kommt ein Handeln der T als Stellvertreterin des G. Ob dem G das Handeln der T zugerechnet wird, bestimmt sich nach den §§ 164 ff.

Es liegt eine eigene Willenserklärung der T vor.

Zudem hat T im Namen des Vertretenen G gehandelt.

T müsste auch mit Vertretungsmacht gehandelt haben.

Eine gesetzliche Vollmacht ist nicht ersichtlich.

G hat der T auch keine Vollmacht erteilt.

Fraglich ist, ob dem G die Willenserklärung der T nach den Grundsätzen der sogenannten Duldungsvollmacht zugerechnet werden kann. Ein Geschäftspartner genießt immer dann Schutz, wenn er auf eine tatsächlich nicht bestehende Vollmacht vertrauen darf. Zwar hat G der T keine Vollmacht erteilt. Er hat aber bemerkt, dass eine andere Person, nämlich T, als seine Vertreterin gehandelt hat und nichts dagegen unternommen. Insofern hat er ihr Handeln geduldet. Mithin ist von einer Duldungsvollmacht auszugehen.

Also handelte T mit Vertretungsmacht.

cc. Es ist von einem Angebot des G auszugehen.

b. L hat das Kaufangebot auch angenommen.

c. Also besteht ein Kaufvertrag zwischen L und G.

2. Demnach ist der Anspruch entstanden.

II. Der Anspruch ist nicht untergegangen.

III. Er ist auch durchsetzbar.

IV. L hat gegen G einen Anspruch auf Kaufpreiszahlung gemäß § 433 II.

Fazit

1. Im vorigen Fall habt ihr mit § 170, mit § 171 II und mit § 172 II Regelungen kennengelernt, die eine einmal entstandene, aber dann erloschene Vollmacht trotzdem weitergelten lassen.

Ganz anders ist das im aktuellen Fall. Hier hat niemals eine Vollmacht bestanden. Also kann auch keine Vollmacht erloschen sein, um dann doch irgendwie weiterzugelten.

2. Wenn niemals eine Vollmacht erteilt wurde, spielt dies für eine wirksame Stellvertretung dann keine Rolle, wenn der Vertretene weiß, dass eine Person in seinem Namen auftritt und er dies duldet. Oder anders ausgedrückt: Der Vertreter handelt mit sogenannter ***Duldungsvollmacht***, wenn der Vertretene zwar keine Vollmacht erteilt hat, aber das Handeln duldet. Und: Natürlich muss der Geschäftspartner gutgläubig sein. Wenn er nämlich weiß, dass keine Vollmacht besteht, muss er nicht geschützt werden.

Unser Fall war mit den Grundsätzen zur Duldungsvollmacht zu lösen.

3. Nicht unumstritten ist, ob es einen weiteren Fall einer zwar nicht existierenden, aber wiederum angenommenen Vollmacht gibt. Zum Teil wird das bejaht. Bei der sogenannten ***Anscheinsvollmacht*** hat der Vertretene keine Vollmacht erteilt. Im Gegensatz zur Duldungsvollmacht kennt der Vertretene das Handeln des Vertreters gerade nicht, hätte es aber erkennen und verhindern können.

Fall 28

Der ein wenig einfältige E bittet seinen Bekannten B, für ihn ein altes aber neuwertiges Bonanza-Fahrrad zu veräußern. B wittert ein Geschäft und sagt zu. Anschließend verkauft er das Fahrrad im Namen des E an sich selbst zu einem Bruchteil des tatsächlichen Wertes.

Frage: Ist der Kaufvertrag im Verhältnis E – B wirksam ?

Lösungsskizze Fall 28

- Wirksamkeit des Kaufvertrags im Verhältnis E – B ?

I. Kaufvertrag, § 433 ?
= zwei übereinstimmende Willenserklärungen = Angebot und Annahme

1. Willenserklärung des B = Angebot ?

HIER (+) → B hat in eigener Person und für sich selbst ein Angebot unterbreitet

2. Willenserklärung des E = Annahme ?

a. persönliche Annahme = selbst ?

HIER (–) → E hat nicht selbst gehandelt

b. Annahme durch Stellvertreter (= B) ?
= Zurechnung der Willenserklärung eines Dritten bei Stellvertretung, §§ 164 ff

aa. eigene Willenserklärung, § 164 I ?

HIER (+) → B war in der Entscheidung frei, welchen Betrag er für das Fahrrad zahlen wollte

bb. im Namen des Vertretenen, § 164 I ? (+)

cc. mit Vertretungsmacht, § 164 I ?

HIER (+) → B handelte mit Vollmacht des E

dd. Unwirksamkeit der Vertretung wegen Verstoßes gegen das Selbstkontrahierungsverbot, § 181 ?

HIER (–) → zwar hat B auf der einen Seite des Vertrags für sich selbst und auf der anderen Seite als Vertreter des E gehandelt; insofern liegt ein Fall des verbotenen Selbstkontrahierens vor; nach allgemeiner Ansicht führt dies jedoch nicht automatisch zur Unwirksamkeit der Willenserklärung bzw. des Rechtsgeschäfts; der Verstoß gegen das Selbstkontrahierungsverbot hat zur Folge, dass ein etwaig bestehender Vertrag schwebend unwirksam ist

ee. also: Annahme durch Stellvertreter (= B) (+)

c. also: Willenserklärung des E = Annahme (+)

3. also: Kaufvertrag, § 433 (+), aber schwebend unwirksam

II. Wirksamkeit des Vertrags trotz Selbstkontrahierens ?

1. Gestattung, § 181 ? (–)

2. Erfüllung einer Verbindlichkeit, § 181 ? (–)

3. lediglich rechtlicher Vorteil ? (–)

4. Genehmigung ? (–)

5. also: Wirksamkeit des Vertrags trotz Selbstkontrahierens (–)
→ endgültige Unwirksamkeit des Vertrags (+)

III. Ergebnis:
Wirksamkeit des Kaufvertrags im Verhältnis E – B (–)

Formulierungsvorschlag Fall 28

- Wirksamkeit des Kaufvertrags im Verhältnis E – B

Fraglich ist, ob der Kaufvertrag im Verhältnis E – B wirksam ist.

I. Ein Kaufvertrag (§ 433) besteht aus zwei übereinstimmenden Willenserklärungen, Angebot und Annahme.

1. B hat in eigener Person und für sich selbst ein Angebot unterbreitet.

2. Fraglich ist, ob E das Angebot angenommen hat.

a. E hat nicht selbst gehandelt.

b. Möglicherweise ist dem E jedoch das Handeln des B zuzurechnen. In Betracht kommt ein Handeln des B als Stellvertreter des E. Ob dem E das Handeln des B zugerechnet wird, bestimmt sich nach den §§ 164 ff.

aa. Es liegt eine eigene Willenserklärung des B vor. Er war in der Entscheidung frei, welchen Betrag er für das Fahrrad zahlen wollte. Das lässt allenfalls auf eine eigene Willenserklärung und damit auf eine Vertretereigenschaft des B schließen.

bb. Zudem hat B im Namen des Vertretenen E gehandelt.

cc. Letztlich handelte B auch mit Vertretungsmacht. E hat ihm entsprechende Vollmacht erteilt.

dd. Fraglich ist aber, ob die Vertretung wegen Verstoßes gegen das Selbstkontrahierungsverbot (§ 181) unwirksam ist. Zwar hat B auf der einen Seite des Vertrags für sich selbst und auf der anderen Seite als Vertreter des E gehandelt.

Insofern liegt ein Fall des grundsätzlich verbotenen Selbstkontrahierens vor. Nach allgemeiner Ansicht führt dies jedoch nicht automatisch zur Unwirksamkeit der Willenserklärung bzw. des Rechtsgeschäfts. Der Verstoß gegen das Selbstkontrahierungsverbot hat zur Folge, dass ein etwaig bestehender Vertrag schwebend unwirksam ist.

ee. Die Willenserklärung des B ist demnach dem E zuzurechnen.

c. Es ist von einer Annahme des Kaufangebots durch E auszugehen. Der Verstoß gegen das Selbstkontrahierungsverbot führt nicht automatisch zur endgültigen Unwirksamkeit.

3. Also besteht ein Kaufvertrag zwischen E und B, der jedoch – wie aufgezeigt – schwebend unwirksam ist.

II. Der Vertrag könnte trotz Verstoßes gegen das Selbstkontrahierungsverbot wirksam sein.

1. Eine Gestattung im Sinne des § 181 ist nicht erfolgt. Der Vertretene E hat nicht von vornherein sein Einverständnis mit dem Selbstkontrahieren erklärt.

2. Mit dem Selbstkontrahieren war auch nicht die Erfüllung einer Verbindlichkeit, § 181 verbunden.

3. Der Vertrag war für E nicht lediglich rechtlich vorteilhaft. Er ist zur Übereignung der Kaufsache verpflichtet worden.

4. Eine grundsätzlich denkbare Genehmigung des Vertrags, also eine Zustimmung nach Vertragsschluss, ist ebenfalls nicht erfolgt.

5. Also ist nicht von einer Wirksamkeit des Vertrags trotz Verstoßes gegen das Selbstkontrahierungsverbot auszugehen. Der Vertrag ist endgültig unwirksam.

III. Der Kaufvertrag im Verhältnis E – B ist nicht wirksam.

Fazit

1. Ausnahmsweise war nicht nach einem Anspruch gefragt, sondern nach der ***Wirksamkeit des Vertrags***. Wie ihr gesehen habt, bereitet der Aufbau dennoch keine Schwierigkeiten. De facto prüft ihr unter abgeänderten Überschriften das, was ihr sonst im Prüfungspunkt „Anspruch entstanden“ prüft. Nicht mehr und nicht weniger.

2. Zum Inhalt der Prüfung: Im günstigsten Fall kann die Stellvertreterprüfung dann abgeschlossen werden, wenn feststeht, dass der Handelnde eine eigene Willenserklärung unterbreitet hat und dies auch im Namen des Vertretenen und mit dessen Vollmacht geschehen ist. Aber nicht immer.

3. Eine gesetzliche ***Beschränkung der Vertretungsmacht*** ergibt sich aus ***§ 181***, der ***Insichgeschäfte*** grundsätzlich untersagt. Es soll vermieden werden, dass ein und dieselbe Person verschiedene Interessen vertritt und etwa bei einem Kaufvertrag als Käufer und als Verkäufer agiert.

§ 181 nennt ***zwei Arten*** des untersagten Insichgeschäfts: In diesem Fall habt ihr es mit dem sogenannten ***Selbstkontrahieren*** zu tun gehabt. Der Handelnde tritt auf der einen Seite als er selbst und auf der anderen Seite als Vertreter einer anderen Person auf. Dass das zu Komplikationen führen kann, liegt mehr als auf der Hand. Außerdem ist in § 181 die sogenannte ***Mehrvertretung*** geregelt. Eine Person darf nämlich auch nicht auf der einen Seite als Vertreter einer Person und auf der anderen Seite als Vertreter einer anderen Person auftreten.

4. Erinnert euch: Wenn der Vertreter (nur) ohne Vertretungsmacht handelt, ist der Vertrag zunächst ebenfalls (nur) schwebend unwirksam. Er ist endgültig unwirksam, wenn keine Genehmigung erfolgt. So ist es in § 177 I nachzulesen.

Und wenn der Vertreter sich über die Beschränkung des § 181 hinwegsetzt? Dann ist die Willenserklärung oder der Vertrag nicht etwa automatisch nichtig oder unwirksam. Der Vertrag ist ebenfalls lediglich ***schwebend unwirksam***.

Der Vertrag ist aber unter verschiedenen Voraussetzungen endgültig wirksam.

Eine erste „Rettungsmöglichkeit" ergibt sich direkt aus § 181, nämlich bei ***Gestattung*** des Insichgeschäfts. Bei der Gestattung handelt es sich um eine Zustimmung, die vor dem Insichgeschäft erfolgt.

§ 181 spricht von einer weiteren Ausnahme, der ***Erfüllung einer Verbindlichkeit***. Die Erfüllung einer Verbindlichkeit besteht etwa in der Übereignung eines Gegenstandes aufgrund eines wirksamen Kaufvertrags. Die Abwicklung der dinglichen Übereignung ist die Erfüllung der Verbindlichkeit, die sich aus dem Kaufvertrag ergibt.

Allgemein anerkannt ist außerdem, dass ein Insichgeschäft dann wirksam ist, wenn es für den Vertretenen ***lediglich rechtlich vorteilhaft*** ist. Auf diesen Terminus werde ich im Rahmen des Kapitels „Geschäftsfähigkeit" zurückkommen.

Wenn eine Gestattung (s.o.) das Insichgeschäft „rettet", muss eine ***Genehmigung*** zum selben Ergebnis führen. Als Genehmigung bezeichnet man die nachträgliche Zustimmung, hier also die Zustimmung nach Vornahme des Insichgeschäfts.

Fall 29

Der aufmerksame A erblickt im Second-Hand-Geschäft des G ein T-Shirt mit dem Aufdruck „In Law We Trust", das er sofort im Namen des mit ihm befreundeten Sammlers S kauft. G schickt das Shirt – wie von A erwünscht – mit Rechnung an S. Dieser ist empört. Gegenüber A stellt er klar, er sei mit dem geschlossenen Vertrag nicht einverstanden. Kurz darauf meldet sich der zwischenzeitlich bezüglich der Wirksamkeit des Vertrags unsicher gewordene G bei S und verlangt dessen Zustimmung zum Vertrag. Nach langen Diskussionen mit A erklärt S gegenüber G nach drei Wochen die Genehmigung.

Frage: Hat G gegen S einen Anspruch auf Kaufpreiszahlung ?

Lösungsskizze Fall 29

- G gegen S Kaufpreiszahlung gemäß § 433 II ?

I. Anspruch entstanden ?

1. Kaufvertrag, § 433 ?
= zwei übereinstimmende Willenserklärungen = Angebot und Annahme

a. Willenserklärung des S = Angebot ?

aa. persönliches Angebot = selbst ?

HIER (–) → S hat nicht selbst gehandelt

bb. Angebot durch Stellvertreter (= A) ?
= Zurechnung der Willenserklärung eines Dritten bei Stellvertretung, §§ 164 ff

(1) eigene Willenserklärung, § 164 I ? **(+)**

(2) im Namen des Vertretenen, § 164 I ? **(+)**

(3) mit Vertretungsmacht, § 164 I ?

HIER (–) → S hat dem A keine Vollmacht erteilt; eine gesetzliche Vertretungsmacht ist nicht ersichtlich

(4) <u>also</u>: Angebot durch Stellvertreter (= A) **(+)**,
<u>aber</u> Stellvertretung ohne Vertretungsmacht
→ aus § 177 ergibt sich, dass die Willenserklärung eines Vertreters ohne Vertretungsmacht nicht automatisch nichtig oder unwirksam ist; sollte G das Angebot angenommen haben, liegt ein schwebend unwirksamer Vertrag vor

cc. <u>also</u>: Willenserklärung des S = Angebot **(+)**

b. Willenserklärung des G = Annahme ? **(+)**

c. also: Kaufvertrag, § 433 (+), aber schwebend unwirksam

2. Wirksamkeit des Vertrags trotz fehlender Vertretungsmacht ?

a. Genehmigung, § 177 I ?
= nachträgliche Zustimmung (nach Vertragsschluss)

HIER (–) → zwar hat S gegenüber dem Geschäftsinhaber G letztlich eine Genehmigung des Vertrags ausgesprochen; insofern könnte man davon ausgehen, dass die vorher gegenüber A ausgesprochene Verweigerung der Genehmigung unwirksam ist (§ 177 II 1); S hat die Genehmigung aber erst drei Wochen nach der Aufforderung durch G diesem gegenüber erklärt; gemäß § 177 II 2 kann die Genehmigung jedoch nur binnen zwei Wochen nach der Aufforderung erklärt werden; die Genehmigung gilt als verweigert, wenn sie nicht innerhalb der genannten Frist erteilt wird

b. also: Wirksamkeit des Vertrags trotz fehlender Vertretungsmacht (–)
→ endgültige Unwirksamkeit des Vertrags (+)

3. also: Anspruch entstanden (–)

II. Ergebnis:
G gegen S Kaufpreiszahlung gemäß § 433 II (–)

Formulierungsvorschlag Fall 29

- G gegen S Kaufpreiszahlung gemäß § 433 II

G könnte gegen S einen Anspruch auf Kaufpreiszahlung gemäß § 433 II haben.

I. Dann müsste der Anspruch zunächst entstanden sein.

1. Dies setzt einen wirksamen Kaufvertrag, § 433 zwischen den Parteien voraus. Ein Kaufvertrag besteht aus zwei übereinstimmenden Willenserklärungen, Angebot und Annahme.

a. Fraglich ist, ob S ein Angebot unterbreitet hat.

aa. S hat nicht selbst gehandelt.

bb. Möglicherweise ist dem S jedoch das Handeln des A zuzurechnen. In Betracht kommt ein Handeln des A als Stellvertreter des S. Ob dem S das Handeln des A zugerechnet wird, bestimmt sich nach den §§ 164 ff.

Es liegt eine eigene Willenserklärung der A vor.

Zudem hat A im Namen des Vertretenen S gehandelt.

A müsste auch mit Vertretungsmacht gehandelt haben. S hat dem A keine Vollmacht erteilt. Eine gesetzliche Vertretungsmacht ist nicht ersichtlich. Also handelte A ohne Vertretungsmacht.

Die Willenserklärung des A ist trotz fehlender Vertretungsmacht dem S zuzurechnen. Aus § 177 ergibt sich, dass die Willenserklärung eines Vertreters ohne Vertretungsmacht nicht automatisch nichtig oder unwirksam ist. Sollte G das Angebot des S angenommen haben, liegt ein schwebend unwirksamer Vertrag vor.

cc. Es ist von einem Angebot des S auszugehen. Die fehlende Vertretungsmacht führt nicht automatisch zur endgültigen Unwirksamkeit.

b. G hat das Kaufangebot auch angenommen.

c. Also besteht ein Kaufvertrag zwischen G und S, der jedoch – wie aufgezeigt – schwebend unwirksam ist.

2. Der Vertrag könnte trotz fehlender Vertretungsmacht wirksam sein.

a. Um eine Wirksamkeit des Vertrags herbeizuführen, müsste der Vertretene eine Genehmigung (nachträglichen Zustimmung) im Sinne des § 177 erteilt haben. Zwar hat S gegenüber dem Geschäftsinhaber G letztlich eine Genehmigung des Vertrags ausgesprochen. Insofern könnte man davon ausgehen, dass die vorher gegenüber A ausgesprochene Verweigerung der Genehmigung unwirksam ist (§ 177 II 1). S hat die Genehmigung aber erst drei Wochen nach der Aufforderung durch G diesem gegenüber erklärt. Gemäß § 177 II 2 kann die Genehmigung jedoch nur binnen zwei Wochen nach der Aufforderung erklärt werden. Die Genehmigung gilt als verweigert, wenn sie nicht innerhalb der genannten Frist erteilt wird.

b. Also ist nicht von einer Wirksamkeit des Vertrags trotz fehlender Vertretungsmacht auszugehen. Der Vertrag ist endgültig unwirksam.

3. Demnach ist der Anspruch nicht entstanden.

II. G hat gegen S keinen Anspruch auf Kaufpreiszahlung gemäß § 433 II.

Fazit

1. Nach Bearbeitung der vorangegangenen Fälle dürfte der Aufbau keine Probleme bereitet haben. Ich möchte trotzdem noch einmal darauf eingehen und wiederhole mich deshalb an dieser Stelle:

Aus § 177 ergibt sich mittelbar, dass die Willenserklärung eines Vertreters ohne Vertretungsmacht nicht automatisch nichtig oder unwirksam ist. Ausweislich des Wortlauts des ***§ 177 I*** hängt die ***Wirksamkeit eines Vertrags*** (nicht nur einer Willenserklärung!) von der Genehmigung des Vertretenen ab. Der ***Vertrag***, der ohne Vertretungsmacht geschlossen worden ist, ist ***schwebend unwirksam***. Wenn die Genehmigung erfolgt, ist er wirksam. Wenn die Genehmigung nicht erfolgt, ist er unwirksam.

Noch einmal: Der Gesetzgeber geht – zunächst – von einem schwebend unwirksamen Vertrag aus. Das heißt aber zwangsläufig, dass die Willenserklärungen, die erst zum Vertragsschluss führen, nicht automatisch unwirksam sein können.

Und weil es so ist wie es ist, bietet sich der hier präsentierte Aufbau an. Wenn ihr festgestellt habt, dass ein schwebend unwirksamer Vertrag vorliegt, ist gleich anschließend die ***„Wirksamkeit des Vertrags trotz fehlender Vertretungsmacht“*** zu prüfen. Dann steht und fällt der Vertrag mit der ***Genehmigung***. Er ist endgültig wirksam oder endgültig unwirksam.

2. Probleme galt es im Bereich ***„Genehmigung“***, also der nach Vertragsschluss erteilten Zustimmung zu bearbeiten.

Nach Vertragsschluss hat S gegenüber dem Vertreter A die Genehmigung verweigert. Erst danach hat S gegenüber G die Genehmigung ausgesprochen. Vielleicht hat aber die Verweigerung der Genehmigung keine Auswirkungen, weil sie nach ***§ 177 II 1*** unwirksam ist. Sie ist unwirksam, wenn der Vertretene auf die Aufforderung des Geschäftspartners diesem gegenüber die Genehmigung erklärt. Zwar hat S gegenüber G die Genehmigung des Vertrags ausgesprochen. Er hat die Genehmigung aber erst drei Wochen nach der Aufforderung durch G diesem gegenüber erklärt. Die Genehmigung kann jedoch nur binnen zwei Wochen nach der Aufforderung erklärt werden, ***§ 177 II 2***. Somit ist die Genehmigung zu spät erteilt worden. Folglich ist die Verweigerung der Genehmigung gegenüber dem Vertreter nicht unwirksam, sondern (nach wie vor) wirksam.

3. Einen parallelen Fall, der dieselbe Problematik aufgreift, findet ihr im Kapitel „Geschäftsfähigkeit“. Für besonders Schnelle: Vergleicht doch einmal § 177 I und II mit § 108 I und II. Na? Bingo! Oft ist das BGB ein Baukasten.

Fall 30

Der aufmerksame A erblickt im Second-Hand-Geschäft des G ein T-Shirt mit dem Aufdruck „I Survived Law Studies", das er sofort im Namen des mit ihm befreundeten Sammlers S für 25 € kauft. G, der beim Vertragsschluss wusste, dass A keine Vertretungsmacht hat, schickt das Shirt – wie von A erwünscht – mit Rechnung an S. Weil S nicht direkt reagiert, wendet sich G an seinen Rechtsanwalt R. Dieser weist G darauf hin, dass er möglicherweise „etwas falsch gemacht" habe. R rät G dringend, eine Zustimmung zum Kauf baldigst vom Vertretenen S einzuholen. Also wendet sich G an S und fordert ihn zur Genehmigung auf. Während G auf die Genehmigung wartet, bekundet ein weiterer Kunde Interesse an dem T-Shirt und bietet spontan 100 €. Der eiligst kontaktierte Rechtsanwalt R rät dem geldgierigen G, doch einfach den Vertrag zu widerrufen und das T-Shirt zurückzufordern. Also erklärt G gegenüber A den Widerruf. Zwölf Tage nach der Aufforderung erklärt S dann die Genehmigung bezüglich des Vertrags.

Frage: Ist der Kaufvertrag im Verhältnis S – G wirksam ?

Lösungsskizze Fall 30

- Wirksamkeit des Kaufvertrags im Verhältnis S – G ?

I. Kaufvertrag, § 433 ?

= zwei übereinstimmende Willenserklärungen = Angebot und Annahme

1. Willenserklärung des S = Angebot ?

a. persönliches Angebot = selbst ?

HIER (–) → S hat nicht selbst gehandelt

b. Angebot durch Stellvertreter (= A) ?

= Zurechnung der Willenserklärung eines Dritten bei Stellvertretung, §§ 164 ff

aa. eigene Willenserklärung, § 164 I ? **(+)**

bb. im Namen des Vertretenen, § 164 I ? **(+)**

cc. mit Vertretungsmacht, § 164 I ?

HIER (–) → S hat dem A keine Vollmacht erteilt; eine gesetzliche Vertretungsmacht ist nicht ersichtlich

dd. also: Angebot durch Stellvertreter (= A) **(+),**
aber Stellvertretung ohne Vertretungsmacht

→ aus § 177 ergibt sich, dass die Willenserklärung eines Vertreters ohne Vertretungsmacht nicht automatisch nichtig oder unwirksam ist; sollte G das Angebot angenommen haben, liegt ein schwebend unwirksamer Vertrag vor

c. also: Willenserklärung des S = Angebot (+)

2. Willenserklärung des G = Annahme ? (+)

3. also: Kaufvertrag, § 433 (+), aber schwebend unwirksam

II. Wirksamkeit des Vertrags trotz fehlender Vertretungsmacht ?

1. Genehmigung, § 177 I ?
= nachträgliche Zustimmung (nach Vertragsschluss)

HIER (+) → G hat den Vertretenen S zur Genehmigung des Vertrags aufgefordert (§ 177 II 1) und S hat die Genehmigung erklärt; der gemäß § 178 S. 1 grundsätzlich bis zur Erteilung der Genehmigung mögliche Widerruf, der im Übrigen gemäß § 178 S. 2 auch gegenüber dem Vertreter erklärt werden darf, läuft leer; G hat zwar den Widerruf gegenüber dem Vertreter A erklärt, bevor S die Genehmigung erteilt hat; ein Widerrufsrecht ist aber gemäß § 178 S. 1 grundsätzlich ausgeschlossen wenn der Widerrufende den Mangel der Vertretungsmacht gekannt hat; G wusste, dass A ohne Vertretungsmacht handelte; damit ist das Widerrufsrecht ausgeschlossen; wegen des Ausschlusses des Widerrufsrechts konnte S die Genehmigung erklären; die Genehmigung ist gemäß § 177 II 2 i.V.m. 1 innerhalb von zwei Wochen nach der Aufforderung dem Auffordernden gegenüber zu erklären; S hat die Genehmigung gegenüber dem Auffordernden G zwölf Tage nach der Aufforderung, also innerhalb der geforderten Frist erklärt

2. also: Wirksamkeit des Vertrags trotz fehlender Vertretungsmacht (+)

III. Ergebnis:
Wirksamkeit des Kaufvertrags im Verhältnis S – G (+)

Formulierungsvorschlag Fall 30

- Wirksamkeit des Kaufvertrags im Verhältnis S – G

Fraglich ist, ob der Kaufvertrag im Verhältnis S – G wirksam ist.

I. Ein Kaufvertrag (§ 433) besteht aus zwei übereinstimmenden Willenserklärungen, Angebot und Annahme.

1. Fraglich ist, ob S ein Angebot unterbreitet hat.

a. S hat nicht selbst gehandelt.

b. Möglicherweise ist dem S jedoch das Handeln des A zuzurechnen. In Betracht kommt ein Handeln des A als Stellvertreter des S. Ob dem S das Handeln des A zugerechnet wird, bestimmt sich nach den §§ 164 ff.

aa. Es liegt eine eigene Willenserklärung der A vor.

bb. Zudem hat A im Namen des Vertretenen S gehandelt.

cc. A müsste auch mit Vertretungsmacht gehandelt haben. S hat dem A keine Vollmacht erteilt. Eine gesetzliche Vertretungsmacht ist nicht ersichtlich. Also handelte A ohne Vertretungsmacht.

dd. Die Willenserklärung des A ist trotz fehlender Vertretungsmacht dem S zuzurechnen. Aus § 177 ergibt sich, dass die Willenserklärung eines Vertreters ohne Vertretungsmacht nicht automatisch nichtig oder unwirksam ist. Sollte G das Angebot des S angenommen haben, liegt ein schwebend unwirksamer Vertrag vor.

c. Es ist von einem Angebot des S auszugehen. Die fehlende Vertretungsmacht führt nicht automatisch zur endgültigen Unwirksamkeit.

2. G hat das Kaufangebot auch angenommen.

3. Also besteht ein Kaufvertrag zwischen G und S, der jedoch – wie aufgezeigt – schwebend unwirksam ist.

II. Der Vertrag könnte trotz fehlender Vertretungsmacht wirksam sein.

1. Um eine Wirksamkeit des Vertrags herbeizuführen, müsste der Vertretene eine Genehmigung (nachträglichen Zustimmung) im Sinne des § 177 erteilt haben.

G hat den Vertretenen S zur Genehmigung des Vertrags aufgefordert (§ 177 II 1) und S hat die Genehmigung erklärt.

Fraglich ist, wie es sich auswirkt, dass G vor der Genehmigung des Vertrags durch S gegenüber A den Widerruf ausgesprochen hat. Zwar ist ein Widerruf gemäß § 178 S. 1 grundsätzlich bis zur Erteilung der Genehmigung möglich und darf im Übrigen gemäß § 178 S. 2 auch gegenüber dem Vertreter erklärt werden. G hat den Widerruf gegenüber dem Vertreter A erklärt, bevor S die Genehmigung erteilt hat. Ein Widerrufsrecht ist aber gemäß § 178 S. 1 grundsätzlich ausgeschlossen, wenn der Widerrufende den Mangel der Vertretungsmacht gekannt hat. G wusste, dass A ohne Vertretungsmacht handelte. Damit ist das Widerrufsrecht ausgeschlossen. Wegen des Ausschlusses des Widerrufsrechts konnte S die Genehmigung wirksam erklären. Letztlich ist zu beachten, dass die Genehmigung gemäß § 177 II 2 i.V.m. 1 innerhalb von zwei Wochen nach der Aufforderung dem Auffordernden gegenüber zu erklären ist. S hat die Genehmigung gegenüber dem Auffordernden G zwölf Tage nach der Aufforderung, also innerhalb der geforderten Frist erklärt.

Damit hat der Vertretene S eine Genehmigung im Sinne des § 177 erteilt.

2. Also ist von einer Wirksamkeit des Vertrags trotz fehlender Vertretungsmacht auszugehen.

III. Der Kaufvertrag ist im Verhältnis G – S wirksam.

Fazit

1. Die Problematik dieses Falls erschließt sich, wenn ihr nochmals das Fazit des vorigen Falls aufmerksam lest.

2. Abermals war der Punkt ***„Genehmigung"*** das Kernstück der Prüfung. Die Lösung erschloss sich über § 177 und § 178 (spätestens jetzt lesen).

   Hier hat G den Vertretenen S gemäß 177 II 1 zur Genehmigung des Vertrags aufgefordert und S hat die Genehmigung dann innerhalb der Zwei-Wochen-Frist des § 177 II 2 erklärt. Zwar hat G zwischenzeitlich den gemäß § 178 S. 1 grundsätzlich bis zur Erteilung der Genehmigung möglichen Widerruf erklärt. Die Erklärung durfte gemäß § 178 S. 2 auch dem Vertreter gegenüber erfolgen. Der Widerrufende G kannte aber den Mangel der Vertretungsmacht. Gemäß § 178 S. 1 läuft dann jedoch der Widerruf leer.

Fall 31

X denkt zu Unrecht, er sei durch Z beauftragt, dessen Yorkshire-Terrier „Tony“ zu veräußern. Er schließt mit dem bezüglich der Vertretungsmacht gutgläubigen G – der das Tier kennt – im Namen des Z einen entsprechenden Kaufvertrag. Hierin wird vereinbart, dass der Kaufpreis für den 350 € werten Hund 300 € betragen soll. Als G den Terrier bei Z abholen will, stellt sich der Irrtum des X heraus. Z verweigert empört die Übereignung von „Tony“. G wendet sich an X und verlangt Ersatz der tatsächlich für die Fahrt zu Z entstandenen Fahrtkosten in Höhe von 60 €.

Frage: Hat G gegen X einen Anspruch auf Ersatz der geforderten Fahrtkosten ?

Lösungsskizze Fall 31

- G gegen X Ersatz der Fahrtkosten (60 €) gemäß § 179 II ?

I. Anspruch entstanden ?

1. Unwirksamer Vertrag aufgrund mangelnder Vertretungsmacht ?

HIER (+) → X hat ohne Vertretungsmacht mit G einen Kaufvertrag geschlossen; ein ohne Vertretungsmacht geschlossener Vertrag ist zunächst schwebend unwirksam; die Wirksamkeit hängt von der Genehmigung, also der nachträglichen Zustimmung des Vertretenen ab, § 177 I; Z hat jedoch keine Genehmigung erteilt; also ist der Vertrag endgültig unwirksam

2. Unkenntnis des Vertreters bezüglich der mangelnden Vertretungsmacht ?

HIER (+) → X dachte zu Unrecht, es bestehe ein Auftrag und damit eine Vollmacht des Z, den Hund zu veräußern

3. Schaden ?

= ersetzt wird das negative Interesse, begrenzt durch das positive Interesse

HIER (+) → das negative Interesse = der Schaden, den G dadurch erlitten hat, dass er auf die Wirksamkeit des Vertrags vertraute, beträgt 60 €; limitiert, d.h. begrenzt ist das negative Interesse nur dann, wenn das positive Interesse = der Erfüllungsschaden wertmäßig das negative Interesse unterschreitet; das positive Interesse beträgt 50 €; hätte G den Hund von Z erworben, hätte er ein 350 € wertes Tier für 300 € erhalten; das positive Interesse (50 €) unterschreitet das negative Interesse (60 €); also ist das negative Interesse beschränkt; der zu ersetzende Vertrauensschaden beträgt demnach lediglich 50 €

***4. also: Anspruch entstanden* (+), jedoch nur in Höhe von 50 €**

II. Anspruch untergegangen ? (–)

III. Anspruch durchsetzbar ? **(+)**

IV. Ergebnis:
G gegen X Ersatz der Fahrtkosten gemäß § 179 II (+), jedoch nur in Höhe von 50 €

Formulierungsvorschlag Fall 31

- G gegen X Ersatz der Fahrtkosten (60 €) gemäß § 179 II

G könnte gegen X einen Anspruch auf Ersatz des Vertrauensschadens (sogenanntes negatives Interesse) in Höhe der Fahrtkosten (60 €) gemäß § 179 II haben.

I. Dann müsste der Anspruch zunächst entstanden sein.

1. Es müsste ein unwirksamer Vertrag aufgrund mangelnder Vertretungsmacht vorliegen. X hat ohne Vertretungsmacht mit G einen Kaufvertrag geschlossen. Ein ohne Vertretungsmacht geschlossener Vertrag ist zunächst schwebend unwirksam. Die Wirksamkeit hängt von der Genehmigung, also der nachträglichen Zustimmung des Vertretenen ab, § 177 I. Z hat jedoch keine Genehmigung erteilt. Also ist der Vertrag endgültig unwirksam.

2. Außerdem dürfte der Vertreter den Mangel der Vertretungsmacht nicht gekannt haben. X dachte zu Unrecht, es bestehe ein Auftrag und damit eine Vollmacht des Z, den Hund zu veräußern. Demnach kannte er den Mangel der Vertretungsmacht nicht.

3. G müsste einen Schaden im Sinne des § 179 II erlitten haben. § 179 II ersetzt den sogenannten Vertrauensschaden (= negatives Interesse), aber nur bis zur Höhe des sogenannten Erfüllungsschadens (= positives Interesse). Zunächst ist also das negative Interesse und dann das positive Interesse zu ermitteln, um anschließend beide Posten miteinander zu vergleichen. Sollte das positive Interesse niedriger sein als das negative Interesse, ist nur der niedrigere Wert zu ersetzen. Das negative Interesse, d.h. der Schaden, den G dadurch erlitten hat, dass er auf die Wirksamkeit des Vertrags vertraute, beträgt 60 € (Fahrtkosten). Das positive Interesse beträgt 50 €. Hätte G den Hund von Z erworben, hätte er ein 350 € wertes Tier für 300 € erhalten. Das positive Interesse (50 €) unterschreitet das negative Interesse (60 €). Also ist das negative Interesse beschränkt. Der zu ersetzende Vertrauensschaden beträgt folglich lediglich 50 €.

4. Demnach ist der Anspruch entstanden, jedoch nur in Höhe von 50 €.

II. Der Anspruch ist nicht untergegangen.

III. Er ist auch durchsetzbar.

IV. G hat gegen X einen Anspruch auf Ersatz der Fahrtkosten gemäß § 179 II, jedoch nur in Höhe von 50 €.

Fazit

1. ***§ 179 II*** ersetzt den sogenannten ***Vertrauensschaden*** (negatives Interesse), aber nur in Höhe des sogenannten Erfüllungsschadens (positives Interesse). Zunächst ist also das negative Interesse und dann das positive Interesse zu ermitteln, um beide Posten miteinander zu vergleichen. Sollte das positive Interesse niedriger sein als das negative Interesse, ist nur der niedrigere Wert zu ersetzen. Der Sinn des Ganzen ist der folgende: Der Anspruchsteller soll nicht besser gestellt werden, als wenn der Schuldner den Vertrag erfüllt hätte.

   Zur abrundenden Veranschaulichung ein ***Beispiel:*** X verkauft (§ 433) dem Y im Namen des Z für 99 Cent einen Goldfisch, der 1 € wert ist. Y fährt für 10 € mit öffentlichen Verkehrsmitteln zu Z, bei dem nach Aussage des X die Übereignung stattfinden soll. Als Y erscheint, stellt sich heraus, dass X zu Unrecht dachte, mit Vertretungsmacht zu handeln. Welchen Schaden kann Y gegen X über § 179 II geltend machen?

   Nach obigen Grundsätzen kann er – bei Vorliegen aller Voraussetzungen des § 179 II – das negative Interesse, begrenzt durch das positive Interesse, geltend machen. Das negative Interesse (Frage: Wie würde der Gläubiger stehen, wenn er den Schuldner nie getroffen hätte?) beträgt 10 €. Y hätte dann nämlich keinen Vertrag geschlossen und wäre nicht für 10 € zu Z gefahren. Das positive Interesse (Frage: Wie würde der Gläubiger stehen, wenn der Schuldner erfüllt hätte?) beträgt aber lediglich 1 Cent. Bei Erfüllung des Vertrags durch X wäre das Vermögen des Y lediglich um diesen Betrag angewachsen. Er hätte einen Goldfisch für 99 Cent erhalten, der einen Wert von 1 € hat. Y kann über § 179 II also nur 1 Cent von X verlangen. Wäre der Vertrag ordnungsgemäß erfüllt worden, hätte Y ebenfalls 10 € für die Fahrt aufgewendet. Und er hätte diesen Betrag von niemandem einfordern können. Warum auch?!

2. Lest bitte zum Kapitel „Stellvertretung" abschließend ***§ 179 I***. Unter Berücksichtigung des Wortlauts des ***§ 179 II*** besteht gegen den Vertreter, der den Mangel der Vertretungsmacht kennt, ein Anspruch auf Erfüllung oder wahlweise auf Ersatz des Schadens, den der andere Teil dadurch erleidet, dass er auf die Vertretungsmacht vertraut. Der Anspruch besteht natürlich nur, wenn der Vertretene die Genehmigung des Vertrags verweigert.

   Unter den Voraussetzungen des ***§ 179 III*** (lesen!) haftet der Vertreter nicht.

3. Auf den folgenden Seiten dürft ihr euch mit Fällen zur Geschäftsfähigkeit herumärgern ...

Geschäftsfähigkeit

- Eine kleine Einführung

Ein weiteres Feld, das ihr in manchen Klausuren (und Hausarbeiten) beackern müsst, heißt „Geschäftsfähigkeit“ und beschäftigt sich – wer hätt's gedacht – mit der Frage, ob alle Beteiligten geschäftsfähig sind bzw. waren. Anknüpfungspunkt für diesen Komplex ist § 105, der u.a. bestimmt: „Die Willenserklärung eines Geschäftsunfähigen ist nichtig.“ Das bedeutet im Umkehrschluss, dass die Willenserklärung einer geschäftsfähigen Person nicht nichtig, also wirksam ist. Und wer ist geschäftsfähig? Die Antwort ergibt sich durch einen Rückschluss aus § 104, § 106 und § 2 (Jaja, so weit vorne. Lesen!). § 104 zählt auf, wer auf jeden Fall geschäftsunfähig ist. Das sind insbesondere Personen, die noch nicht sieben Jahre alt sind. § 106 führt weiter aus, dass Minderjährige, die schon sieben Jahre alt sind, beschränkt geschäftsfähig sind. Es fehlt also nur noch eine Angabe des Gesetzgebers, wie alt man sein muss, um nicht mehr nur minderjährig und damit nur beschränkt geschäftsfähig zu sein. Die Antwort findet sich in § 2, der lapidar aufzeigt: „Die Volljährigkeit tritt mit der Vollendung des achtzehnten Lebensjahres ein.“ Na also, mit 18 ist man demnach voll geschäftsfähig. Und die Willenserklärung (WE) eines voll Geschäftsfähigen ist grundsätzlich wirksam (wenn nicht irgendeine andere kleine Schweinerei passiert). Noch einmal:

0 – 6 Jahre	→ ***nicht geschäftsfähig***	= WE nichtig = ***unwirksam***
7 – 17 Jahre	→ ***beschränkt geschäftsfähig***	= WE ***vielleicht wirksam***
ab 18 Jahre	→ ***voll geschäftsfähig***	= WE ***wirksam***.

Jetzt fragt es sich nur noch, wo, wie und wann die einzelnen Stufen der Geschäftsfähigkeit in eine Prüfung einzubauen sind.

Grundsatz ist – wie so oft – der folgende: Solange nix passiert, muss auch nix geprüft werden. Soll heißen: Wenn alle Beteiligten ***voll geschäftsfähig*** sind, ist auf den denkbaren Prüfungspunkt „Geschäftsfähigkeit“ mit keinem Wort einzugehen.

Der Ärger beginnt, wenn (in Klausuren meist) eine (oder seltener beide oder ...) der beteiligten Personen nur ***beschränkt geschäftsfähig*** ist („Der sieben Jahre alte ...“; „Die siebzehn Jahre alte ...“). Dann ist Vorsicht angesagt. Innerhalb der Prüfung ist zu hinterfragen, ob die betreffende Person überhaupt eine wirksame Willenserklärung abgegeben hat. Wie das funktioniert, werdet ihr in den folgenden Fällen sehen.

Prüfungstechnisch relativ unkompliziert ist es, wenn ihr euch mit der Frage auseinandersetzt, ob eine ***nicht geschäftsfähige*** Person eine – dann nichtige = unwirksame – Willenserklärung abgegeben hat. Auch wie das funktioniert, werdet ihr in den folgenden Fällen sehen.

Fall 32

Der sechsjährige S eilt frohgemut in das Spielzeugfachgeschäft des F, das einem Freund seines alleinerziehenden Vaters V gehört. Dort stöbert er nach Herzenslust und entscheidet sich zum Kauf einer „Action-Figur“ aus Plastik, die den martialischen Namen „Killer-Kurt“ trägt. Dem F erklärt er an der Kasse, er werde die Figur schon einmal mitnehmen und den Kaufpreis in Höhe von 20 € am nächsten Tag von seinem Taschengeld bezahlen. F ist einverstanden. Als S in den folgenden Tagen nichts von sich hören lässt, wendet sich F an V. Auf die Frage, wie es denn mit der Bezahlung für die Figur aussehe, antwortet V: „Diese Figuren sind doch Mumpitz. Ich bin gegen solches Spielzeug. Du kannst den Kram zurückhaben.“ F will aber nicht die Figur, sondern den Kaufpreis.

Frage: Hat F einen Anspruch auf Kaufpreiszahlung gegen S ?

Lösungsskizze Fall 32

- F gegen S Kaufpreiszahlung gemäß § 433 II ?

I. Anspruch entstanden ?

1. Kaufvertrag, § 433 ?
= zwei übereinstimmende Willenserklärungen = Angebot und Annahme

a. Willenserklärung des S = Angebot ?

aa. Angebot ?

HIER (+) → S hat an der Kasse des Spielzeugfachgeschäfts ein Angebot zum Kauf der Figur für 20 € unterbreitet

bb. Nichtigkeit der Willenserklärung des S = des Angebots wegen Geschäftsunfähigkeit, §§ 104 Nr. 1, 105 I ?
= bei Nichtvollendung des siebenten Lebensjahres

HIER (+) → F war zum Zeitpunkt des Kaufs erst sechs Jahre alt

cc. also: Willenserklärung des S = Angebot **(–)**

b. also: Kaufvertrag, § 433 **(–)**

2. also: Anspruch entstanden **(–)**

II. Ergebnis:
F gegen S Kaufpreiszahlung gemäß § 433 II (–)

Formulierungsvorschlag Fall 32

- F gegen S Kaufpreiszahlung gemäß § 433 II

F könnte gegen S einen Anspruch auf Kaufpreiszahlung gemäß § 433 II haben.

I. Dann müsste der Anspruch zunächst entstanden sein.

1. Dies setzt einen wirksamen Kaufvertrag, § 433 zwischen den Parteien voraus. Ein Kaufvertrag besteht aus zwei übereinstimmenden Willenserklärungen, Angebot und Annahme.

a. Fraglich ist, ob S ein Angebot unterbreitet hat.

aa. S hat an der Kasse des Spielzeugfachgeschäfts ein Angebot zum Kauf der Figur für 20 € unterbreitet.

bb. Die Willenserklärung (das Angebot) könnte wegen Geschäftsunfähigkeit gemäß §§ 104 Nr. 1, 105 I nichtig sein. S war zum Zeitpunkt des Kaufs sechs Jahre alt, hatte also das siebente Lebensjahr nicht vollendet. Er war geschäftsunfähig, § 104 Nr. 1. Die Willenserklärung eines Geschäftsunfähigen ist nichtig, § 105 I.

cc. Demnach liegt kein wirksames Angebot des S vor.

b. Also besteht kein Kaufvertrag zwischen F und S.

2. Demnach ist der Anspruch nicht entstanden.

II. F hat gegen S keinen Anspruch auf Kaufpreiszahlung gemäß § 433 II.

Fazit

1. Wenn innerhalb der Prüfung eines Anspruchs aus einem gegenseitigen Vertrag (hier Kaufvertrag) das Problem der ***Geschäftsunfähigkeit*** auftaucht, herrscht bei vielen Ratlosigkeit. Nicht etwa, weil die Geschäftsunfähigkeit mit riesigen Tücken aufwartet, sondern weil der genaue Prüfungsstandort der Geschäftsunfähigkeit nicht so ganz klar ist. Lehrbücher beschränken sich üblicherweise mit einer allgemeinen Darstellung der Geschäftsunfähigkeit. Ganz clevere Autoren setzen mit der Präsentation eines Formulierungsvorschlags erst bei der Geschäftsunfähigkeit („Die Willenserklärung könnte jedoch wegen Geschäftsunfähigkeit nichtig sein. ...") an, zeigen aber meist nicht auf, was vorher und nachher zu schreiben ist. Da die Geschäftsunfähigkeit – im Gegensatz zu den meisten anderen Nichtigkeitsgründen – nicht an den Vertrag als solchen anknüpft, sondern nur an die einzelne Willenserklärung (§ 105: „Die Willenserklärung ... ist nichtig"), ist es müßig, erst Angebot und Annahme und damit den Vertrag zu bejahen, um dann zu fragen, ob denn der Vertrag nichtig ist. Das Geschäftsunfähigkeitsproblem ist schon innerhalb der jeweiligen Prüfung des Angebots bzw. der Annahmeerklärung relevant. Sollte schon das An-

gebot – wie in unserem Fall – wegen Geschäftsunfähigkeit nichtig sein, kommt ihr gar nicht zur Prüfung der Annahmeerklärung, sondern könnt schon nach der Angebotsprüfung feststellen, dass gar kein wirksamer Vertrag vorliegt.

2. Manche mögen sich auf den „Taschengeldparagraf" (§ 110) oder auf § 108 gestürzt haben. Auf diese Normen kommt es aber gar nicht an. Wer erst sechs (und eben noch nicht sieben) Jahre alt ist, ist nicht geschäftsfähig (§§ 104, 105). Nur innerhalb der Prüfung der beschränkten Geschäftsfähigkeit, die gemäß § 106 erst ab der Vollendung des siebenten Lebensjahres beginnt, werden § 108 bzw. – der etwas missverständlich formulierte – § 110 relevant. Soll heißen: Erst wer sieben Jahre alt ist, kann (u.a.) unter den Voraussetzungen des § 108 bzw. des § 110 etwas kaufen.

3. Ein sachenrechtlicher Exkurs: Die Übereignung (§ 929 S. 1) der Figur ist nicht etwa lediglich rechtlich vorteilhaft im Sinne des § 107, also wirksam. Sie ist vielmehr unwirksam. Die Übereignung besteht nämlich aus Einigung und Übergabe. Die Einigung wiederum besteht aus zwei Willenserklärungen, dem Angebot zur Eigentumsübertragung und der Annahme dieses Angebots. Und von wem geht das Angebot zur Eigentumsübertragung aus? Wenn es von einem Geschäftsunfähigen ausgeht, scheitert die Wirksamkeit wegen §§ 104 Nr. 1, 105 I. Wenn das Angebot zur Eigentumsübertragung von einem Geschäftsfähigen – gegenüber dem Geschäftsunfähigen – ausgesprochen wird, ist § 131 I (lesen) zu beachten. Und wenn ihr diese Hürde genommen habt, ist zu beachten, dass der Geschäftsunfähige das Angebot wegen §§ 104 Nr. 1, 105 I nicht wirksam annehmen kann.

4. Abschließend mag ich ***weitere Nichtigkeitsgründe im Rahmen der §§ 104, 105*** aufführen.

Nichtigkeit der Willenserklärung ***nach §§ 104 Nr. 2, 105 I***: Die Voraussetzungen ergeben sich direkt aus § 104 Nr. 2. Der die Willenserklärung Abgebende muss sich in einem die freie Willensbestimmung ausschließenden – nicht nur vorübergehenden – Zustand krankhafter Störung der Geistestätigkeit befinden.

Nichtigkeit der Willenserklärung ***nach § 105 II***: Hier lauert eine böse Tücke. Die vorübergehende Störung der Geistestätigkeit reicht nach dem Wortlaut des § 105 II für eine Nichtigkeit aus. Es ist jedoch zusätzlich ein Ausschluss der freien Willensbestimmung zu fordern. Dies ergibt sich aus einem Vergleich des § 105 II mit der Regelung des § 104 Nr. 2; die letztgenannte Norm bestimmt in Verbindung mit § 105 I, dass eine Willenserklärung nichtig ist, die in einem die freie Willensbestimmung ausschließenden Zustande krankhafter Störung der Geistestätigkeit erklärt wird, falls der Zustand nicht nur ein vorübergehender ist. Die alleinige Berücksichtigung des Wortlautes des § 105 II hätte ein krasses Missverhältnis zur Wertung des § 104 Nr. 2 zur Folge, der bei einer krankhaften Störung der Geistestätigkeit zusätzlich den Ausschluss der freien Willensbestimmung voraussetzt, während § 105 II lediglich eine vorübergehende Störung der Geistestätigkeit fordert.

5. Zur Abrundung eures Grundwissens bezüglich der Geschäftsunfähigkeit solltet ihr jetzt – und nicht erst wieder später – ***§ 105a*** lesen.

Dort geht es um ***volljährige Geschäftsunfähige***.

Fall 33

Der siebenjährige S eilt frohgemut in das Spielzeugfachgeschäft des F, das einem Freund seines alleinerziehenden Vaters V gehört. Dort stöbert er nach Herzenslust und entscheidet sich zum Kauf einer „Action-Figur" aus Plastik, die den martialischen Namen „Bomben-Bob" trägt. Dem F erklärt er an der Kasse, er werde die Figur schon einmal mitnehmen und den Kaufpreis in Höhe von 20 € am nächsten Tag von seinem Taschengeld bezahlen. F ist einverstanden. Als S in den folgenden Tagen nichts von sich hören lässt, wendet sich F an V. Auf die Frage, wie es denn mit der Bezahlung für die Figur aussehe, antwortet V: „Diese Figuren sind doch Mumpitz. Ich bin gegen solches Spielzeug. Du kannst den Kram zurückhaben." F will aber nicht die Figur, sondern den Kaufpreis.

Frage: Hat F einen Anspruch auf Kaufpreiszahlung gegen S ?

Lösungsskizze Fall 33

- F gegen S Kaufpreiszahlung gemäß § 433 II ?

I. Anspruch entstanden ?

1. Kaufvertrag, § 433 ?
= zwei übereinstimmende Willenserklärungen = Angebot und Annahme

a. Willenserklärung des S = Angebot ?

aa. Angebot ?

HIER (+) → S hat an der Kasse des Spielzeugfachgeschäfts ein Angebot zum Kauf der Figur für 20 € unterbreitet

bb. Nichtigkeit der Willenserklärung des S = des Angebots wegen Geschäftsunfähigkeit, §§ 104, 105 ?
= bei Nichtvollendung des siebenten Lebensjahres

HIER (−) → S war zum Zeitpunkt des Kaufs bereits sieben Jahre alt und damit gemäß § 106 beschränkt geschäftsfähig

cc. Nichtigkeit der Willenserklärung des S = des Angebots wegen beschränkter Geschäftsfähigkeit, §§ 107 ff ?

HIER (−) → aus den §§ 107 ff ergibt sich, dass die Willenserklärung eines beschränkt Geschäftsfähigen nicht automatisch nichtig oder unwirksam ist; sollte F das Angebot des S angenommen haben, liegt ein schwebend unwirksamer Vertrag vor

dd. also: Willenserklärung des S = Angebot (+)

b. Willenserklärung des F = Annahme ?

HIER (+) → F hat das Angebot angenommen

c. also: Kaufvertrag, § 433 (+), aber schwebend unwirksam

2. Wirksamkeit des Vertrags trotz beschränkter Geschäftsfähigkeit?

a. lediglich rechtlicher Vorteil, § 107 ?

HIER (–) → S hat sich durch den Kaufvertrag auch verpflichtet, den Kaufpreis zu zahlen

b. Einwilligung, § 107 ?
= vorherige Zustimmung (vor Abgabe der Willenserklärung)

HIER (–) → der gesetzliche Vertreter V hat vor der Abgabe der Willenserklärung durch S nicht dem Kauf zugestimmt

c. stillschweigende Einwilligung und Bewirken, § 110 ?
= Bewirken der vertragsmäßigen Leistung mit Mitteln, die dem Minderjährigen zur freien Verfügung überlassen worden sind

HIER (–) → zwar handelt es sich bei Taschengeld um Mittel i.S.d. § 110, S hat den Kaufpreis aber (noch) nicht bezahlt, also die Leistung nicht bewirkt

d. Genehmigung, § 108 ?
= nachträgliche Zustimmung (nach Vertragsschluss)

HIER (–) → V hat durch sein Verhalten seine Ablehnung bekundet

e. also: Wirksamkeit d. Vertrags trotz beschränkter Geschäftsfähigkeit (–)
→ endgültige Unwirksamkeit des Vertrags (+)

3. also: Anspruch entstanden (–)

II. Ergebnis:
F gegen S Kaufpreiszahlung gemäß § 433 II (–)

Formulierungsvorschlag Fall 33

- F gegen S Kaufpreiszahlung gemäß § 433 II

F könnte gegen S einen Anspruch auf Kaufpreiszahlung gemäß § 433 II haben.

I. Dann müsste der Anspruch zunächst entstanden sein.

1. Dies setzt einen wirksamen Kaufvertrag, § 433 zwischen den Parteien voraus. Ein Kaufvertrag besteht aus zwei übereinstimmenden Willenserklärungen, Angebot und Annahme.

a. Fraglich ist, ob S ein Angebot unterbreitet hat.

aa. S hat an der Kasse des Spielzeugfachgeschäfts ein Angebot zum Kauf der Figur für 20 € unterbreitet.

bb. Die Willenserklärung (das Angebot) könnte wegen Geschäftsunfähigkeit gemäß §§ 104 Nr. 1, 105 I nichtig sein. S war zum Zeitpunkt des Kaufs schon sieben Jahre alt und damit gemäß § 106 bereits beschränkt geschäftsfähig. Eine Nichtigkeit der Willenserklärung gemäß § 105 I scheidet mithin aus.

cc. Fraglich ist, ob die Willenserklärung (das Angebot) wegen der beschränkten Geschäftsfähigkeit des S unwirksam ist. Aus den §§ 107 ff ergibt sich, dass die Willenserklärung eines beschränkt Geschäftsfähigen nicht automatisch nichtig oder unwirksam ist. Sollte F das Angebot des S angenommen haben, liegt ein schwebend unwirksamer Vertrag vor.

dd. Es ist von einem Angebot des S auszugehen. Die Minderjährigkeit führt nicht automatisch zur endgültigen Unwirksamkeit.

b. F hat das Angebot angenommen.

c. Also besteht ein Kaufvertrag zwischen F und S, der jedoch – wie aufgezeigt – schwebend unwirksam ist.

2. Der Vertrag könnte trotz beschränkter Geschäftsfähigkeit wirksam sein. Er ist wirksam, wenn die zum Vertragsschluss führende Willenserklärung des Minderjährigen lediglich rechtlich vorteilhaft ist oder eine Einwilligung (= vorherige Zustimmung) des gesetzlichen Vertreters vorliegt, § 107 bzw. § 110. Ansonsten hängt die Wirksamkeit des Vertrags von der Genehmigung (= nachträgliche Zustimmung) des gesetzlichen Vertreters ab, § 108.

a. Es könnte ein lediglich rechtlicher Vorteil bestehen, § 107. Verpflichtet sich ein Minderjähriger innerhalb eines gegenseitigen Vertrags, erlangt er nicht nur einen rechtlichen Vorteil, sondern verpflichtet sich seinerseits. S hat sich durch den Kaufvertrag auch verpflichtet, den Kaufpreis zu zahlen. Das Geschäft ist also nicht lediglich rechtlich vorteilhaft.

b. Fraglich ist, ob eine Einwilligung (vorherige Zustimmung) des gesetzlichen Vertreters zur Willenserklärung des Minderjährigen vorliegt. Der gesetzliche Vertreter V des S hat vor der Abgabe der Willenserklärung durch S dem Kauf nicht zugestimmt. Insofern scheidet eine Einwilligung im Sinne des § 107 aus.

c. Die Wirksamkeit des Vertrags resultiert auch nicht aus einem Bewirken aufgrund stillschweigender Einwilligung im Sinne des § 110. Zwar handelt es sich bei Taschengeld um Mittel, die dem Minderjährigen zur freien Verfügung überlassen worden sind. S hat den Kaufpreis aber (noch) nicht bezahlt, also die Leistung nicht bewirkt.

d. Um eine Wirksamkeit des Vertrags herbeizuführen, müsste der gesetzliche Vertreter V eine Genehmigung im Sinne des § 108 erteilt haben. V hat jedoch durch sein Verhalten gerade seine Ablehnung bekundet, also keine Genehmigung erteilt.

e. Also ist nicht von einer Wirksamkeit des Vertrags trotz beschränkter Geschäftsfähigkeit auszugehen. Der Vertrag ist endgültig unwirksam.

3. Demnach ist der Anspruch nicht entstanden.

II. F hat gegen S keinen Anspruch auf Kaufpreiszahlung gemäß § 433 II.

Fazit

1. Bis auf die Altersangabe und die Benennung der Figur war dieser Fall identisch mit dem vorigen Fall. Der Anspruchsgegner war dort sechs Jahre, hier jedoch sieben Jahre alt. Während ein Sechsjähriger geschäftsunfähig ist, ist ein Siebenjähriger allerdings bereits ***beschränkt geschäftsfähig***. Dies ergibt sich aus ***§ 106***.

2. Der ***Prüfungsaufbau*** ist bei der beschränkten Geschäftsfähigkeit ein anderer als bei der Geschäftsunfähigkeit. Auch das habt ihr in diesem Fall erleben dürfen.

Im Kapitel ***„Stellvertretung"*** seid ihr ab Fall 18 mit einem grundsätzlich vergleichbaren Aufbau konfrontiert worden. Dort ergab sich aus ***§ 177*** mittelbar, dass die Willenserklärung eines Vertreters ohne Vertretungsmacht nicht automatisch nichtig oder unwirksam ist. Ausweislich des Wortlauts des § 177 I hängt die Wirksamkeit des Vertrags (nicht nur der Willenserklärung) von der Genehmigung des Vertretenen ab. Der ***Vertrag***, der ohne Vertretungsmacht geschlossen worden ist, ist ***schwebend unwirksam***. Deshalb war gleich nach der Feststellung, dass ein schwebend unwirksamer Vertrag vorliegt, die ***„Wirksamkeit des Vertrags trotz fehlender Vertretungsmacht"*** zu prüfen. Wenn die Genehmigung erfolgt, ist der Vertrag wirksam. Wenn die Genehmigung nicht erfolgt, ist er unwirksam.

§ 108 bedient sich im Rahmen der beschränkten Geschäftsfähigkeit einer der des § 177 vergleichbaren Systematik. Aus ***§ 108*** ergibt sich mittelbar, dass die Willenserklärung eines beschränkt Geschäftsfähigen nicht automatisch nichtig oder unwirksam ist. Ausweislich des Wortlauts des § 108 I hängt die Wirksamkeit des Vertrags (nicht nur der Willenserklärung) von der Genehmigung des gesetzlichen Vertreters ab, wenn kein lediglich rechtlicher Vorteil vorliegt und keine Einwilligung erfolgt ist. Der ***Vertrag***, den der beschränkt Geschäftsfähige geschlossen hat, ist ***schwebend unwirksam***. Deshalb ist nach der Feststellung, dass ein schwebend unwirksamer Vertrag vorliegt, die ***„Wirksamkeit des Vertrags trotz beschränkter Geschäftsfähigkeit"*** zu prüfen.

3. Um Missverständnisse auszuräumen: Innerhalb des Punktes „Wirksamkeit des Vertrags trotz beschränkter Geschäftsfähigkeit" habe ich nicht nur geprüft, ob eine Genehmigung erteilt worden ist. Vorher habe ich beleuchtet, ob ein lediglich rechtlicher Vorteil gegeben ist, eine Einwilligung erfolgt ist oder aufgrund einer stillschweigenden Einwilligung bewirkt wurde. Streng genommen präsentiert sich die Prüfung des „lediglich rechtlichen Vorteils" und der „Einwilligung" an dieser Stelle als Systembruch. Lest bitte ***§ 107***. Dort ist ausgeführt, dass sich der lediglich rechtliche Vorteil und die Einwilligung auf die ***Willenserklärung*** beziehen. Beide Punkte hätten demnach bereits innerhalb der „Willenserklärung" geprüft werden können. Andererseits sollte sich die Prüfung der „stillschweigenden Einwilligung" und der „Genehmigung" ausweislich des Wortlauts der ***§§ 110 und 108*** auf den ***Vertrag*** beziehen, also nicht bereits auf die einzelne Willenserklärung. Ich halte eine getrennte Prüfung aber für zu kompliziert.

4. Ein ***„lediglich rechtlicher Vorteil"*** im Sinne des § 107 ist nicht mit dem wirtschaftlichen Vorteil zu verwechseln. So erlangt der Minderjährige z.B. keinen lediglich rechtlichen Vorteil, wenn er einen Kaufvertrag bezüglich einer wertvollen Kaufsache für einen geringen Kaufpreis schließt. Ein lediglich rechtlicher Vorteil ist bei schuldrechtlichen gegenseitigen Verträgen im Regelfall ausgeschlossen, weil sich der Minderjährige zu einer Leistung verpflichtet. Beispielsweise verpflichtet er sich beim Abschluss eines Kaufvertrags zur Übereignung und Übergabe der Kaufsache oder des Kaufpreises. Als Gegenbeispiel sei der Schenkungsvertrag genannt, durch den der Minderjährige einen Anspruch auf Übereignung der Schenksache erlangt.

Die ***„Einwilligung"*** im Sinne des § 107 bezeichnet die seitens des gesetzlichen Vertreters vor dem Vertragsschluss ausgesprochene ausdrückliche Zustimmung zum Vertragsschluss.

§ 110 stellt auf das Bewirken der vertragsmäßigen Leistung mit Mitteln ab, die der Minderjährige zu diesem Zweck oder zur freien Verfügung erhalten hat. Die Norm wird deshalb vielfach auch als „Taschengeldparagraf" bezeichnet. Wenn der Minderjährige bereits vor dem Vertragsschluss Mittel erhalten hat, stellt dies de facto eine ***„stillschweigende Einwilligung"***, also eine vor dem Vertragsschluss erfolgte Zustimmung dar. Achtet darauf, dass § 110 zusätzlich ein ***„Bewirken"*** erfordert.

Die ***„Genehmigung"*** im Sinne des § 108 bezeichnet die seitens des gesetzlichen Vertreters nach dem Vertragsschluss ausgesprochene ausdrückliche Zustimmung zum Vertragsschluss.

Fall 34

Der siebenjährige S eilt frohgemut in das Spielzeugfachgeschäft des F, das einem Freund seines alleinerziehenden Vaters V gehört. Dort stöbert er nach Herzenslust und entscheidet sich zum Kauf einer „Action-Figur" aus Plastik, die den martialischen Namen „Metzel-Mike" trägt. Dem F erklärt er an der Kasse, er werde die Figur schon einmal mitnehmen und den Kaufpreis in Höhe von 20 € am nächsten Tag von seinem Taschengeld bezahlen. F ist einverstanden und erklärt: „Die Figur gehört dir. Bis morgen also." S entschwindet mit einem fröhlichen „Danke" aus dem Laden. Als S am nächsten Tag nicht erscheint und auch in den folgenden Tagen nichts von sich hören lässt, wendet sich F an V, den gesetzlichen Vertreter des S. Auf die Frage, wie es denn mit der Bezahlung für die Figur aussehe, antwortet V: „Diese Figuren sind doch Mumpitz. Ich bin gegen solches Spielzeug." Daraufhin verlangt F von S Herausgabe der Figur.

Frage: Hat F einen Anspruch auf Herausgabe der Figur gemäß § 985 ?

Lösungsskizze Fall 34

- F gegen S Herausgabe der Figur gemäß § 985 ?

I. Anspruch entstanden ?

1. Voraussetzungen des § 985 ?

a. Anspruchsgegner (S) ist Besitzer ? **(+)**

b. Anspruchsteller (F) ist Eigentümer ?

aa. ursprünglich **(+)**

bb. Eigentumsverlust des F durch Eigentumserwerb des S von F gemäß § 929 S. 1 ?
= Erwerb des S vom Berechtigten F

(1) Einigung ?
= dinglicher Vertrag zwischen Veräußerer und Erwerber über den Eigentumsübergang

HIER (+) → spätestens mit den Worten „Die Figur gehört dir" hat F erklärt, er wolle die Figur an S übereignen; S hat sich bedankt und so zum Ausdruck gebracht, er wolle das Angebot auf Eigentumsübertragung annehmen; S ist zwar erst sieben Jahre alt und damit nur beschränkt geschäftsfähig (§ 106); aus den §§ 107 ff ergibt sich, dass die Willenserklärung eines beschränkt Geschäftsfähigen nicht automatisch nichtig oder unwirksam ist; durch die Einigung bezüglich des Eigentumsübergangs erlangt S – wenn noch eine wirksame Übergabe der Sache erfolgt – Eigentum an der Sache;

der Eigentumserwerb der Sache als solcher – und damit auch die Einigung bezüglich des Eigentumsübergangs – ist immer lediglich rechtlich vorteilhaft; eine etwaige Unwirksamkeit des der Übereignung zugrunde liegenden Kaufvertrags hat auf die Übereignung keinen Einfluss (Abstraktionsprinzip)

(2) Übergabe ?
= Veräußerer verliert Besitz und Erwerber erlangt Besitz

HIER (+) → S hat die Figur mit Billigung des F mitgenommen

(3) Einigsein im Zeitpunkt der Vollendung des Erwerbstatbestands ?
= keine der Willenserklärungen darf widerrufen worden sein

HIER (+) → kein Widerruf

(4) Berechtigung des Veräußerers ?

HIER (+) → F ist verfügungsbefugter Eigentümer

(5) also: Eigentumsverlust des F durch Eigentumserwerb des S vom Berechtigten F gemäß § 929 S. 1 **(+)**

cc. also: Anspruchsteller (F) ist Eigentümer **(–)**

c. also: Voraussetzungen des § 985 **(–)**

2. also: Anspruch entstanden **(–)**

II. Ergebnis:
F gegen S Herausgabe der Figur gemäß § 985 (–)

Formulierungsvorschlag Fall 34

- F gegen S Herausgabe der Figur gemäß § 985

F könnte gegen S einen Anspruch auf Herausgabe der Figur gemäß § 985 haben.

I. Dann müsste der Anspruch entstanden sein.

1. Nach § 985 muss der Anspruchsteller Eigentümer und der Anspruchsgegner Besitzer der Sache sein.

a. Anspruchsgegner S ist Besitzer der Figur.

b. Anspruchsteller F müsste Eigentümer der Figur sein.

aa. Ursprünglich war er Eigentümer.

bb. Er hätte jedoch sein Eigentum verloren, wenn S seinerseits Eigentum erworben hat. In Betracht kommt ein Eigentumserwerb des S vom Berechtigten F gemäß § 929 S. 1.

Die Parteien müssten sich wirksam über den Eigentumsübergang geeinigt haben. Dazu müssten sie einen dinglichen Vertrag über den Eigentumsübergang geschlossen haben. Voraussetzung ist zunächst die Abgabe zweier wirksamer Willenserklärungen. Spätestens mit den Worten „Die Figur gehört dir" hat F erklärt, er wolle die Figur an S übereignen. S hat sich bedankt und so zum Ausdruck gebracht, er wolle das Angebot auf Eigentumsübertragung annehmen. S ist zwar erst sieben Jahre alt und damit nur beschränkt geschäftsfähig (§ 106). Aus den §§ 107 ff ergibt sich aber, dass die Willenserklärung eines beschränkt Geschäftsfähigen nicht automatisch nichtig oder unwirksam ist. Durch die Einigung bezüglich des Eigentumsübergangs erlangt S – wenn außerdem noch eine wirksame Übergabe der Sache erfolgt – Eigentum an der Sache. Der Eigentumserwerb der Sache als solcher – und damit auch die Einigung bezüglich des Eigentumsübergangs – ist immer lediglich rechtlich vorteilhaft. Eine etwaige Unwirksamkeit des der Übereignung zugrunde liegenden Kaufvertrags hat auf die Übereignung keinen Einfluss (Abstraktionsprinzip).

Die nach § 929 S. 1 erforderliche Übergabe der Sache ist erfolgt. S hat die Figur mit Billigung des F mitgenommen.

Die Parteien waren sich auch noch im Zeitpunkt der Vollendung des Erwerbstatbestands einig.

Außerdem war der ursprüngliche Eigentümer F verfügungsbefugt, also Berechtigter.

Demnach hat S vom Berechtigten F gemäß § 929 S. 1 Eigentum erworben. F hat also sein Eigentum verloren.

cc. Somit ist der Anspruchsteller F nicht mehr Eigentümer.

c. Also fehlt es an einer Voraussetzung des § 985.

2. Demnach besteht der Herausgabeanspruch nicht.

II. F hat gegen S keinen Anspruch auf Herausgabe der Figur gemäß § 985.

Fazit

1. Dieser Fall sollte aufzeigen, wie die Minderjährigkeit innerhalb eines sachenrechtlichen Anspruchs zu berücksichtigen ist.

2. Gemäß ***§ 985*** kann der Eigentümer vom Besitzer ***Herausgabe der Sache*** verlangen. Der Anspruchsteller muss also Eigentümer, der Anspruchsgegner muss Besitzer sein. Wenn ihr euch der Frage zuwendet, ob der Anspruchsteller Eigentümer der Sache ist, bewährt sich in diesem Zusammenhang die sogenannte „historische" Prüfung.

Wenn dem Sachverhalt zu entnehmen ist, dass der Anspruchsteller nicht von vornherein Eigentümer war, bringt ihr genau das zu Papier: „Ursprünglich war XY nicht Eigentümer". Dann wendet ihr euch der Frage zu, ob er vielleicht (später) Eigentum an der Sache erworben hat.

Hier war es jedoch anders. Wenn dem Sachverhalt zu entnehmen ist, dass der Anspruchsteller ursprünglich Eigentümer war, bringt ihr eben dies zu Papier:

„Ursprünglich war XY Eigentümer". Dann wendet ihr euch der Frage zu, ob er vielleicht (später) das Eigentum an der Sache verloren hat. Eigentum hat er verloren, wenn ein anderer Eigentum erworben hat. Der „andere" kann natürlich auch – wie in unserem Fall – der Anspruchsgegner sein. Hier kam ein Eigentumserwerb des (Anspruchsgegners) S vom (Anspruchsteller) F in Betracht. So viel zum Prüfungsaufbau.

3. Eigentum kann man vom Berechtigten gemäß § 929 S. 1 erlangen. Also müssen dessen Voraussetzungen vorliegen.

Zunächst muss eine ***Einigung*** der Vertragsschließenden erfolgt sein. Es handelt sich hierbei um einen dinglichen Vertrag zwischen Verkäufer und Käufer über den Eigentumsübergang.

Stopp: „Dinglicher" Vertrag? Die meisten von euch können – hoffentlich – etwas mit dieser Terminologie anfangen. Der Gegenbegriff lautet „schuldrechtlicher" Vertrag. Und was bedeutet das alles? Ihr erinnert euch vielleicht an das in Deutschland geltende ***„Abstraktionsprinzip"***. Es gibt immer das schuldrechtliche Verpflichtungs- oder Kausalgeschäft, eben den schuldrechtlichen Vertrag und das dingliche Erfüllungsgeschäft, hier die Übereignung, zu der der dingliche Vertrag über den Eigentumsübergang gehört. Das schuldrechtliche Verpflichtungsgeschäft besteht aus dem Kaufvertrag gemäß § 433, in dem sich der Verkäufer verpflichtet, den Kaufgegenstand an den Käufer zu übereignen. Das dingliche Erfüllungsgeschäft besteht dann in eben diesem Eigentumsübergang, zu dem auch der dingliche Vertrag, die Einigung über den Eigentumsübergang gehört.

Hier war nur die gerade genannte „Einigung" zu überdenken. Eine wirksame Einigung besteht aus der Abgabe zweier wirksamer Willenserklärungen. Fraglich erscheint in diesem Zusammenhang lediglich, wie sich die Minderjährigkeit des S auswirkt. Durch die Einigung erlangt der Minderjährige jedoch einen lediglich rechtlichen Vorteil. Insofern liegt eine wirksame Einigung über den Eigentumsübergang vor.

4. Das Ergebnis bereitet in der hier separiert aufbereiteten Form durchaus Bauchschmerzen. Das ist mir klar. Denn der Fall befasste sich lediglich mit dem Herausgabeanspruch nach § 985. Hätte die Fragestellung etwa „Wie ist die Rechtslage?" gelautet, wäre im Anschluss an die Prüfung des § 985 ein Ausflug ins Bereicherungsrecht angezeigt gewesen. Und das Bereicherungsrecht hätte zu einem Ergebnis geführt, mit dem jeder leben kann. Dort erfolgt quasi der „Ausgleich". Denn: Da der schuldrechtliche Kaufvertrag unwirksam ist, besteht ein Anspruch aus § 812 I 1 Alt. 1 auf Rückübereignung der Kaufsache.

Aha: Der Anspruch aus § 985 zieht nicht, weil die Übereignung wirksam ist. Es besteht aber ein Anspruch auf Rückübereignung aus § 812 I 1 Alt. 1

5. Viele Fälle zum Anspruch aus § 985 findet ihr übrigens im Buch ***Die Fälle – BGB Sachenrecht 1***.

Und mit vielen Fällen zum Bereicherungsrecht (§§ 812 ff) dürft ihr euch im Buch ***Die Fälle – BGB Schuldrecht BT 2*** vergnügen.

Fall 35

Anlässlich seines zwölften Geburtstags erhält Z von seiner verhassten Tante T nicht wie üblich No Name-Turnschuhe, sondern 50 €. T überreicht ihm das Geld mit den Worten: „Kauf' dir 'was Schönes davon." Die Eltern des Z sind damit einverstanden. Gleich im Anschluss an die nachmittägliche Kaffeetafel verschwindet Z mit dem Geld und sucht sich im Sex-Shop des S einige Porno-DVDs aus. An der Kasse bezahlt er bei S die Hefte mit dem ihm überlassenen Geld.

Frage: Ist der Kaufvertrag trotz der Minderjährigkeit des Z wirksam ?

Lösungsskizze Fall 35

- Wirksamkeit des Kaufvertrags im Verhältnis Z – S ?

I. Kaufvertrag, § 433 ?
= zwei übereinstimmende Willenserklärungen = Angebot und Annahme

1. Willenserklärung des Z = Angebot ?

a. Angebot ?

HIER (+) → Z hat im Sex-Shop des S an der Kasse ein Angebot zum Kauf der Hefte für 50 € unterbreitet

b. Nichtigkeit der Willenserklärung des Z = des Angebots wegen Geschäftsunfähigkeit, §§ 104, 105 ?
= bei Nichtvollendung des siebenten Lebensjahres

HIER (–) → Z war zum Zeitpunkt des Kaufs bereits zwölf Jahre alt und damit gemäß § 106 beschränkt geschäftsfähig

c. Nichtigkeit der Willenserklärung des Z = des Angebots wegen beschränkter Geschäftsfähigkeit, §§ 107 ff ?

HIER (–) → aus den §§ 107 ff ergibt sich, dass die Willenserklärung eines beschränkt Geschäftsfähigen nicht automatisch unwirksam ist; sollte S das Angebot des Z angenommen haben, liegt ein schwebend unwirksamer Vertrag vor

d. <u>also</u>: Willenserklärung des Z = Angebot (+)

2. Willenserklärung des S = Annahme ?

HIER (+) → S hat das Angebot angenommen

3. <u>also</u>: Kaufvertrag, § 433 (+), <u>aber</u> schwebend unwirksam

II. Wirksamkeit des Vertrags trotz beschränkter Geschäftsfähigkeit ?

1. lediglich rechtlicher Vorteil, § 107 ?

HIER (–) → Z hat sich durch den Vertrag auch verpflichtet, den Kaufpreis zu zahlen

2. Einwilligung, § 107 ?
= vorherige Zustimmung (vor Abgabe der Willenserklärung)

HIER (–) → der gesetzliche Vertreter hat vor der Abgabe der Willenserklärung durch Z nicht ausdrücklich dem Kauf zugestimmt

3. stillschweigende Einwilligung und Bewirken, § 110 ?
= Bewirken der vertragsmäßigen Leistung mit Mitteln, die dem Minderjährigen zur freien Verfügung überlassen worden sind

HIER (–) → zwar handelt es sich bei dem Geschenk der Tante T um Mittel im Sinne des § 110; von der stillschweigenden Einwilligung im Sinne des § 110 sind jedoch nicht alle Geschäfte gedeckt; eine konkrete Zweckbestimmung ist nicht erfolgt; vielmehr wurde das Geld mit Einverständnis der Eltern zur freien Verfügung überlassen („Kauf' dir 'was Schönes davon"); welche Geschäfte der Minderjährige bei der Überlassung von Geld zur freien Verfügung abschließen darf, ist aber Auslegungssache; unter Berücksichtigung der Tatsache, dass Z gerade sein zwölftes Lebensjahr vollendet hat, ist davon auszugehen, dass der Kauf von Porno-DVDs nicht von der Einwilligung im Sinne des § 110 gedeckt ist; das Bewirken der Leistung, d.h. die Bezahlung der Kaufgegenstände durch Z, führt nicht zu einer gegenteiligen Wertung

4. Genehmigung, § 108 ?
= nachträgliche Zustimmung (nach Vertragsschluss)

HIER (–) → es ist keine Genehmigung erfolgt

***5. also: Wirksamkeit des Vertrags trotz beschränkter Geschäftsfähigkeit* (–)**
→ *endgültige Unwirksamkeit des Vertrags* (+)

III. Ergebnis:
Wirksamkeit des Kaufvertrags im Verhältnis Z – S (–)

Formulierungsvorschlag Fall 35

- Wirksamkeit des Kaufvertrags im Verhältnis Z – S

Fraglich ist, ob der Kaufvertrag im Verhältnis Z – S wirksam ist.

I. Ein Kaufvertrag (§ 433) besteht aus zwei übereinstimmenden Willenserklärungen, Angebot und Annahme.

1. Fraglich ist, ob ein wirksames Angebot vorliegt.

a. Z hat im Sex-Shop des S an der Kasse ein Angebot zum Kauf der Hefte für 50 € unterbreitet.

b. Die Willenserklärung (das Angebot) könnte wegen Geschäftsunfähigkeit gemäß §§ 104 Nr. 1, 105 I nichtig sein. Z war zum Zeitpunkt des Kaufs schon zwölf Jahre alt und damit gemäß § 106 bereits beschränkt geschäftsfähig. Eine Nichtigkeit der Willenserklärung gemäß § 105 I scheidet mithin aus.

c. Fraglich ist, ob die Willenserklärung (das Angebot) wegen der beschränkten Geschäftsfähigkeit des Z unwirksam ist. Aus den §§ 107 ff ergibt sich, dass die Willenserklärung eines beschränkt Geschäftsfähigen nicht automatisch nichtig oder unwirksam ist. Sollte S das Angebot des Z angenommen haben, liegt ein schwebend unwirksamer Vertrag vor.

d. Es ist von einem Angebot des Z auszugehen. Die Minderjährigkeit führt nicht automatisch zur endgültigen Unwirksamkeit.

2. S hat das Angebot angenommen.

3. Also besteht ein Kaufvertrag zwischen Z und S, der jedoch – wie aufgezeigt – schwebend unwirksam ist.

II. Der Vertrag könnte trotz beschränkter Geschäftsfähigkeit wirksam sein. Er ist wirksam, wenn die zum Vertragsschluss führende Willenserklärung des Minderjährigen lediglich rechtlich vorteilhaft ist oder eine Einwilligung (= vorherige Zustimmung) des gesetzlichen Vertreters vorliegt, § 107 bzw. § 110. Ansonsten hängt die Wirksamkeit des Vertrags von der Genehmigung (= nachträgliche Zustimmung) des gesetzlichen Vertreters ab, § 108.

1. Es könnte ein lediglich rechtlicher Vorteil bestehen, § 107. Verpflichtet sich ein Minderjähriger innerhalb eines gegenseitigen Vertrags, erlangt er nicht nur einen rechtlichen Vorteil, sondern verpflichtet sich seinerseits. Z hat sich durch den Kaufvertrag auch verpflichtet, den Kaufpreis zu zahlen. Das Geschäft ist also nicht lediglich rechtlich vorteilhaft.

2. Fraglich ist, ob eine Einwilligung (vorherige Zustimmung) des gesetzlichen Vertreters zur Willenserklärung des Minderjährigen vorliegt. Der gesetzliche Vertreter des S hat vor der Abgabe der Willenserklärung durch S dem Kauf nicht zugestimmt. Insofern scheidet eine Einwilligung im Sinne des § 107 aus.

3. Möglicherweise gilt der Vertrag jedoch als von Anfang an wirksam, weil Z einen Kauf mit Mitteln im Sinne des § 110 bewirkt hat. Zwar handelt es sich bei dem Geschenk der Tante T um Mittel im Sinne des § 110. Von der stillschweigenden Einwilligung im Sinne des § 110 sind jedoch nicht alle Geschäfte gedeckt. Eine konkrete Zweckbestimmung ist nicht erfolgt. Vielmehr wurde das Geld mit Einverständnis der Eltern zur freien Verfügung überlassen („Kauf' dir 'was Schönes davon"). Welche Geschäfte der Minderjährige bei der Überlassung von Geld zur freien Verfügung abschließen darf, ist aber Auslegungssache. Unter Berücksichtigung der Tatsache, dass Z gerade sein zwölftes Lebensjahr vollendet hat, ist davon auszugehen, dass der Kauf von Porno-DVDs nicht von der Einwilligung im Sinne des § 110 gedeckt ist. Das Bewirken der Leistung, d.h. die Bezahlung der Kaufsachen durch Z, führt nicht zu einer gegenteiligen Wertung. Der Vertrag gilt also nicht als von Anfang an wirksam.

4. Um eine Wirksamkeit des Vertrags herbeizuführen, müsste der gesetzliche Vertreter eine Genehmigung im Sinne des § 108 erteilt haben. Eine Genehmigung ist aber nicht erfolgt.

5. Also ist nicht von einer Wirksamkeit des Vertrags trotz beschränkter Geschäftsfähigkeit auszugehen. Der Vertrag ist endgültig unwirksam.

III. Der Kaufvertrag im Verhältnis Z – S ist nicht wirksam.

Fazit

1. Ausnahmsweise war nicht nach einem Anspruch gefragt, sondern nach der ***Wirksamkeit des Vertrags***. Wie ihr gesehen habt, bereitet der Aufbau dennoch keine Schwierigkeiten. De facto prüft ihr unter abgeänderten Überschriften das, was ihr sonst im Prüfungspunkt „Anspruch entstanden" prüft. Nicht mehr und nicht weniger.

2. Das Problem des Falles ereilte euch im Prüfungspunkt ***„Stillschweigende Einwilligung und Bewirken, § 110"***. Im Zurverfügungstellen von Geldmitteln an Minderjährige ist meist eine stillschweigende oder konkludente Einwilligung zum Abschluss von Rechtsgeschäften zu sehen. Der Minderjährige soll lernen, am Geschäftsleben teilzuhaben.

   Von der ***stillschweigenden Einwilligung*** im Sinne des § 110 sind jedoch nicht alle Geschäfte gedeckt. Welche Geschäfte der Minderjährige abschließen darf ist Auslegungssache. Der Kauf von Porno-Produkten wird – wie der Kauf von Rauchwaren, Alkohol und Drogen – nicht von der Einwilligung im Sinne des § 110 gedeckt sein.

   Insofern spielt es auch keine Rolle, wenn bereits ein ***Bewirken*** im Sinne des § 110 erfolgt ist. Die Bezahlung der Kaufgegenstände „rettet" den Vertrag nicht.

3. Wenn ihr euch mit der detaillierten Prüfung des ***§ 110*** konfrontiert seht, erscheint folgender gedanklicher ***Prüfungsläufer*** angezeigt:

   Zuerst ist zu ermitteln, ob überhaupt eine ***Überlassung*** von Geld vorliegt. Denkbar ist die tatsächliche Überlassung durch den gesetzlichen Vertreter oder aber die Überlassung durch einen Dritten mit Zustimmung des gesetzlichen Vertreters.

   Dann solltet ihr euch vergewissern, ob dem Minderjährigen das Geld unter ***Bestimmung eines Zwecks*** („Turnbeutel der Marke ‚Vergesser'"/ „irgendein Turnbeutel") überlassen wurde. Ansonsten ist von einer Überlassung ***zur freien Verfügung*** auszugehen, auf die vielleicht bereits die Formulierung im Sachverhalt hinweist („Kauf' dir 'was Schönes").

   Zuletzt muss der Minderjährige die Leistung bewirkt haben. Mit dem ***Bewirken der Leistung*** ist die Erfüllung im Sinne von § 362 gemeint.

Fall 36

Als der 16-jährige X erfährt, dass die Zweirad-Händlerin H gebrauchte Motorroller per Ratenzahlung verkauft, erkennt er seine Chance, sich fortan relativ kostengünstig motorisiert durch die Lande zu bewegen. Am nächsten Tag begibt er sich in das Geschäft der H, die ihm dort einen bestimmten Roller gegen Zahlung von 70 € monatlich anbietet. X ist entzückt und schließt mit H einen diesbezüglichen Vertrag, der eine Laufzeit von einem Jahr vorsieht. Seiner chronisch überbeschäftigten und deshalb leichtgläubigen alleinerziehenden Mutter und gesetzlichen Vertreterin M erzählt X, er habe das Zweirad auf unbestimmte Zeit von seinem Freund F geliehen, weil er befürchtet, M verweigere eine etwaig erforderliche Zustimmung zum Vertragsschluss. In der Folgezeit zahlt X das vereinbarte monatliche Entgelt pünktlich von seinem Taschengeld an H. Erst nach sechs Monaten erfährt M zufällig die wahren Umstände bezüglich der Rollernutzung. Sie ist empört. Gegenüber H stellt sie sofort klar, sie sei mit dem geschlossenen Vertrag nicht einverstanden. H ignoriert die Intervention der M und verlangt von X Zahlung des nächsten Monatsentgelts.

Frage: Hat H einen Anspruch auf Zahlung der nächsten Rate gegen X ?

Lösungsskizze Fall 36

- H gegen X Kaufpreiszahlung (nächste Rate) gemäß § 433 II ?

I. Anspruch entstanden ?

1. Kaufvertrag, § 433 ?
= zwei übereinstimmende Willenserklärungen = Angebot und Annahme

a. Willenserklärung der H = Angebot ?

HIER (+) → H hat dem X ein Angebot zum Ratenkauf bezüglich eines bestimmten Rollers für 70 € monatlich unterbreitet

b. Willenserklärung des X = Annahme ?

aa. Annahme ?

HIER (+) → X hat das Angebot angenommen

bb. Nichtigkeit der Willenserklärung des X = der Annahme wegen Geschäftsunfähigkeit, §§ 104, 105 ?
= bei Nichtvollendung des siebenten Lebensjahres

HIER (–) → X war zum Zeitpunkt des Kaufs bereits 16 Jahre alt und damit gemäß § 106 beschränkt geschäftsfähig

cc. Nichtigkeit der Willenserklärung des X = der Annahme wegen beschränkter Geschäftsfähigkeit, §§ 107 ff ?

HIER (–) → aus den §§ 107 ff ergibt sich, dass die Willenserklärung eines beschränkt Geschäftsfähigen nicht automatisch nichtig oder unwirksam ist; die Annahme durch einen beschränkt Geschäftsfähigen führt zu einem schwebend unwirksamen Vertrag

***dd. also: Willenserklärung des X = Annahme* (+)**

c. also: Kaufvertrag, § 433* (+), *aber schwebend unwirksam

2. Wirksamkeit des Vertrags trotz beschränkter Geschäftsfähigkeit ?

a. lediglich rechtlicher Vorteil, § 107 ?

HIER (–) → X hat sich durch den Ratenkaufvertrag auch verpflichtet, den Kaufpreis in monatlichen Raten zu zahlen

b. Einwilligung, § 107 ?
= vorherige Zustimmung (vor Abgabe der Willenserklärung)

HIER (–) → die gesetzliche Vertreterin M hat vor der Abgabe der Willenserklärung durch X nicht ausdrücklich dem Kauf zugestimmt

c. stillschweigende Einwilligung und Bewirken, § 110 ?
= Bewirken der vertragsmäßigen Leistung mit Mitteln, die dem Minderjährigen zur freien Verfügung überlassen worden sind

HIER (–) → bei dem Taschengeld handelt es sich um Mittel i.S.d. § 110; X hat die jeweilige Kaufpreisrate mit seinem Taschengeld gezahlt, also auch mit Mitteln i.S.d. § 110 bewirkt; soweit § 110 ein Bewirken der Leistung fordert, ist die Voraussetzung jedoch erst erfüllt, wenn der Minderjährige die gesamte Leistung mit Mitteln erfüllen kann, die ihm zur freien Verfügung überlassen worden sind und er sie auch tatsächlich erfüllt; dies ist aber beim Ratenkauf gerade nicht der Fall; eine andere Beurteilung der rechtlichen Lage kann beim Ratenkauf allenfalls dann erfolgen, wenn der Minderjährige die letzte vereinbarte Rate geleistet hat und demnach die gesamte Leistung erfüllt, d.h. bewirkt hat; X hat aber noch nicht den gesamten Kaufpreis gezahlt und mithin die Leistung nicht bewirkt

d. Genehmigung, § 108 ?
= nachträgliche Zustimmung (nach Vertragsschluss)

HIER (–) → M hat durch ihr Verhalten ihre Ablehnung bekundet

***e. also: Wirksamkeit d. Vertrags trotz beschränkter Geschäftsfähigkeit* (–)**
→ *endgültige Unwirksamkeit des Vertrags* (+)

***3. also: Anspruch entstanden* (–)**

II. Ergebnis:
H gegen X Kaufpreiszahlung (nächste Rate) gemäß § 433 II (–)

Formulierungsvorschlag Fall 36

- H gegen X Kaufpreiszahlung (nächste Rate) gemäß § 433 II

H könnte gegen X einen Anspruch auf Zahlung der nächsten Kaufpreisrate gemäß § 433 II haben.

I. Dann müsste der Anspruch zunächst entstanden sein.

1. Dies setzt einen wirksamen Kaufvertrag, § 433 zwischen den Parteien voraus. Ein Kaufvertrag besteht aus zwei übereinstimmenden Willenserklärungen, Angebot und Annahme.

a. H hat dem X ein Angebot zum Ratenkauf bezüglich eines bestimmten Rollers für 70 € monatlich unterbreitet.

b. Es müsste auch eine Annahme des Angebots erfolgt sein.

aa. X hat das Angebot angenommen.

bb. Die Willenserklärung (Annahme) könnte wegen Geschäftsunfähigkeit gemäß §§ 104 Nr. 1, 105 I nichtig sein. X war zum Zeitpunkt des Kaufs schon 16 Jahre alt und damit gemäß § 106 bereits beschränkt geschäftsfähig. Eine Nichtigkeit der Willenserklärung gemäß § 105 I scheidet mithin aus.

cc. Fraglich ist, ob die Willenserklärung (Annahme) wegen der beschränkten Geschäftsfähigkeit des X unwirksam ist. Aus den §§ 107 ff ergibt sich, dass die Willenserklärung eines beschränkt Geschäftsfähigen nicht automatisch nichtig oder unwirksam ist. Die Annahme durch einen beschränkt Geschäftsfähigen führt zu einem schwebend unwirksamen Vertrag.

dd. Es ist von einer Annahme des Angebots auszugehen. Die Minderjährigkeit führt nicht automatisch zur endgültigen Unwirksamkeit.

c. Also besteht ein Kaufvertrag zwischen H und X, der jedoch – wie aufgezeigt – schwebend unwirksam ist.

2. Der Vertrag könnte trotz beschränkter Geschäftsfähigkeit wirksam sein. Er ist wirksam, wenn die zum Vertragsschluss führende Willenserklärung des Minderjährigen lediglich rechtlich vorteilhaft ist oder eine Einwilligung (= vorherige Zustimmung) des gesetzlichen Vertreters vorliegt, § 107 bzw. § 110. Ansonsten hängt die Wirksamkeit des Vertrags von der Genehmigung (= nachträgliche Zustimmung) des gesetzlichen Vertreters ab, § 108.

a. Es könnte ein lediglich rechtlicher Vorteil bestehen, § 107. Verpflichtet sich ein Minderjähriger innerhalb eines gegenseitigen Vertrags, erlangt er nicht nur einen rechtlichen Vorteil, sondern verpflichtet sich seinerseits. X hat sich durch den Ratenkaufvertrag auch verpflichtet, den Kaufpreis in monatlichen Raten zu zahlen. Das Geschäft ist also nicht lediglich rechtlich vorteilhaft.

b. Fraglich ist, ob eine Einwilligung (vorherige Zustimmung) des gesetzlichen Vertreters zur Willenserklärung des Minderjährigen vorliegt. Die gesetzliche Vertreterin M hat vor der Abgabe der Willenserklärung durch X nicht ausdrücklich dem Kauf zugestimmt. Insofern scheidet eine Einwilligung im Sinne des § 107 aus.

c. Die Wirksamkeit des Vertrags resultiert auch nicht aus einem Bewirken aufgrund stillschweigender Einwilligung im Sinne des § 110. Zwar handelt es sich bei Taschengeld um Mittel, die dem Minderjährigen zur freien Verfügung überlassen worden sind. X hat die jeweilige Kaufpreisrate mit seinem Taschengeld gezahlt, also auch mit Mitteln im Sinne des § 110 bewirkt. Soweit § 110 ein Bewirken der Leistung fordert, ist die Voraussetzung jedoch erst erfüllt, wenn der Minderjährige die gesamte Leistung mit Mitteln erfüllen kann, die ihm zur freien Verfügung überlassen worden sind und er sie auch tatsächlich erfüllt. Dies ist aber beim Ratenkauf gerade nicht der Fall. Eine andere Beurteilung der rechtlichen Lage kann beim Ratenkauf allenfalls dann erfolgen, wenn der Minderjährige die letzte vereinbarte Rate geleistet hat und demnach die gesamte Leistung erfüllt, d.h. bewirkt hat. X hat aber noch nicht den gesamten Kaufpreis gezahlt und mithin die Leistung nicht bewirkt.

d. Um eine Wirksamkeit des Vertrags herbeizuführen, müsste die gesetzliche Vertreterin M eine Genehmigung im Sinne des § 108 erteilt haben. M hat jedoch durch ihr Verhalten gerade ihre Ablehnung bekundet, also keine Genehmigung erteilt.

e. Also ist nicht von einer Wirksamkeit des Vertrags trotz beschränkter Geschäftsfähigkeit auszugehen. Der Vertrag ist endgültig unwirksam.

3. Demnach ist der Anspruch nicht entstanden.

II. H hat gegen X keinen Anspruch auf Zahlung der nächsten Kaufpreisrate gemäß § 433 II.

Fazit

1. Der problematische Prüfungspunkt war abermals die bzw. das ***„stillschweigende Einwilligung und Bewirken, § 110“***. Taschengeld ist ein Mittel im Sinne des § 110. Soweit die jeweilige Kaufpreisrate mit dem Taschengeld gezahlt wird, ist sie mit Mitteln im Sinne des § 110 bewirkt worden. Ein Bewirken der Leistung ist jedoch erst gegeben, wenn der Minderjährige die gesamte Leistung mit Mitteln erfüllen kann, die ihm zur freien Verfügung überlassen worden sind und er sie auch tatsächlich erfüllt. Dies ist aber beim ***Ratenkauf*** gerade nicht der Fall. Ein Bewirken der Leistung wird beim Ratenkauf erst angenommen, wenn der Minderjährige die letzte vereinbarte Rate geleistet hat und demnach die gesamte Leistung erfüllt.

2. Beim Mietvertrag sieht die rechtliche Wertung etwas anders aus. Hier wird der Vertrag jeweils für den Zeitraum wirksam, für den der Mietzins geleistet wird.

Schaut doch bei nächster Gelegenheit in euren Lieblingskommentar und lest unter § 110, welche Verträge wohl wie zu werten sind. Was fällt euch etwa zum Mobilfunkvertrag ein?

Fall 37

Als der 16-jährige X erfährt, dass die Zweirad-Händlerin H gebrauchte Motorroller per Ratenzahlung verkauft, erkennt er seine Chance, sich fortan relativ kostengünstig motorisiert durch die Lande zu bewegen. Am nächsten Tag begibt er sich in das Geschäft der H, die ihm dort einen bestimmten Roller gegen Zahlung von 70 € monatlich anbietet. X ist entzückt und schließt mit H einen diesbezüglichen Vertrag, der eine Laufzeit von einem Jahr vorsieht. Seiner chronisch überbeschäftigten und deshalb leichtgläubigen alleinerziehenden Mutter und gesetzlichen Vertreterin M erzählt X, er habe das Zweirad auf unbestimmte Zeit von seinem Freund F geliehen, weil er befürchtet, M verweigere eine etwaig erforderliche Zustimmung zum Vertragsschluss. In der Folgezeit zahlt X das vereinbarte monatliche Entgelt pünktlich von seinem Taschengeld an H. Erst nach sechs Monaten erfährt M zufällig die wahren Umstände bezüglich der Rollernutzung. Sie ist empört. Gegenüber X stellt sie sofort klar, sie sei mit dem geschlossenen Vertrag nicht einverstanden. Kurz darauf meldet sich die zwischenzeitlich bezüglich der Wirksamkeit des Vertrags unsicher gewordene H bei M und verlangt deren Zustimmung zum Vertrag. Nach langen Diskussionen mit X erklärt M gegenüber H nach drei Wochen die Genehmigung.

Frage: Hat H einen Anspruch auf Zahlung der nächsten Rate gegen X ?

Lösungsskizze Fall 37

- H gegen X Kaufpreiszahlung (nächste Rate) gemäß § 433 II ?

I. Anspruch entstanden ?

1. Kaufvertrag, § 433 ?
= zwei übereinstimmende Willenserklärungen = Angebot und Annahme

a. Willenserklärung der H = Angebot ?

HIER (+) → H hat dem X ein Angebot zum Ratenkauf bezüglich eines bestimmten Rollers für 70 € monatlich unterbreitet

b. Willenserklärung des X = Annahme ?

aa. Annahme ?

HIER (+) → X hat das Angebot angenommen

bb. Nichtigkeit der Willenserklärung des X = der Annahme wegen Geschäftsunfähigkeit, §§ 104, 105 ?
= bei Nichtvollendung des siebenten Lebensjahres

HIER (–) → X war zum Zeitpunkt des Kaufs bereits 16 Jahre alt und damit gemäß § 106 beschränkt geschäftsfähig

cc. Nichtigkeit der Willenserklärung des X = der Annahme wegen beschränkter Geschäftsfähigkeit, §§ 107 ff ?

HIER (–) → aus den §§ 107 ff ergibt sich, dass die Willenserklärung eines beschränkt Geschäftsfähigen nicht automatisch nichtig oder unwirksam ist; die Annahme durch einen beschränkt Geschäftsfähigen führt zu einem schwebend unwirksamen Vertrag

dd. also: Willenserklärung des X = Annahme (+)

c. also: Kaufvertrag, § 433 (+), aber schwebend unwirksam

2. Wirksamkeit des Vertrags trotz beschränkter Geschäftsfähigkeit ?

a. lediglich rechtlicher Vorteil, § 107 ?

HIER (–) → X hat sich durch den Ratenkaufvertrag auch verpflichtet, den Kaufpreis in monatlichen Raten zu zahlen

b. Einwilligung, § 107 ?
= vorherige Zustimmung (vor Abgabe der Willenserklärung)

HIER (–) → die gesetzliche Vertreterin M hat vor der Abgabe der Willenserklärung durch X nicht ausdrücklich dem Kauf zugestimmt

c. stillschweigende Einwilligung und Bewirken, § 110 ?
= Bewirken der vertragsmäßigen Leistung mit Mitteln, die dem Minderjährigen zur freien Verfügung überlassen worden sind

HIER (–) → bei dem Taschengeld handelt es sich um Mittel i.S.d. § 110; X hat die jeweilige Kaufpreisrate mit seinem Taschengeld gezahlt, also auch mit Mitteln i.S.d. § 110 bewirkt; soweit § 110 ein Bewirken der Leistung fordert, ist die Voraussetzung jedoch erst erfüllt, wenn der Minderjährige die gesamte Leistung mit Mitteln erfüllen kann, die ihm zur freien Verfügung überlassen worden sind und er sie auch tatsächlich erfüllt; dies ist aber beim Ratenkauf gerade nicht der Fall; eine andere Beurteilung der rechtlichen Lage kann beim Ratenkauf allenfalls dann erfolgen, wenn der Minderjährige die letzte vereinbarte Rate geleistet hat und demnach die gesamte Leistung erfüllt, d.h. bewirkt hat; X hat aber noch nicht den gesamten Kaufpreis gezahlt und mithin die Leistung nicht bewirkt

d. Genehmigung, § 108 ?
= nachträgliche Zustimmung (nach Vertragsschluss)

HIER (–) → zwar hat M gegenüber H eine Genehmigung des Vertrags ausgesprochen; insofern könnte man davon ausgehen, dass die vor der Genehmigung gegenüber X ausgesprochene Verweigerung der Genehmigung unwirksam ist (§ 108 II 1); M hat die Genehmigung aber erst drei Wochen nach der Aufforderung durch H dieser gegenüber erklärt; gemäß § 108 II 2 kann die Genehmigung jedoch nur binnen zwei Wochen nach der Aufforderung erklärt werden; die Genehmigung gilt als verweigert, wenn sie nicht innerhalb der genannten Frist erteilt wird

e. also: Wirksamkeit d. Vertrags trotz beschränkter Geschäftsfähigkeit (–) → endgültige Unwirksamkeit des Vertrags (+)

3. also: Anspruch entstanden (–)

II. Ergebnis:
H gegen X Kaufpreiszahlung (nächste Rate) gemäß § 433 II (–)

Formulierungsvorschlag Fall 37

- H gegen X Kaufpreiszahlung (nächste Rate) gemäß § 433 II

H könnte gegen X einen Anspruch auf Zahlung der nächsten Kaufpreisrate gemäß § 433 II haben.

I. Dann müsste der Anspruch zunächst entstanden sein.

1. Dies setzt einen wirksamen Kaufvertrag, § 433 zwischen den Parteien voraus. Ein Kaufvertrag besteht aus zwei übereinstimmenden Willenserklärungen, Angebot und Annahme.

a. H hat dem X ein Angebot zum Ratenkauf bezüglich eines bestimmten Rollers für 70 € monatlich unterbreitet.

b. Es müsste auch eine Annahme des Angebots erfolgt sein.

aa. X hat das Angebot angenommen.

bb. Die Willenserklärung (Annahme) könnte wegen Geschäftsunfähigkeit gemäß §§ 104 Nr. 1, 105 I nichtig sein. X war zum Zeitpunkt des Kaufs schon 16 Jahre alt und damit gemäß § 106 bereits beschränkt geschäftsfähig. Eine Nichtigkeit der Willenserklärung gemäß § 105 I scheidet mithin aus.

cc. Fraglich ist, ob die Willenserklärung (Annahme) wegen der beschränkten Geschäftsfähigkeit des X unwirksam ist. Aus den §§ 107 ff ergibt sich, dass die Willenserklärung eines beschränkt Geschäftsfähigen nicht automatisch nichtig oder unwirksam ist. Die Annahme durch einen beschränkt Geschäftsfähigen führt zu einem schwebend unwirksamen Vertrag.

dd. Es ist von einer Annahme des Angebots auszugehen. Die Minderjährigkeit führt nicht automatisch zur endgültigen Unwirksamkeit.

c. Also besteht ein Kaufvertrag zwischen H und X, der jedoch – wie aufgezeigt – schwebend unwirksam ist.

2. Der Vertrag könnte trotz beschränkter Geschäftsfähigkeit wirksam sein. Er ist wirksam, wenn die zum Vertragsschluss führende Willenserklärung des Minderjährigen lediglich rechtlich vorteilhaft ist oder eine Einwilligung (= vorherige Zustimmung) des gesetzlichen Vertreters vorliegt, § 107 bzw. § 110. Ansonsten hängt die Wirksamkeit des Vertrags von der Genehmigung (= nachträgliche Zustimmung) des gesetzlichen Vertreters ab, § 108.

a. Es könnte ein lediglich rechtlicher Vorteil bestehen, § 107. Verpflichtet sich ein Minderjähriger innerhalb eines gegenseitigen Vertrags, erlangt er nicht nur einen rechtlichen Vorteil, sondern verpflichtet sich seinerseits. X hat sich durch den Ratenkaufvertrag auch verpflichtet, den Kaufpreis in monatlichen Raten zu zahlen. Das Geschäft ist also nicht lediglich rechtlich vorteilhaft.

b. Fraglich ist, ob eine Einwilligung (vorherige Zustimmung) des gesetzlichen Vertreters zur Willenserklärung des Minderjährigen vorliegt. Die gesetzliche Vertreterin M hat vor der Abgabe der Willenserklärung durch X nicht ausdrücklich dem Kauf zugestimmt. Insofern scheidet eine Einwilligung im Sinne des § 107 aus.

c. Die Wirksamkeit des Vertrags resultiert auch nicht aus einem Bewirken aufgrund stillschweigender Einwilligung im Sinne des § 110. Zwar handelt es sich bei Taschengeld um Mittel, die dem Minderjährigen zur freien Verfügung überlassen worden sind. X hat die jeweilige Kaufpreisrate mit seinem Taschengeld gezahlt, also auch mit Mitteln im Sinne des § 110 bewirkt. Soweit § 110 ein Bewirken der Leistung fordert, ist die Voraussetzung jedoch erst erfüllt, wenn der Minderjährige die gesamte Leistung mit Mitteln erfüllen kann, die ihm zur freien Verfügung überlassen worden sind und er sie auch tatsächlich erfüllt. Dies ist aber beim Ratenkauf gerade nicht der Fall. Eine andere Beurteilung der rechtlichen Lage kann beim Ratenkauf allenfalls dann erfolgen, wenn der Minderjährige die letzte vereinbarte Rate geleistet hat und demnach die gesamte Leistung erfüllt, d.h. bewirkt hat. X hat aber noch nicht den gesamten Kaufpreis gezahlt und mithin die Leistung nicht bewirkt.

d. Um eine Wirksamkeit des Vertrags herbeizuführen, müsste die gesetzliche Vertreterin M eine Genehmigung im Sinne des § 108 erteilt haben. Zwar hat M gegenüber H eine Genehmigung des Vertrags ausgesprochen. Insofern könnte man davon ausgehen, dass die vor der Genehmigung gegenüber X ausgesprochene Verweigerung der Genehmigung unwirksam ist (§ 108 II 1). M hat die Genehmigung aber erst drei Wochen nach der Aufforderung durch H dieser gegenüber erklärt. Gemäß § 108 II 2 kann die Genehmigung jedoch nur binnen zwei Wochen nach der Aufforderung erklärt werden. Die Genehmigung gilt als verweigert, wenn sie nicht innerhalb der genannten Frist erteilt wird.

e. Also ist nicht von einer Wirksamkeit des Vertrags trotz beschränkter Geschäftsfähigkeit auszugehen. Der Vertrag ist endgültig unwirksam.

3. Demnach ist der Anspruch nicht entstanden.

II. H hat gegen X keinen Anspruch auf Zahlung der nächsten Kaufpreisrate gemäß § 433 II.

Fazit

1. Und wieder war die bzw. das ***„stillschweigende Einwilligung und Bewirken, § 110“*** einer der Problempunkte. Lest zum Bewirken beim Ratenkauf bitte das Fazit des vorigen Falls.
2. Weitere Probleme galt es im Bereich ***„Genehmigung“*** – also der nach Vertragsschluss erteilten Zustimmung – zu bearbeiten.

Nach Vertragsschluss, aber vor der Genehmigung hat M gegenüber dem Minderjährigen die Genehmigung verweigert. Vielleicht hat aber die Verweigerung der Genehmigung keine Auswirkungen, weil sie nach ***§ 108 II 1*** unwirksam ist. Sie ist unwirksam, wenn der gesetzliche Vertreter auf die Aufforderung des Geschäftspartners diesem gegenüber die Genehmigung erklärt. Zwar hat M gegenüber H die Genehmigung des Vertrags ausgesprochen. Sie hat die Genehmigung aber erst drei Wochen nach der Aufforderung durch H dieser gegenüber erklärt. Die Genehmigung kann jedoch nur binnen zwei Wochen nach der Aufforderung erklärt werden, ***§ 108 II 2***. Somit ist die Genehmigung zu spät erteilt worden. Folglich ist die Verweigerung der Genehmigung gegenüber dem Minderjährigen nicht unwirksam, sondern (nach wie vor) wirksam.

Einen parallelen Fall, der dieselbe Problematik aufgreift, findet ihr im Kapitel „Stellvertretung". Vergleicht doch einmal § 177 I und II mit § 108 I und II. Jawoll, so haben wir es gern!

3. Letztlich möchte ich auf ***§ 108 III*** verweisen, den ihr in Minderjährigen-Konstellationen im Hinterkopf haben solltet. Mit Erreichen der unbeschränkten Geschäftsfähigkeit tritt die Genehmigung des (ehemals) Minderjährigen an die Stelle der Genehmigung des (gesetzlichen) Vertreters.

Fall 38

Der comicbegeisterte 17 Jahre alte F interessiert sich seit langem für eine Gipsbüste seiner „Lieblingshelden“ Tim und Struppi. Eines Tages bietet ihm der Comicladen-Inhaber C, der das Alter des F kennt, eine solches Einzelstück zum Preis von 150 € an. F erklärt sich begeistert einverstanden. Die Parteien vereinbaren, dass F die Büste sofort erhält und den Kaufpreis in drei Wochen zahlen soll. Eine Woche später wird C seitens seines Rechtsanwalts R darauf hingewiesen, dass er beim Vertragsschluss möglicherweise „etwas falsch gemacht“ habe. R rät C dringend, die seiner Ansicht nach erforderliche Zustimmung zum Kauf baldigst vom gesetzlichen Vertreter des F einzuholen. Darum wendet sich C schriftlich an den gesetzlichen Vertreter V und fordert ihn zur Genehmigung auf. Während C auf die Genehmigung wartet, bekundet ein weiterer Kunde Interesse an der Tim und Struppi-Büste und bietet spontan 300 €. Der eiligst kontaktierte Rechtsanwalt R rät dem geldgierigen C, doch einfach den Vertrag zu widerrufen und die Büste zurückzufordern. Also erklärt C gegenüber F den Widerruf. Zwölf Tage nach der Aufforderung erklärt V dann die Genehmigung bezüglich des Vertrags.

Frage: Ist der Kaufvertrag im Verhältnis F – C wirksam ?

Lösungsskizze Fall 38

- Wirksamkeit des Kaufvertrags im Verhältnis F – C ?

I. Kaufvertrag, § 433 ?
= zwei übereinstimmende Willenserklärungen = Angebot und Annahme

1. Willenserklärung des C = Angebot ?

HIER (+) → C hat dem F ein Angebot zum Kauf der Büste für 150 € unterbreitet

2. Willenserklärung des F = Annahme ?

a. Annahme ?

HIER (+) → F hat das Angebot angenommen

b. Nichtigkeit der Willenserklärung des F = der Annahme wegen Geschäftsunfähigkeit, §§ 104, 105 ?
= bei Nichtvollendung des siebenten Lebensjahres

HIER (–) → F war zum Zeitpunkt des Kaufs bereits 17 Jahre alt und damit gemäß § 106 beschränkt geschäftsfähig

c. Nichtigkeit der Willenserklärung des F = der Annahme wegen beschränkter Geschäftsfähigkeit, §§ 107 ff ?

HIER (–) → aus den §§ 107 ff ergibt sich, dass die Willenserklärung eines beschränkt Geschäftsfähigen nicht automatisch nichtig oder unwirksam ist; die Annahme durch einen beschränkt Geschäftsfähigen führt zu einem schwebend unwirksamen Vertrag

***d.** also: Willenserklärung des F = Annahme* **(+)**

***3.** also: Kaufvertrag, § 433* **(+)**, ***aber** schwebend unwirksam*

II. Wirksamkeit des Vertrags trotz beschränkter Geschäftsfähigkeit ?

1. lediglich rechtlicher Vorteil, § 107 ?

HIER (–) → F hat sich durch den Vertrag auch verpflichtet, den Kaufpreis zu zahlen

2. Einwilligung, § 107 ?
= vorherige Zustimmung (vor Abgabe der Willenserklärung)

HIER (–) → der gesetzliche Vertreter hat vor der Abgabe der Willenserklärung durch F nicht ausdrücklich dem Kauf zugestimmt

3. stillschweigende Einwilligung und Bewirken, § 110 ?
= Bewirken der vertragsmäßigen Leistung mit Mitteln, die dem Minderjährigen zur freien Verfügung überlassen worden sind

HIER (–) → zwar ist es denkbar, dass F den Kaufpreis von seinem Taschengeld, also mit Mitteln i.S.d. § 110 zahlen wird; er hat aber noch nicht gezahlt; insofern fehlt es an dem in § 110 geforderten tatsächlichen Bewirken der Leistung

4. Genehmigung, § 108 ?
= nachträgliche Zustimmung (nach Vertragsschluss)

HIER (+) → da noch keine Genehmigung gemäß § 108 I erfolgt war, hat C den gesetzlichen Vertreter V des F zur Genehmigung des Vertrags aufgefordert (§ 108 II 1); der gemäß § 109 I 1 grundsätzlich bis zur Erteilung der Genehmigung mögliche Widerruf, der im Übrigen gemäß § 109 I 2 auch gegenüber dem Minderjährigen erklärt werden darf, läuft jedoch leer; C hat zwar den Widerruf vor der Erteilung der Genehmigung gegenüber dem Minderjährigen F erklärt; wenn der Widerrufende die Minderjährigkeit gekannt hat, ist ein Widerrufsrecht aber gemäß § 109 II Hs. 1 grundsätzlich ausgeschlossen; C wusste, dass F 17 Jahre alt, also minderjährig ist; eine Ausnahme vom Grundsatz des Ausschlusses des Widerrufsrechts gemäß § 109 II Hs. 1 liegt nicht vor; F hat nicht wahrheitswidrig erklärt, der gesetzliche Vertreter V habe die Einwilligung zum Kauf erteilt; wegen des Ausschlusses des Widerrufsrechts konnte V die Genehmigung erklären; diese ist gemäß § 108 II 2 i.V.m. I nur innerhalb von zwei Wochen nach der Aufforderung dem Auffordernden gegenüber zu erklären; V hat die Genehmigung gegenüber dem Auffordernden C zwölf Tage nach der Aufforderung, also innerhalb der geforderten Frist erklärt

***5.** also: Wirksamkeit des Vertrags trotz beschränkter Geschäftsfähigkeit* **(+)**

III. Ergebnis:

Wirksamkeit des Kaufvertrags im Verhältnis F – C (+)

Formulierungsvorschlag Fall 38

- Wirksamkeit des Kaufvertrags im Verhältnis F – C

Fraglich ist, ob der Kaufvertrag im Verhältnis F – C wirksam ist.

I. Ein Kaufvertrag (§ 433) besteht aus zwei übereinstimmenden Willenserklärungen, Angebot und Annahme.

1. C hat dem F ein Angebot zum Kauf der Büste für 150 € unterbreitet.

2. Fraglich ist, ob eine wirksame Annahme des Angebots vorliegt.

a. F hat das Angebot angenommen.

b. Die Willenserklärung (Annahme) könnte wegen Geschäftsunfähigkeit gemäß §§ 104 Nr. 1, 105 I nichtig sein. F war zum Zeitpunkt des Kaufs schon 17 Jahre alt und damit gemäß § 106 bereits beschränkt geschäftsfähig. Eine Nichtigkeit der Willenserklärung gemäß § 105 I scheidet mithin aus.

c. Fraglich ist, ob die Willenserklärung (Annahme) wegen der beschränkten Geschäftsfähigkeit des F unwirksam ist. Aus den §§ 107 ff ergibt sich, dass die Willenserklärung eines beschränkt Geschäftsfähigen nicht automatisch nichtig oder unwirksam ist. Die Annahme durch einen beschränkt Geschäftsfähigen führt zu einem schwebend unwirksamen Vertrag.

d. Es ist von einer Annahme des F auszugehen. Die Minderjährigkeit führt nicht automatisch zur endgültigen Unwirksamkeit.

3. Also besteht ein Kaufvertrag zwischen F und C, der jedoch – wie aufgezeigt – schwebend unwirksam ist.

II. Der Vertrag könnte trotz beschränkter Geschäftsfähigkeit wirksam sein. Er ist wirksam, wenn die zum Vertragsschluss führende Willenserklärung des Minderjährigen lediglich rechtlich vorteilhaft ist oder eine Einwilligung (= vorherige Zustimmung) des gesetzlichen Vertreters vorliegt, § 107 bzw. § 110. Ansonsten hängt die Wirksamkeit des Vertrags von der Genehmigung (= nachträgliche Zustimmung) des gesetzlichen Vertreters ab, § 108.

1. Es könnte ein lediglich rechtlicher Vorteil bestehen, § 107. Verpflichtet sich ein Minderjähriger innerhalb eines gegenseitigen Vertrags, erlangt er nicht nur einen rechtlichen Vorteil, sondern verpflichtet sich seinerseits. F hat sich durch den Kaufvertrag auch verpflichtet, den Kaufpreis zu zahlen. Das Geschäft ist also nicht lediglich rechtlich vorteilhaft.

2. Fraglich ist, ob eine Einwilligung (vorherige Zustimmung) des gesetzlichen Vertreters zur Willenserklärung des Minderjährigen vorliegt. Der gesetzliche Vertreter des F hat vor der Abgabe der Willenserklärung durch F dem Kauf nicht zugestimmt. Insofern scheidet eine Einwilligung im Sinne des § 107 aus.

3. Die Wirksamkeit des Vertrags resultiert auch nicht aus einem Bewirken aufgrund stillschweigender Einwilligung im Sinne des § 110. Zwar ist es denkbar, dass F den Kaufpreis von seinem Taschengeld, also mit Mitteln im Sinne des

§ 110 zahlen wird. Er hat aber noch nicht gezahlt. Insofern fehlt es an dem in § 110 geforderten tatsächlichen Bewirken der Leistung.

4. Um eine Wirksamkeit des Vertrags herbeizuführen, müsste der gesetzliche Vertreter eine Genehmigung im Sinne des § 108 erteilt haben. Da noch keine Genehmigung gemäß § 108 I erfolgt war, hat C den gesetzlichen Vertreter V des F zur Genehmigung des Vertrags aufgefordert (§ 108 II 1). Der gemäß § 109 I 1 grundsätzlich bis zur Erteilung der Genehmigung mögliche Widerruf, der im Übrigen gemäß § 109 I 2 auch gegenüber dem Minderjährigen erklärt werden darf, läuft jedoch leer. C hat zwar den Widerruf vor der Erteilung der Genehmigung gegenüber dem Minderjährigen F erklärt. Wenn der Widerrufende die Minderjährigkeit gekannt hat, ist ein Widerrufsrecht aber gemäß § 109 II Hs. 1 grundsätzlich ausgeschlossen. C wusste, dass F 17 Jahre alt, also minderjährig ist. Eine Ausnahme vom Grundsatz des Ausschlusses des Widerrufsrechts gemäß § 109 II Hs. 1 liegt nicht vor. F hat nicht wahrheitswidrig erklärt, der gesetzliche Vertreter V habe die Einwilligung zum Kauf erteilt. Wegen des Ausschlusses des Widerrufsrechts konnte V die Genehmigung erklären. Diese ist gemäß § 108 II 2 in Verbindung mit I nur innerhalb von zwei Wochen nach der Aufforderung dem Auffordernden gegenüber zu erklären. V hat die Genehmigung gegenüber dem Auffordernden C zwölf Tage nach der Aufforderung, also innerhalb der geforderten Frist erklärt.

5. Also ist von einer Wirksamkeit des Vertrags trotz beschränkter Geschäftsfähigkeit auszugehen.

III. Der Kaufvertrag im Verhältnis F – C ist wirksam.

Fazit

1. Die Problematik dieses Falls erschließt sich spätestens, wenn ihr nochmals das Fazit des vorigen Falls aufmerksam lest.

2. Abermals war der Punkt ***„Genehmigung“*** das Kernstück der Prüfung. Die Lösung erschloss sich über § 108 und § 109 (spätestens jetzt lesen).

Hier hat C den gesetzlichen Vertreter V des F gemäß 108 II 1 zur Genehmigung des Vertrags aufgefordert und V hat die Genehmigung dann innerhalb der Zwei-Wochen-Frist des § 108 II 2 erklärt. Zwar hat C zwischenzeitlich den gemäß § 109 I 1 grundsätzlich bis zur Erteilung der Genehmigung möglichen Widerruf erklärt. Die Erklärung durfte gemäß § 109 I 2 auch dem Minderjährigen gegenüber erfolgen. Der Widerrufende C kannte aber die Minderjährigkeit. Gemäß § 109 II Hs. 1 läuft dann jedoch der Widerruf leer, weil der Minderjährige auch nicht der Wahrheit zuwider die Einwilligung des gesetzlichen Vertreters behauptet hat.

Achtung: Beachtet bei Fällen dieser Art außerdem § 109 II Hs. 2. Dort ist eine Ausnahme der Ausnahme normiert.

3. Vergleicht bitte diesen Fall mit Fall 30 im Kapitel „Stellvertretung“. Ja sowas!

4. Recht selten sind im Übrigen Klausuren, in denen ***§ 111*** eine größere Rolle spielt. § 111 bezieht sich nicht auf einen Vertrag, sondern auf ein ***einseitiges Rechtsgeschäft*** eines Minderjährigen. Einseitige Rechtsgeschäfte sind etwa die Anfechtung oder die Kündigung.

5. Die §§ 112 und 113 betreffen den Bereich Arbeitsrecht, der in diesem Fallbuch nicht bearbeitet wird.

6. Und jetzt folgen viele Fälle zur Anfechtung …

Anfechtung

- Eine kleine Einführung

In diesem Kapitel werdet ihr euch mit der Anfechtung herumquälen und die an sich recht einfache Systematik aufsaugen.

Der Dreh- und Angelpunkt jeder Anfechtungsprüfung sind die verschiedenen ***Anfechtungsgründe***. Lest spaßeshalber schon jetzt ***§ 119 I***, ***§ 119 II***, ***§ 120*** und ***§ 123***. Doch damit nicht genug. Insbesondere im Bereich der Anfechtung nach ***§ 119 I*** werden euch Konstellationen ereilen, die ihr vielleicht nie für möglich gehalten hättet. Lasst euch überraschen ...

Die Anfechtung bietet aber etwas ganz Besonderes: Sie ist ausweislich des ***§ 142*** ein ***Gestaltungsrecht***. Soll heißen: Wenn ein Anfechtungsgrund vorliegt, hat das nicht etwa die Nichtigkeit oder Unwirksamkeit des Rechtsgeschäfts zur Folge. Die Anfechtung muss ***erklärt*** werden. Das ergibt sich aus ***§ 143***.

Außerdem sind – je nach Anfechtungsgrund – unterschiedliche ***Anfechtungsfristen*** zu beachten. Schaut doch einmal in ***§ 121*** und in ***§ 124***. Jaja ...

Macht euch vor allem mit dem besonderen ***Aufbau der Anfechtungsprüfung*** vertraut.

Bezüglich des Prüfungseinstiegs ist ***§ 142*** zu berücksichtigen. Wenn § 142 I bestimmt, dass ein angefochtenes Rechtsgeschäft als von Anfang an nichtig anzusehen ist, so ist dies missverständlich. Nicht ein Vertrag wird angefochten, sondern allenfalls eine einen Vertrag begründende Willenserklärung (beim Kaufvertrag das Angebot = Willenserklärung und/oder die Annahme = Willenserklärung). Der Gesetzgeber meint also: Eine angefochtene Willenserklärung ist als von Anfang an nichtig anzusehen. Daraus folgt, dass es keinen Vertrag gibt, der erst durch diese Willenserklärung zustande gekommen ist bzw. wäre. Einen Anspruch, der erst aus dem Vertrag resultieren kann, gibt es dann auch nicht. Noch einmal ganz einfach und verkürzt: § 142 I meint Willenserklärung. Wenn keine Willenserklärung, dann auch kein Vertrag. Wenn kein Vertrag, dann auch kein Anspruch.

Wie ihr diese grundsätzlichen Überlegungen in der Klausur umsetzen könnt, zeigen die folgenden Fälle. Und ab ...

Fall 39

R möchte auf seinem parkähnlichen Grundstück eine zwei Meter hohe Buddha-Statue aufstellen. Zu deren Erwerb wendet er sich schriftlich an den Asiatika-Sammler A, der unter anderem eine solche Statue sein Eigen nennt. Anstatt – wie gewollt – ein Angebot in Höhe von 2.000 € zu unterbreiten, bringt R versehentlich eine Null zu viel zu Papier. A liest korrekt „20.000 €" und antwortet entzückt, er sei mit dem Verkauf einverstanden. Bei der Anlieferung verlangt er von R 20.000 €. R erklärt gegenüber A, er fechte den Vertrag an, da er sich verschrieben habe. A beharrt auf Zahlung des schriftlich erklärten Preises.

Frage: Hat A gegen R einen Kaufpreisanspruch in Höhe von 20.000 € ?

Lösungsskizze Fall 39

- A gegen R Kaufpreiszahlung (20.000 €) gemäß § 433 II ?

I. Anspruch entstanden ?

1. Kaufvertrag, § 433 ?
= zwei übereinstimmende Willenserklärungen = Angebot und Annahme

a. Willenserklärung des R = Angebot ?

HIER (+) → schriftliches Angebot zum Kauf der Statue für 20.000 €

b. Willenserklärung des A = Annahme ?

HIER (+) → Annahme über 20.000 €

c. also: Kaufvertrag, § 433 **(+)**

2. Wirksame Anfechtung (der Willenserklärung des R) ?

a. Anfechtungsgrund ?

aa. § 119 I ?
= Irrtum in Form des Erklärungsirrtums

HIER (+) → R hat einen Kaufpreis von 20.000 € erklärt, wollte aber tatsächlich einen Preis 2.000 € erklären; insofern fallen Erklärtes und Gewolltes unbewusst auseinander

bb. also: Anfechtungsgrund **(+)**

b. Erklärung der Anfechtung, § 143 ?
= Gestaltungsrecht !!!

HIER (+) → R hat gegenüber A die Anfechtung erklärt

c. Wahrung der Anfechtungsfrist ?
= bei § 119 → § 121

HIER (+) → R hat gegenüber A die Anfechtung unverzüglich nach Kenntnis des Anfechtungsgrundes erklärt, § 121 I

d. Kein Ausschluss der Anfechtung ? **(+)**

e. also: wirksame Anfechtung **(+)** → ***die angefochtene Willenserklärung ist gemäß § 142 als von Anfang an nichtig anzusehen; also existiert auch kein Vertrag***

3. also: Anspruch entstanden **(–)**

II. Ergebnis:
A gegen R Kaufpreiszahlung (20.000 €) gemäß § 433 II (–)

Formulierungsvorschlag Fall 39

- A gegen R Kaufpreiszahlung (20.000 €) gemäß § 433 II

A könnte gegen R einen Anspruch auf Kaufpreiszahlung in Höhe von 20.000 € gemäß § 433 II haben.

I. Dann müsste der Anspruch zunächst entstanden sein.

1. Dies setzt einen wirksamen Kaufvertrag, § 433 zwischen den Parteien voraus. Ein Kaufvertrag besteht aus zwei übereinstimmenden Willenserklärungen, Angebot und Annahme.

a. R hat bezüglich der Statue ein schriftliches Kaufangebot in Höhe von 20.000 € abgegeben.

b. A hat dieses Angebot angenommen.

c. Mithin haben die Parteien einen diesbezüglichen Kaufvertrag geschlossen.

2. R könnte jedoch seine zum Vertragsschluss führende Willenserklärung wirksam angefochten haben. Dann wäre die Willenserklärung als von Anfang an nichtig anzusehen, § 142 I.

a. Fraglich ist, ob ein Anfechtungsgrund besteht.

aa. In Betracht kommt eine Anfechtung der Willenserklärung des R (Angebot) gemäß § 119 I wegen eines Erklärungsirrtums. R hat einen Kaufpreis von 20.000 € erklärt, wollte aber tatsächlich einen Preis 2.000 € erklären. Er hat sich verschrieben. Insofern fallen Erklärtes und Gewolltes auseinander. Demnach liegt ein Erklärungsirrtum im Sinne des § 119 I vor.

bb. Also besteht ein Anfechtungsgrund.

b. Der Anfechtende müsste die Anfechtung gegenüber dem Anfechtungsgegner erklärt haben, § 143. R hat gegenüber A die Anfechtung erklärt.

c. Zudem hat R die Anfechtung in der im Falle des § 119 geltenden Anfechtungsfrist des § 121, nämlich unverzüglich nach Kenntnis des Anfechtungsgrundes erklärt.

d. Ein Ausschluss der Anfechtung ist nicht ersichtlich.

e. Da alle Voraussetzungen einer wirksamen Anfechtung vorliegen, ist die Willenserklärung des R gemäß § 142 als von Anfang an nichtig anzusehen. Mithin fehlt es an einer der beiden für einen Kaufvertragsabschluss erforderlichen Willenserklärungen, also existiert auch kein Kaufvertrag.

3. Demnach ist der Anspruch nicht entstanden.

II. A hat gegen R keinen Anspruch auf Kaufpreiszahlung in Höhe von 20.000 € gemäß § 433 II.

Fazit

1. Ein paar Worte zum ***Aufbau*** einer ***Anfechtungsprüfung***: Wenn ihr euch die Mühe macht, diverse Lehrbücher, Fallsammlungen und sonstige Publikationen inhaltlich zu Gemüte zu führen, werdet ihr feststellen müssen, dass – gelinde gesagt – ein heilloses Durcheinander bezüglich des Einstiegs in die Anfechtungsprüfung und im Folgenden bezüglich der Reihenfolge der Prüfungspunkte herrscht.

   Der Prüfungseinstieg ist tatsächlich kein leichter. Und das liegt im Grunde an der Formulierung des Gesetzes. Üblicherweise ist zu erwarten, dass beim Vorliegen bestimmter Voraussetzungen zwingend eine bestimmte Rechtsfolge eintritt. Nun bestimmt das Gesetz jedoch in § 142, ein anfechtbares Rechtsgeschäft sei von Anfang an als nichtig anzusehen, wenn es angefochten wird. Eine bestimmte Rechtsfolge soll also nur dann eintreten, wenn ... angefochten wird. Und wie wird angefochten? Darüber gibt § 143 Auskunft: Die Anfechtung erfolgt durch Erklärung gegenüber dem Anfechtungsgegner. Nur wenn die Anfechtung erklärt wird, tritt – bei Vorliegen der übrigen Voraussetzungen – die Rechtsfolge ein. Bei der Anfechtung handelt es sich – weil sie erklärt werden muss – um ein sogenanntes Gestaltungsrecht.

   All dies hat Konsequenzen für den Prüfungseinstieg und für den Prüfungsaufbau. Ihr könnt eben nicht schreiben: „XY könnte einen Anspruch auf Anfechtung haben." Denn es gibt aus den genannten Gründen eben gerade keinen Anfechtungsanspruch. Auch das alleinige Vorliegen eines Anfechtungsgrundes (etwa aus § 119 I oder § 119 II) „kippt" einen gegen den Anfechtungsberechtigten gerichteten Anspruch nicht. Deshalb darf es auch nicht heißen: „Der Anspruch wäre nicht entstanden, wenn ein Anfechtungsgrund vorliegt."

2. Vielmehr erscheint es zwingend, bezüglich des Prüfungseinstiegs § 142 zu berücksichtigen. Und das geht so: Macht euch die folgenden Umstände klar und setzt sie dann in der Klausur um. Wenn § 142 I bestimmt, dass ein angefochtenes Rechtsgeschäft als von Anfang an nichtig anzusehen ist, so ist dies missverständlich. Nicht ein Vertrag wird angefochten, sondern allenfalls eine

einen Vertrag begründende Willenserklärung (beim Kaufvertrag das Angebot = Willenserklärung und/oder die Annahme = Willenserklärung). Der Gesetzgeber meint also: Eine angefochtene Willenserklärung ist als von Anfang an nichtig anzusehen. Daraus folgt, dass es keinen Vertrag gibt, der erst durch diese Willenserklärung zustande gekommen ist bzw. wäre. Einen Anspruch, der erst aus dem Vertrag resultieren kann, gibt es also dann auch nicht. Noch einmal ganz einfach und verkürzt: § 142 I meint Willenserklärung. Wenn keine Willenserklärung, dann auch kein Vertrag. Wenn kein Vertrag, dann auch kein Anspruch.

Da § 142 I bestimmt, dass die ***Willenserklärung*** als ***von Anfang an nichtig*** anzusehen ist, spielt sich die Prüfung innerhalb des Prüfungspunktes ***„Anspruch entstanden“*** ab. Denn die Willenserklärung wird so behandelt, als sei sie nichtig. Den Wortlaut des Prüfungseinstiegs durftet ihr im Formulierungsvorschlag kennenlernen. Bringt es so oder ähnlich zu Papier.

3. Nachdem ihr den Prüfungseinstieg gemeistert habt, stellt sich gleich die nächste Frage: In welcher ***Reihenfolge*** werden die ***Anfechtungsvoraussetzungen*** geprüft? Auch hier herrscht in der Darstellung der verschiedenen Publikationen Uneinigkeit. Viele prüfen eingangs, ob ein Anfechtungsgrund vorliegt. Das bietet sich gesetzessystematisch an, da die Anfechtungsvorschriften schließlich mit § 119 I beginnen. Einige Stimmen halten das für verfehlt und beginnen mit der Prüfung der Anfechtungserklärung.

Egal für welche Möglichkeit ihr euch entscheidet: In der Fallbearbeitung kann sowohl dieser als auch jener Aufbau „unglücklich“ sein.

Ich bevorzuge grundsätzlich den folgenden Aufbau:

a. Anfechtungsgrund ? wenn (+):
b. Anfechtungserklärung ? wenn (+):
c. Wahrung der Anfechtungsfrist ? wenn (+):
d. Kein Ausschluss der Anfechtung ?

Aber: Im Zweifel dürfte euch kein Korrektor einen Strick daraus drehen, wenn ihr die Prüfungsreihenfolge umstellt (erst Erklärung, dann ...). Es geht vornehmlich um eine inhaltlich richtige Prüfung.

Aberaber: Solltet ihr erkennen, dass das eigentliche Problem der Klausur in der Diskussion des Anfechtungsgrundes und/oder der -frist besteht, ist es ganz und gar verfehlt, die anstehende Prüfung dadurch zu sabotieren, dass ihr schon anfangs kühl lächelnd die Anfechtungserklärung deshalb verneint, weil sie nicht existiert. In solchen Fällen ist Problembewusstsein gefragt. Dann gilt es, etwaige Aufbaubedenken über Bord zu werfen und das Vorliegen der Anfechtungserklärung innerhalb der Anfechtungsprüfung weiter nach hinten zu schieben. Das Stichwort heißt wie so oft: ***Flexibilität***.

4. Zum Fall selbst: Probleme gab es hier – außer den eben beschriebenen – keine. Bei dem Irrtum handelte es sich um einen sogenannten ***Erklärungsirrtum***, der sich in § 119 I wiederfindet. Wichtig: In der Klausur erscheint es müßig, zwischen § 119 I 1. Fall und § 119 I 2. Fall zu unterscheiden. Die Grenzen sind fließend.

Überdies könntet ihr allerdings auf den Gedanken gekommen sein, in der Anfechtung der Willenserklärung bezüglich des Kaufpreises in Höhe von 20.000 € liege konkludent ein (wirksames) Angebot bezüglich eines Kaufpreises in Höhe von 2.000 €. Eine derartige Auslegung des Sachverhalts geht mir zu weit. Aber wenn sie nicht zu weit ginge. Was wäre denn dann? Dann hätte und hat A ein solches Angebot nicht angenommen. Er will die Mörderkohle und nicht ein Almosen.

5. Der Fall funktioniert im Übrigen genauso, wenn sich der Erklärende – anstatt sich zu verschreiben – verspricht.

6. Merkt euch an dieses Stelle: Beim ***Erklärungsirrtum*** will der Erklärende die Erklärung so gar nicht abgeben. Er will eine andere Erklärung abgeben.

Fall 40

Großvater G, der seit dem Krieg mit argen Existenzängsten kämpft, hat seinen Keller mit Vorräten jeglicher Art voll gestopft. Da er Platz für eine Palette Dosensuppe schaffen möchte, bietet er seinem Sohn S „20 Schock Senftuben zu 0,20 € die Tube" an. S ist entzückt und verspricht, die Tuben alsbald abzuholen. Bei der Zusage war er fälschlicherweise davon ausgegangen, bei einem Schock handele es sich um eine Großpackung a zehn Tuben. Tatsächlich bezeichnet die altertümliche Mengenangabe „Schock" je 60 Stück. Als S hiervon erfährt, erklärt er gegenüber G, er habe sich bezüglich der Menge geirrt und wolle deshalb am Vertrag nicht festhalten.

Frage: Hat G gegen S einen Kaufpreisanspruch in Höhe von 240 € ?

Lösungsskizze Fall 40

- G gegen S Kaufpreiszahlung (240 €) gemäß § 433 II ?

I. Anspruch entstanden ?

1. Kaufvertrag, § 433 ?
= zwei übereinstimmende Willenserklärungen = Angebot und Annahme

a. Willenserklärung des G = Angebot ?

HIER (+) → Angebot zum Verkauf von 20 Schock Senftuben a 0,20 € pro Tube, also 20 x 60 x 0,20 € = 240 €

***b. Willenserklärung des S = Annahme ?* (+)**

***c. also: Kaufvertrag, § 433* (+)**

2. Wirksame Anfechtung (der Willenserklärung des S) ?

a. Anfechtungsgrund ?

aa. § 119 I ?
= Irrtum in Form des Inhaltsirrtums (hier: Verlautbarungsirrtums)

HIER (+) → S hat auf das Angebot des G allgemein entäußert, er kaufe (20 x 60 =) 1200 Tuben zu einem Preis von 0,20 € pro Tube; tatsächlich wollte er aber den Kauf von (20 x 10 =) 200 Tuben zum angegebenen Preis erklären; insofern fallen Erklärtes und Gewolltes auseinander

***bb. also: Anfechtungsgrund* (+)**

b. Erklärung der Anfechtung, § 143 ?
= Gestaltungsrecht !!!

HIER (+) → S hat gegenüber G die Anfechtung erklärt

c. Wahrung der Anfechtungsfrist ?
= bei § 119 → § 121

HIER (+) → S hat gegenüber G die Anfechtung unverzüglich nach Kenntnis des Anfechtungsgrundes erklärt, § 121 I

***d. Kein Ausschluss der Anfechtung ?* (+)**

e. also: wirksame Anfechtung* (+) → *die angefochtene Willenserklärung ist gemäß § 142 als von Anfang an nichtig anzusehen; also existiert auch kein Vertrag

***3. also: Anspruch entstanden* (–)**

II. Ergebnis:
G gegen S Kaufpreiszahlung (240 €) gemäß § 433 II (–)

Formulierungsvorschlag Fall 40

- G gegen S Kaufpreiszahlung (240 €) gemäß § 433 II

G könnte gegen S einen Anspruch auf Kaufpreiszahlung in Höhe von 240 € gemäß § 433 II haben.

I. Dann müsste der Anspruch zunächst entstanden sein.

1. Dies setzt einen wirksamen Kaufvertrag, § 433 zwischen den Parteien voraus. Ein Kaufvertrag besteht aus zwei übereinstimmenden Willenserklärungen, Angebot und Annahme.

a. G hat ein Angebot zum Verkauf von 20 Schock Senftuben a 0,20 € pro Tube, also 20 x 60 x 0,20 € = 240 € abgegeben.

b. S hat durch seine allgemeine zustimmende Erklärung genau dieses Angebot angenommen.

c. Mithin haben die Parteien einen diesbezüglichen Kaufvertrag geschlossen.

2. S könnte jedoch seine zum Vertragsschluss führende Willenserklärung wirksam angefochten haben. Dann wäre die Willenserklärung als von Anfang an nichtig anzusehen, § 142 I.

a. Fraglich ist, ob ein Anfechtungsgrund besteht.

aa. In Betracht kommt eine Anfechtung der Willenserklärung des S (Annahme) gemäß § 119 I wegen eines Inhaltsirrtums. S hat auf das Angebot des G allgemein entäußert, er kaufe (20 x 60 =) 1200 Tuben zu einem Preis von 0,20 € pro Tube. Tatsächlich wollte er aber den Kauf von (20 x 10 =) 200 Tuben zum angegebenen Preis erklären. Insofern fallen Erklärtes und Gewolltes auseinander. Es liegt ein Inhaltsirrtum im Sinne des § 119 I in Form des sogenannten Verlautbarungsirrtums vor.

bb. Also besteht ein Anfechtungsgrund.

b. Der Anfechtende müsste die Anfechtung gegenüber dem Anfechtungsgegner erklärt haben, § 143. S hat gegenüber G die Anfechtung erklärt.

c. Zudem hat S die Anfechtung in der im Falle des § 119 geltenden Anfechtungsfrist des § 121, nämlich unverzüglich nach Kenntnis des Anfechtungsgrundes erklärt.

d. Ein Ausschluss der Anfechtung ist nicht ersichtlich.

e. Da alle Voraussetzungen einer wirksamen Anfechtung vorliegen, ist die Willenserklärung des S gemäß § 142 als von Anfang an nichtig anzusehen. Mithin fehlt es an einer der beiden für einen Kaufvertragsabschluss erforderlichen Willenserklärungen, also existiert auch kein Kaufvertrag.

3. Demnach ist der Anspruch nicht entstanden.

II. G hat gegen S keinen Anspruch auf Kaufpreiszahlung in Höhe von 240 € gemäß § 433 II.

Fazit

1. Bezüglich der verschiedenen Möglichkeiten des Aufbaus einer Anfechtungsprüfung solltet ihr abermals das Fazit des vorigen Falles lesen.

2. Wenn ihr das System der Anfechtungsprüfung verinnerlicht habt, müsst ihr euch mit einzelnen Fallgestaltungen herumquälen, um ein Gespür für die Lösung schwierigerer Fälle zu entwickeln.

Hier war in der Anfechtungsprüfung herauszuarbeiten, dass es sich um einen ***Inhaltsirrtum*** nach ***§ 119 I*** handelt. S hat sich über den ***Geschäftsgegenstand*** geirrt. Der Erklärende hat sich nicht nur versprochen oder verschrieben (Erklärungsirrtum), sondern wollte genau das entäußern, was er schlussendlich auch entäußert hat. Er hat allerdings das, was er entäußern wollte und auch entäußert hat, inhaltlich falsch gewertet.

Während der Erklärende beim ***Erklärungsirrtum*** die Erklärung so gar nicht abgeben will, sondern eine andere Erklärung, will der Erklärende beim ***Inhaltsirrtum*** die Erklärung exakt so abgeben, aber nicht mit diesem Inhalt.

3. Der präsentierte Irrtum ist üblicherweise in einen Fall eingebettet, in dem die Mengenbezeichnung „Gros" eine Rolle spielt. Als Stichwort taucht ab und an der Terminus ***Verlautbarungsirrtum*** auf. Was ist ein Gros? Ein Dutzend mal ein Dutzend (12 x 12), also 144 Stück.

4. ***Achtung:*** Im Rahmen einer Anfechtungsprüfung spielt es nie eine Rolle, ob der Irrende den Irrtum hätte vermeiden können. Unglaublich, aber wahr: Man darf richtig dumm sein.

Fall 41

X möchte in seine hellblaue Villa neue Fenster mit rosafarbenen Profilen einbauen lassen. Hierzu will er den ihm bekannten Fensterbauer „Frickel“ (F_1) beauftragen, dessen Arbeit er sehr schätzt. Fälschlicherweise richtet er ein entsprechendes Schreiben jedoch an einen anderen Fensterbauer, der ebenfalls den Namen „Frickel“ trägt. Diesen bittet er, den Fensterbau und -einbau für 30.000 € vorzunehmen. Der angeschriebene Handwerker (F_2) meldet sich bei X und erklärt seine Bereitschaft. Erst einige Tage später bemerkt X die Verwechslung und erklärt gegenüber F_2, falls überhaupt ein Vertrag zustande gekommen sei, wolle er nicht daran festhalten. Er habe sich in der Person geirrt. F_2 beharrt auf der Fertigung und dem Einbau der Fenster gegen die versprochene Vergütung.

Frage: Hat F_2 gegen X einen Vergütungsanspruch in Höhe von 30.000 € ?

Lösungsskizze Fall 41

- F_2 gegen X Zahlung der Vergütung (30.000 €) gemäß § 631 I ?

Vorüberlegung (gehört nicht in die Formulierung)*:*
Ist ***Werkvertragsrecht*** oder ***Kaufrecht*** anwendbar? Das hängt davon ab, wie der zwischen den Parteien geschlossene Vertrag rechtlich zu werten ist. Kaufrecht findet Anwendung, wenn es sich um einen ***Werklieferungsvertrag*** handelt, ***§ 651***. Im Werklieferungsvertrag geht es insbesondere um die Herstellung beweglicher Sachen. Werkvertragsrecht findet Anwendung, wenn es sich um einen ***Werkvertrag*** handelt, ***§ 631***. Im Werkvertrag geht es um die Herstellung unkörperlicher Werke oder um die Herstellung körperlicher Werke, die im Zusammenhang mit Immobilien stehen. F_2 soll ein Werk herstellen, das im Zusammenhang mir einer Immobilie steht. Somit handelt es sich um einen ***Werkvertrag***, ***§ 631***.

I. Anspruch entstanden ?

1. Werkvertrag, § 631 ?
= zwei übereinstimmende Willenserklärungen = Angebot und Annahme

a. Willenserklärung des X = Angebot ?

HIER (+) → Angebot zum Bau und Einbau von Fenstern für 30.000 €

b. Willenserklärung des F_2 = Annahme ?

HIER (+) → diesbezügliche Annahme

***c. also: Werkvertrag, § 631* (+)**

2. Wirksame Anfechtung (der Willenserklärung des X) ?

a. Anfechtungsgrund ?

aa. § 119 I ?
= Irrtum in Form des Inhaltsirrtums (hier: Identitätsirrtums)

HIER (+) → X hat den ihm unbekannten F2 mit den Fensterarbeiten betraut; tatsächlich wollte er aber, dass F1 die Arbeiten ausführt; insofern fallen Erklärtes und Gewolltes auseinander

***bb. also: Anfechtungsgrund* (+)**

b. Erklärung der Anfechtung, § 143 ?
= Gestaltungsrecht !!!

HIER (+) → X hat gegenüber F2 die Anfechtung erklärt

c. Wahrung der Anfechtungsfrist ?
= bei § 119 → § 121

HIER (+) → X hat gegenüber F2 die Anfechtung unverzüglich nach Kenntnis des Anfechtungsgrundes erklärt, § 121 I

***d. Kein Ausschluss der Anfechtung ?* (+)**

e. also: wirksame Anfechtung* (+) → *die angefochtene Willenserklärung ist gemäß § 142 als von Anfang an nichtig anzusehen; also existiert auch kein Vertrag

***3. also: Anspruch entstanden* (–)**

II. Ergebnis:
F2 gegen X Zahlung der Vergütung (30.000 €) gemäß § 631 I (–)

Formulierungsvorschlag Fall 41

- F2 gegen X Zahlung der Vergütung (30.000 €) gemäß § 631 I

F2 könnte gegen X einen Anspruch auf Zahlung der Vergütung in Höhe von 30.000 € gemäß § 631 I haben.

I. Dann müsste der Anspruch zunächst entstanden sein.

1. Dies setzt einen wirksamen Werkvertrag, § 631 zwischen den Parteien voraus. Ein Werkvertrag beinhaltet – im Gegensatz zum Werklieferungsvertrag, § 651 – unter anderem die Herstellung körperlicher Werke, die im Zusammenhang mit Immobilien stehen. Der Werkvertrag besteht aus zwei übereinstimmenden Willenserklärungen, Angebot und Annahme.

a. X hat ein Angebot zum Bau und zum Einbau von Fenstern für 30.000 € in seine Villa, also im Zusammenhang mit einer Immobilie, unterbreitet.

b. F2 hat dieses Angebot angenommen.

c. Mithin haben die Parteien einen diesbezüglichen Werkvertrag geschlossen.

2. X könnte jedoch seine zum Vertragsschluss führende Willenserklärung wirksam angefochten haben. Dann wäre die Willenserklärung als von Anfang an nichtig anzusehen, § 142 I.

a. Fraglich ist, ob ein Anfechtungsgrund besteht.

aa. In Betracht kommt eine Anfechtung der Willenserklärung des X (Angebot) gemäß § 119 I wegen eines Inhaltsirrtums. X hat den ihm unbekannten F_2 mit den Fensterarbeiten betraut. Tatsächlich wollte er aber, dass F_1 die Arbeiten ausführt. Insofern fallen Erklärtes und Gewolltes auseinander. Es liegt ein Inhaltsirrtum im Sinne des § 119 I in Form des sogenannten Identitätsirrtums vor.

bb. Also besteht ein Anfechtungsgrund.

b. Der Anfechtende müsste die Anfechtung gegenüber dem Anfechtungsgegner erklärt haben, § 143. X hat gegenüber F_2 die Anfechtung erklärt.

c. Zudem hat X die Anfechtung in der im Falle des § 119 geltenden Anfechtungsfrist des § 121, nämlich unverzüglich nach Kenntnis des Anfechtungsgrundes erklärt.

d. Ein Ausschluss der Anfechtung ist nicht ersichtlich.

e. Da alle Voraussetzungen einer wirksamen Anfechtung vorliegen, ist die Willenserklärung des X gemäß § 142 als von Anfang an nichtig anzusehen. Mithin fehlt es an einer der beiden für einen Vertragsabschluss erforderlichen Willenserklärungen, also existiert auch kein Werkvertrag.

3. Demnach ist der Anspruch nicht entstanden.

II. F_2 hat gegen X keinen Anspruch auf Zahlung der Vergütung in Höhe von 30.000 € gemäß § 631 I.

Fazit

1. Wie eine Anfechtungsprüfung beim Anfechtungsgrund des ***§ 119 I*** aufzubauen ist, wisst ihr mittlerweile.

2. Hier ging es abermals um einen ***Inhaltsirrtum*** im Sinne des § 119 I, diesmal in der Variante des sogenannten ***Identitätsirrtum***s bzw. des ***Irrtums über die Identität des Geschäftspartners***.

   Noch einmal: Der Erklärende hat sich nicht nur versprochen oder verschrieben (Erklärungsirrtum), sondern wollte genau das entäußern, was er schlussendlich auch entäußert hat. Er hat allerdings das, was er entäußern wollte und auch entäußert hat, inhaltlich falsch gewertet.

   Während der Erklärende beim ***Erklärungsirrtum*** die Erklärung so gar nicht abgeben will, sondern eine andere Erklärung, will der Erklärende beim ***Inhaltsirrtum*** die Erklärung exakt so abgeben, aber nicht mit diesem Inhalt.

3. Und: Im Rahmen einer Anfechtungsprüfung spielt die Vermeidbarkeit eines Irrtums nie eine Rolle.

4. Anfängern könnte allerdings der Einstieg in die Prüfung Probleme bereitet haben. Fraglich war nämlich, ob sich ein Vergütungsanspruch aus § 631 oder § 651 ergibt. Das hängt davon ab, ob für einen Vertrag der im Sachverhalt be-

schriebener Art ***Werkvertragsrecht*** oder ***Kaufrecht*** anwendbar ist. Kaufrecht findet Anwendung, wenn es sich um einen ***Werklieferungsvertrag*** handelt, ***§ 651***. Im Werklieferungsvertrag geht es insbesondere um die Herstellung beweglicher Sachen. Werkvertragsrecht findet Anwendung, wenn es sich um einen ***Werkvertrag*** handelt, ***§ 631***. Im Werkvertrag geht es um die Herstellung unkörperlicher Werke oder um die Herstellung körperlicher Werke, die im Zusammenhang mit Immobilien stehen. Der Vertragspartner sollte ein Werk herstellen, das im Zusammenhang mir einer Immobilie steht. Somit handelte es sich um einen ***Werkvertrag***, ***§ 631***. Damit war § 631 I die richtige Anspruchsgrundlage für den Vergütungsanspruch.

Fall 42

Kurz vor der lange ersehnten Urlaubsreise nach Andorra erleidet der Pkw des D einen Totalschaden. Nachbar N bietet dem D an, ihm seinen Kombi für die fragliche Zeit zu „leihen“. D freut sich und erklärt, er sei einverstanden. Unmittelbar vor der Abreise äußert N gegenüber D, nun müsse aber noch über den „Leihpreis“ gesprochen werden. Es stellt sich heraus, dass N dem D das Auto nur gegen Entgelt zur Verfügung stellen wollte und – wie umgangssprachlich nicht unüblich – anstatt des Begriffs „Miete“ den Begriff „Leihe“ verwendet hat. D besteht auf der unentgeltlichen Überlassung des Pkw. N dagegen äußert, unter diesen Umständen wolle er nicht am Vertrag festhalten. Er habe sich über die Bedeutung des Begriffes „Leihe“ geirrt.

Frage: Hat D gegen N einen Anspruch auf unentgeltliche Überlassung des Pkw ?

Lösungsskizze Fall 42

- D gegen N unentgeltliche Überlassung des Pkw gemäß § 598 ?

I. Anspruch entstanden ?

1. Leihvertrag, § 598 ?
= zwei übereinstimmende Willenserklärungen = Angebot und Annahme

a. Willenserklärung des N = Angebot ?

HIER (+) → Angebot zur unentgeltlichen Gebrauchsüberlassung

b. Willenserklärung des D = Annahme ?

HIER (+) → diesbezügliche Annahme

***c. also: Leihvertrag, § 598* (+)**

2. Wirksame Anfechtung (der Willenserklärung des N) ?

a. Anfechtungsgrund ?

aa. § 119 I ?
= Irrtum in Form des Inhaltsirrtums (hier: Rechtsirrtums)

HIER (+) → N hat objektiv erklärt, er wolle den Wagen unentgeltlich überlassen; seine Erklärung bezog sich auf eine Leihe; tatsächlich wollte er aber eine entgeltliche Gebrauchsüberlassung, also eine Miete (§ 535); insofern fallen Erklärtes und Gewolltes auseinander; es liegt ein sogenannter Rechtsirrtum vor; N hat sich über die Rechtsnatur des Geschäftes geirrt

***bb. also: Anfechtungsgrund* (+)**

b. Erklärung der Anfechtung, § 143 ?
= Gestaltungsrecht !!!

HIER (+) → N hat gegenüber D die Anfechtung erklärt

c. Wahrung der Anfechtungsfrist ?
= bei § 119 → § 121

HIER (+) → N hat gegenüber D die Anfechtung unverzüglich nach Kenntnis des Anfechtungsgrundes erklärt, § 121 I

d. Kein Ausschluss der Anfechtung ? (+)

e. also: wirksame Anfechtung (+) → die angefochtene Willenserklärung ist gemäß § 142 als von Anfang an nichtig anzusehen; also existiert auch kein Vertrag

3. also: Anspruch entstanden (–)

II. Ergebnis:
D gegen N unentgeltliche Überlassung des Pkw gemäß § 598 (–)

Formulierungsvorschlag Fall 42

- D gegen N unentgeltliche Überlassung des Pkw gemäß § 598

D könnte gegen N einen Anspruch auf unentgeltliche Überlassung des Pkw gemäß § 598 haben.

I. Dann müsste der Anspruch zunächst entstanden sein.

1. Dies setzt einen wirksamen Leihvertrag, § 598 zwischen den Parteien voraus. Der Leihvertrag besteht aus zwei übereinstimmenden Willenserklärungen, Angebot und Annahme.

a. N hat ein Angebot zur „Leihe“ seines Pkw, also ein Angebot bezüglich der unentgeltlichen Gebrauchsüberlassung ausgesprochen.

b. D hat dieses Angebot angenommen.

c. Mithin haben die Parteien einen diesbezüglichen Leihvertrag geschlossen.

2. N könnte jedoch seine zum Vertragsschluss führende Willenserklärung wirksam angefochten haben. Dann wäre die Willenserklärung als von Anfang an nichtig anzusehen, § 142 I.

a. Fraglich ist, ob ein Anfechtungsgrund besteht.

aa. In Betracht kommt eine Anfechtung der Willenserklärung des N (Angebot) gemäß § 119 I wegen eines Inhaltsirrtums. N hat objektiv erklärt, er wolle den Wagen unentgeltlich überlassen. Seine Erklärung bezog sich auf eine Leihe. Tatsächlich wollte er aber eine entgeltliche Gebrauchsüberlassung, also eine Miete (§ 535). Insofern fallen Erklärtes und Gewolltes auseinander. Es liegt ein sogenannter Rechtsirrtum vor. N hat sich über die Rechtsnatur des Geschäftes geirrt.

bb. Also besteht ein Anfechtungsgrund.

b. Der Anfechtende müsste die Anfechtung gegenüber dem Anfechtungsgegner erklärt haben, § 143. N hat gegenüber D die Anfechtung erklärt.

c. Zudem hat N die Anfechtung in der im Falle des § 119 geltenden Anfechtungsfrist des § 121, nämlich unverzüglich nach Kenntnis des Anfechtungsgrundes erklärt.

d. Ein Ausschluss der Anfechtung ist nicht ersichtlich.

e. Da alle Voraussetzungen einer wirksamen Anfechtung vorliegen, ist die Willenserklärung des N gemäß § 142 als von Anfang an nichtig anzusehen. Mithin fehlt es an einer der beiden für einen Vertragsabschluss erforderlichen Willenserklärungen, also existiert auch kein Leihvertrag.

3. Demnach ist der Anspruch nicht entstanden.

II. D hat gegen N keinen Anspruch auf unentgeltliche Überlassung des Pkw gemäß § 598.

Fazit

1. Als Anfechtungsgrund war wiederum ein Inhaltsirrtum im Sinne des § 119 I zu überdenken. Diesmal handelte es sich um einen sogenannten ***Rechtsirrtum***.

Beim Rechtsirrtum irrt sich der Erklärende über die ***Rechtsnatur des Geschäftes***. N hat objektiv erklärt, er wolle den Wagen unentgeltlich überlassen. Seine Erklärung bezog sich auf eine Leihe. Tatsächlich wollte er aber eine entgeltliche Gebrauchsüberlassung, also eine Miete. Insofern fallen Erklärtes und Gewolltes unbewusst auseinander. Ein solcher Rechtsirrtum berechtigt ebenfalls zur Anfechtung nach § 119 I.

2. Verwechselt den Rechtsirrtum bitte nicht mit dem unbeachtlichen ***Rechtsfolgeirrtum***. Ein – unbeachtlicher – Rechtsfolgeirrtum liegt vor, wenn der Erklärende sich über fernere Rechtsfolgen irrt. Das ist etwa der Fall, wenn er einen Kaufvertrag schließt, jedoch die Gewährleistungsfristen falsch wertet. Beim unbeachtlichen Rechtsfolgeirrtum irrt sich der Erklärende regelmäßig über „nebenbei“ gesetzlich ausgelöste Rechtsfolgen.

Fall 43

Der Ehemann E der erfolgreichen Geschäftsfrau F arbeitet in deren Büro als Sekretär. Während F in Saus und Braus leben kann, bedenkt sie ihren Mann lediglich mit einem allzu mageren Monatssalär. Der unzufriedene E ersinnt deshalb einen Plan. In der täglich vorzulegenden und Geschäftspost enthaltenden Unterschriftenmappe versteckt er zwischen den üblichen Schriftstücken eine eigens auf dem Firmenpapier der F gefertigte Bestellung bezüglich einer teuren Rolex-Uhr für 5.000 €, die er sich bei Zusendung einverleiben will. F bemerkt nichts und unterschreibt das Schriftstück, das später den Juwelier J erreicht. Nach der Uhrenzusendung durch J fliegt der Schwindel auf. F erklärt gegenüber J, sie habe sich über den Inhalt des an ihn gesendeten Schreibens geirrt und wolle deshalb nicht am Vertrag festhalten.

Frage: Hat J gegen F einen Zahlungsanspruch ?

Lösungsskizze Fall 43

- J gegen F Kaufpreiszahlung gemäß § 433 II ?

I. Anspruch entstanden ?

1. Kaufvertrag, § 433 ?
= zwei übereinstimmende Willenserklärungen = Angebot und Annahme

a. Willenserklärung der F = Angebot ?

HIER (+) → der äußere Tatbestand liegt vor; im inneren Tatbestand ist der Handlungswille der F zu bejahen; sie hatte das grundsätzliche Bewusstsein zu handeln; es fehlt auch nicht am notwendigen Erklärungswillen; F hatte als Geschäftsfrau beim Unterschreiben von Geschäftspost das Bewusstsein hierdurch irgendetwas rechtlich Erhebliches zu erklären; ein konkreter Geschäftswille ist zur Bejahung der Willenserklärung nicht erforderlich

b. Willenserklärung des J = Annahme ?

HIER (+) → spätestens in der Zusendung der Uhr an die Adresse der F liegt die Annahmeerklärung des J

c. also: Kaufvertrag, § 433 (+)

2. Wirksame Anfechtung (der Willenserklärung der F) ?

a. Anfechtungsgrund ?

aa. § 119 I ?
= Irrtum in Form des Inhaltsirrtums

HIER (+) → F hat objektiv erklärt, sie wolle die Uhr kaufen; tatsächlich wollte sie zwar eine geschäftliche Erklärung abgeben, sie handelte also mit Erklärungswillen; allerdings wollte sie nicht eine Erklärung dieses Inhalts abgeben; insofern fallen Erklärtes und Gewolltes auseinander

bb. also: Anfechtungsgrund **(+)**

b. Erklärung der Anfechtung, § 143 ?
= Gestaltungsrecht !!!

HIER (+) → F hat gegenüber J die Anfechtung erklärt

c. Wahrung der Anfechtungsfrist ?
= bei § 119 → § 121

HIER (+) → F hat gegenüber J die Anfechtung unverzüglich nach Kenntnis des Anfechtungsgrundes erklärt, § 121 I

d. Kein Ausschluss der Anfechtung ? **(+)**

e. also: wirksame Anfechtung (+) → die angefochtene Willenserklärung ist gemäß § 142 als von Anfang an nichtig anzusehen; also existiert auch kein Vertrag

3. also: Anspruch entstanden **(–)**

II. Ergebnis:
J gegen F Kaufpreiszahlung gemäß § 433 II (–)

Formulierungsvorschlag Fall 43

- J gegen F Kaufpreiszahlung gemäß § 433 II

J könnte gegen F einen Anspruch auf Kaufpreiszahlung gemäß § 433 II haben.

I. Dann müsste der Anspruch zunächst entstanden sein.

1. Dies setzt einen wirksamen Kaufvertrag, § 433 zwischen den Parteien voraus. Ein Kaufvertrag besteht aus zwei übereinstimmenden Willenserklärungen, Angebot und Annahme.

a. Fraglich ist, ob F ein Angebot unterbreitet hat.

Ein Angebot der F scheitert nicht schon am mangelnden äußeren Tatbestand der Willenserklärung. Von außen betrachtet lässt das Unterschreiben des Schriftstücks durch F aus der Sicht eines objektiven Dritten (Empfängerhorizont) auf ein Kaufangebot schließen.

Fraglich erscheint jedoch, wie es sich auswirkt, dass F nicht wusste, was sie unterschreibt. Es könnte ein Mindestbestandteil des inneren Tatbestandes fehlen. Grundsätzlich erforderlich sind der sogenannte Handlungswille und ein Erklärungswille. F hatte beim Unterschreiben des Schriftstücks das grundsätzliche Bewusstsein zu handeln, also einen Handlungswillen. Es fehlt auch nicht am notwendigen Erklärungswillen. F hatte als Geschäftsfrau beim Unterschreiben der Geschäftspost das Bewusstsein, hierdurch irgendetwas rechtlich Erhebliches zu erklären. Ein konkreter Geschäftswille ist zur Bejahung der Willenserklärung nicht erforderlich. Ein Angebot der F liegt demnach vor.

b. Spätestens in der Zusendung der Uhr an die Adresse der F liegt die Annahmeerklärung durch J.

c. Also besteht ein Kaufvertrag zwischen F und J.

2. F könnte jedoch ihre zum Vertragsschluss führende Willenserklärung wirksam angefochten haben. Dann wäre die Willenserklärung als von Anfang an nichtig anzusehen, § 142 I.

a. Fraglich ist, ob ein Anfechtungsgrund besteht.

aa. In Betracht kommt eine Anfechtung der Willenserklärung der F (Angebot) gemäß § 119 I wegen eines Inhaltsirrtums. F hat objektiv erklärt, sie wolle die Uhr kaufen. Tatsächlich wollte sie zwar eine geschäftliche Erklärung abgeben, sie handelte also mit Erklärungswillen. Allerdings wollte sie nicht eine Erklärung dieses Inhalts abgeben. Insofern fallen Erklärtes und Gewolltes auseinander.

bb. Also besteht ein Anfechtungsgrund.

b. Der Anfechtende müsste die Anfechtung gegenüber dem Anfechtungsgegner erklärt haben, § 143. F hat gegenüber J die Anfechtung erklärt.

c. Zudem hat F die Anfechtung in der im Falle des § 119 geltenden Anfechtungsfrist des § 121, nämlich unverzüglich nach Kenntnis des Anfechtungsgrundes erklärt.

d. Ein Ausschluss der Anfechtung ist nicht ersichtlich.

e. Da alle Voraussetzungen einer wirksamen Anfechtung vorliegen, ist die Willenserklärung der F gemäß § 142 als von Anfang an nichtig anzusehen. Mithin fehlt es an einer der beiden für einen Vertragsabschluss erforderlichen Willenserklärungen, also existiert auch kein Kaufvertrag.

3. Demnach ist der Anspruch nicht entstanden.

II. J hat gegen F keinen Anspruch auf Kaufpreiszahlung gemäß § 433 II.

Fazit

1. Das ***Unterschreiben ungelesener Schriftstücke*** berechtigt oft – aber nicht immer – zur Anfechtung nach § 119 I wegen eines Inhaltsirrtums.

   Wenn eine Person – wie hier – mit Erklärungswillen handelt, also weiß, dass sie irgendetwas rechtlich Erhebliches erklärt, darf sie anfechten, wenn die Willenserklärung „danebengeht“. Voraussetzung ist regelmäßig ein Handeln im geschäftlichen, also nicht im nur privaten Bereich.

   Handelt eine Person (nur) im privaten Bereich, scheitert eine Anfechtung bereits daran, dass keine Willenserklärung vorliegt, die angefochten werden könnte. Beispiel: Wird einem Unterzeichner von Privatpost eine geschäftliche Bestellung untergeschoben, fehlt es zwar nicht am Handlungswillen, da er ja weiß, dass er unterschreibt. Dem Unterzeichner fehlt aber der Erklärungswille, also der Wille, irgendetwas rechtlich Erhebliches zu erklären. Der Erklärungswille ist aber unabdingbare Voraussetzung für eine Willenserklärung. Ohne Willenserklärung gibt es aber nichts, was angefochten werden könnte. Falls euch hier etwas unklar sein sollte, helfen euch die ersten Fälle im Kapitel „Willenserklärung" sicherlich weiter.

2. Nicht zu verwechseln ist der beschriebene Fall mit der folgenden Konstellation: Eine Person unterschreibt ein Schriftstück und verzichtet bewusst darauf, sich mit dem Inhalt – z.B. Vertragsbedingungen – vertraut zu machen. Wer sich um nichts kümmert, kann sich später nicht darauf berufen, er habe sich über dieses und jenes geirrt. Mangels Irrtums scheidet eine Anfechtung aus.

3. Ein paar Worte zu Voraussetzungen der Anfechtungsprüfung, die bislang keine Probleme aufgeworfen haben:

Das Vorliegen eines Anfechtungsgrundes führt nicht automatisch zur Nichtigkeit einer Willenserklärung bzw. des auf der Willenserklärung basierenden Vertrags. Aus ***§ 143 I*** ergibt sich, dass die Anfechtung erklärt werden muss. Die ***Anfechtung*** ist ein ***Gestaltungsrecht***. Die ***Anfechtungserklärung*** als solche ist eine einseitige empfangsbedürftige Willenserklärung. Allgemein wird angenommen, dass zur Erklärung nicht die Angabe des Anfechtungsgrundes gehört.

Anfechtungsberechtigter ist bei der Anfechtung nach § 119 natürlich nur derjenige, der sich geirrt hat.

Wer ***Anfechtungsgegner*** ist, bestimmt ebenfalls § 143. Beim Vertrag ist es der jeweils andere Teil, § 143 II. Lest aber bitte auch § 143 III und IV.

Die Anfechtungserklärung allein reicht nicht aus, um wirksam anzufechten. Zusätzlich ist auf die Einhaltung der gesetzlich festgelegten ***Anfechtungsfrist***en zu achten. Für die Anfechtung nach § 119 ist die Frist des § 121 I zu beachten. Hiernach muss die Anfechtung ohne schuldhaftes Zögern, also unverzüglich erfolgen, nachdem der Anfechtungsberechtigte vom Anfechtungsgrund Kenntnis erlangt hat. Die Unverzüglichkeit fehlt nicht etwa, wenn der potenziell Anfechtungsberechtigte sich zunächst überlegt, ob er überhaupt anfechten kann und darf und diesbezüglichen rechtlichen Rat einholt. Beachtet im Übrigen auch § 121 I 2.

Letztlich ist zu überdenken, ob die Anfechtung ausgeschlossen ist. Der ***Ausschluss der Anfechtung*** findet sich z.B. in § 121 II (lesen) oder in § 144 I (lesen).

Fall 44

Weil Rechtsanwalt R einmal mehr schon zur Monatsmitte sein schmales Einkommen verprasst hat, wendet er sich an den Geldvermittler G, um kurzfristig einen Kredit zu erlangen. G schließt mit ihm einen Darlehensvertrag über 1.000 €, weil er davon ausgeht, dass R sich nur vorübergehend in einer finanziellen Krise befindet, ansonsten aber über mehr als ausreichende Geldmittel verfügt. Ein Kollege macht ihn jedoch alsbald auf seine Fehleinschätzung aufmerksam. Nunmehr möchte G, der das Darlehen noch nicht ausgezahlt hat, vom Vertrag loskommen. Gegenüber R erwähnt er, er fühle sich wegen der ihm beim Vertragsschluss nicht bekannten grundsätzlichen finanziellen Misere nicht an den Vertrag gebunden. R verlangt die Auszahlung der 1.000 €.

Frage: Hat R gegen G einen Anspruch auf Auszahlung des Darlehens ?

Lösungsskizze Fall 44

- R gegen G Auszahlung des Darlehens gemäß § 488 I 1 ?

I. Anspruch entstanden ?

1. Darlehensvertrag, § 488 ?
= zwei übereinstimmende Willenserklärungen = Angebot und Annahme

a. Willenserklärung des G = Angebot ? **(+)**

b. Willenserklärung des R = Annahme ? **(+)**

c. also: Darlehensvertrag, § 488 **(+)**

2. Wirksame Anfechtung (der Willenserklärung des G) ?

a. Anfechtungsgrund ?

aa. § 119 I ?

HIER (–) → G wollte ein Geschäft dieser Art mit genau dieser Person abschließen

bb. § 119 II ?
= Irrtum über verkehrswesentliche Eigenschaften (hier: einer Person)

HIER (+) → die Eigenschaft einer Person ist dann verkehrswesentlich, wenn sie erst und gerade wichtig für den Vertragsschluss ist; hierzu gehört bei Geldvermittlungs- bzw. Kreditgeschäften die Kreditwürdigkeit; G hat sich über die Kreditwürdigkeit des R geirrt

cc. also: Anfechtungsgrund **(+)**

b. Erklärung der Anfechtung, § 143 ?
= Gestaltungsrecht !!!

HIER (+) → G hat gegenüber R die Anfechtung erklärt

c. Wahrung der Anfechtungsfrist ?
= bei § 119 → § 121

HIER (+) → G hat gegenüber R die Anfechtung unverzüglich nach Kenntnis des Anfechtungsgrundes erklärt, § 121 I

d. Kein Ausschluss der Anfechtung ? (+)

e. also: wirksame Anfechtung (+) → die angefochtene Willenserklärung ist gemäß § 142 als von Anfang an nichtig anzusehen; also existiert auch kein Vertrag

3. also: Anspruch entstanden (−)

II. Ergebnis:
R gegen G Auszahlung des Darlehens gemäß § 488 I 1 (−)

Formulierungsvorschlag Fall 44

- R gegen G Auszahlung des Darlehens gemäß § 488 I 1

R könnte gegen G einen Anspruch auf Auszahlung des Darlehens gemäß § 488 I 1 haben.

I. Dann müsste der Anspruch zunächst entstanden sein.

1. Dies setzt einen wirksamen Darlehensvertrag, § 488 zwischen den Parteien voraus. Ein Darlehensvertrag besteht aus zwei übereinstimmenden Willenserklärungen, Angebot und Annahme.

a. G hat ein Darlehensangebot in Höhe von 1.000 € unterbreitet.

b. R hat das Angebot angenommen.

c. Also besteht ein Darlehensvertrag zwischen G und R.

2. G könnte jedoch seine zum Vertragsschluss führende Willenserklärung wirksam angefochten haben. Dann wäre die Willenserklärung als von Anfang an nichtig anzusehen, § 142 I.

a. Fraglich ist, ob ein Anfechtungsgrund besteht.

aa. Der Anfechtungsgrund des § 119 I scheidet aus. G wollte ein Geschäft dieser Art mit genau dieser Person abschließen.

bb. In Betracht kommt aber eine Anfechtung der Willenserklärung des G (Angebot) gemäß § 119 II wegen des Irrtums über eine verkehrswesentliche Eigenschaft einer Person. Die Eigenschaft einer Person ist dann verkehrswesentlich, wenn sie erst und gerade wichtig für den Vertragsschluss ist. Hierzu gehört bei Geldvermittlungs- bzw. Kreditgeschäften die Kreditwürdigkeit. G hat sich über die Kreditwürdigkeit des R geirrt, also über die verkehrswesentliche Eigenschaft einer Person.

cc. Also besteht ein Anfechtungsgrund.

b. Der Anfechtende müsste die Anfechtung gegenüber dem Anfechtungsgegner erklärt haben, § 143. G hat gegenüber R die Anfechtung erklärt.

c. Zudem hat G die Anfechtung in der im Falle des § 119 geltenden Anfechtungsfrist des § 121, nämlich unverzüglich nach Kenntnis des Anfechtungsgrundes erklärt.

d. Ein Ausschluss der Anfechtung ist nicht ersichtlich.

e. Da alle Voraussetzungen einer wirksamen Anfechtung vorliegen, ist die Willenserklärung des G gemäß § 142 als von Anfang an nichtig anzusehen. Mithin fehlt es an einer der beiden für einen Vertragsabschluss erforderlichen Willenserklärungen, also existiert auch kein Darlehensvertrag.

3. Demnach ist der Anspruch nicht entstanden.

II. Somit hat R gegen G keinen Anspruch auf Auszahlung des Darlehens gemäß § 488 I 1.

Fazit

1. Dies war der erste Fall, der sich mit dem ***Anfechtungsgrund*** des ***§ 119 II*** beschäftigt.

   Grundsätzlich gelten für den Aufbau dieser Anfechtungsprüfung die mittlerweile bekannten Regeln. Bezüglich der zu berücksichtigenden Prüfungspunkte dürft ihr auf Altbekanntes zurückgreifen. Nachdem ihr eruiert habt, ob der ***Anfechtungsgrund*** des § 119 II eingreift, stellt ihr fest, ob eine ***Anfechtungserklärung*** erfolgt ist. Zudem ist die Einhaltung der ***Anfechtungsfrist*** zu berücksichtigen. Letztlich darf kein ***Ausschluss der Anfechtung*** vorliegen.

2. ***§ 119 II*** beschäftigt sich mit dem sogenannten ***Motivirrtum***. Der Erklärende irrt sich bei seiner Willensbildung. Er geht von falschen Voraussetzungen aus. Ein Motivirrtum ist regelmäßig unbeachtlich. Ausnahmsweise beachtlich ist er im Rahmen des § 119 II, der zwei Ausnahmen aufzeigt, deren Vorliegen eine Anfechtung dennoch zulässt. Zum einen ist das der Irrtum über die verkehrswesentliche Eigenschaft einer Person, zum anderen der Irrtum über die verkehrswesentliche Eigenschaft einer Sache.

3. ***Person*** im Sinne des § 119 II ist nicht nur der Vertragspartner, sondern auch ein Dritter, auf den sich das Geschäft bezieht.

   Eigenschaften der Person sind gegenwärtige und nicht nur vorübergehende Umstände. Je nach Fallgestaltung können das sein: Alter, Gesundheit, Zuverlässigkeit, Vertrauenswürdigkeit, Konfession, politische Einstellung …

Während nahezu jede Eigenschaft die Eigenschaft einer Person im Sinne des § 119 II darstellen kann, ist nicht jede Eigenschaft auch verkehrswesentlich. ***Verkehrswesentlich*** ist die Eigenschaft, wenn sie nach der Verkehrsanschauung für das konkrete Geschäft als wesentlich angesehen wird. Es geht also nicht um die subjektive Sicht des Erklärenden. Hieraus lässt sich keine Verkehrswesentlichkeit ableiten.

4. Zurück zum Fall: § 119 I schied als Anfechtungsgrund aus. G wollte ein Geschäft dieser Art mit genau dieser Person abschließen. In der folgenden Prüfung des Anfechtungsgrundes aus § 119 II war auf die verkehrswesentliche Eigenschaft einer Person einzugehen. Die ***Kreditwürdigkeit*** einer Person ist nach der Verkehrsanschauung für den Abschluss von Geldvermittlungs- und Kreditgeschäften besonders wichtig, also verkehrswesentlich.

Fall 45

Der Kunstsammler K erblickt im Laden des Trödlers T ein mit einem Preis von 100 € ausgezeichnetes Ö gemälde, das er für ein Original des Künstlers „Artis" hält. Triumphierend kichernd begibt er sich zu T und schließt mit ihm einen entsprechenden Kaufvertrag. Als K am nächsten Tag – wie vereinbart – bei T erscheint, um das Bild abzuholen und zu bezahlen, muss er erkennen, dass es sich bei dem Gemälde nicht um ein etwa 20.000 € wertes Original, sondern lediglich um eine Kopie handelt, deren Wert dem Kaufpreis entspricht. K äußert gegenüber T, dass er unter diesen Voraussetzungen nicht am Vertrag festhalten will. T besteht auf Bezahlung gegen Übereignung und Übergabe des Bildes.

Frage: Hat T gegen K einen Kaufpreisanspruch ?

Lösungsskizze Fall 45

- T gegen K Kaufpreiszahlung gemäß § 433 II ?

I. Anspruch entstanden ?

1. Kaufvertrag, § 433 ?

= zwei übereinstimmende Willenserklärungen = Angebot und Annahme

HIER (+) → T und K haben einen Kaufvertrag bezüglich eines bestimmten Bildes für 100 € geschlossen

2. Wirksame Anfechtung (der Willenserklärung des K) ?

a. Anfechtungsgrund ?

aa. § 119 I ?

HIER (–) → K wollte ein Geschäft dieser Art bezüglich dieses Gegenstandes mit genau dieser Person abschließen

bb. § 119 II ?

= Irrtum über verkehrswesentliche Eigenschaften (hier: einer Sache)

HIER (+) → die Eigenschaft einer Sache ist dann verkehrswesentlich, wenn sie erst und gerade wichtig für den Vertragsschluss ist; hierzu gehört bei Kunstwerken deren Echtheit; K hat sich über die Echtheit des Bildes geirrt

*cc. also: **Anfechtungsgrund*** **(+)**

b. Erklärung der Anfechtung, § 143 ?

= Gestaltungsrecht !!!

HIER (+) → K hat gegenüber T die Anfechtung erklärt

c. Wahrung der Anfechtungsfrist ?
= bei § 119 → § 121

HIER (+) → K hat gegenüber T die Anfechtung unverzüglich nach Kenntnis des Anfechtungsgrundes erklärt, § 121 I

d. Kein Ausschluss der Anfechtung ? (+)

e. also: wirksame Anfechtung (+) → die angefochtene Willenserklärung ist gemäß § 142 als von Anfang an nichtig anzusehen; also existiert auch kein Vertrag

3. also: Anspruch entstanden (–)

II. Ergebnis:
T gegen K Kaufpreiszahlung gemäß § 433 II (–)

Formulierungsvorschlag Fall 45

- T gegen K Kaufpreiszahlung gemäß § 433 II

T könnte gegen K einen Anspruch auf Kaufpreiszahlung gemäß § 433 II haben.

I. Dann müsste der Anspruch zunächst entstanden sein.

1. T und K haben einen Kaufvertrag (§ 433) bezüglich eines bestimmten Bildes für 100 € geschlossen.

2. K könnte jedoch seine zum Vertragsschluss führende Willenserklärung wirksam angefochten haben. Dann wäre die Willenserklärung als von Anfang an nichtig anzusehen, § 142 I.

a. Fraglich ist, ob ein Anfechtungsgrund besteht.

aa. Der Anfechtungsgrund des § 119 I scheidet aus. K wollte ein Geschäft dieser Art bezüglich dieses Gegenstandes mit genau dieser Person abschließen.

bb. In Betracht kommt aber eine Anfechtung der Willenserklärung des K (Angebot) gemäß § 119 II wegen des Irrtums über eine verkehrswesentliche Eigenschaft einer Sache. Die Eigenschaft einer Sache ist dann verkehrswesentlich, wenn sie erst und gerade wichtig für den Vertragsschluss ist. Hierzu gehört beim Kauf von Kunstwerken deren Echtheit. K hat sich über die Echtheit des Bildes geirrt, also über die verkehrswesentliche Eigenschaft einer Sache.

cc. Also besteht ein Anfechtungsgrund.

b. Der Anfechtende müsste die Anfechtung gegenüber dem Anfechtungsgegner erklärt haben, § 143. K hat gegenüber T die Anfechtung erklärt.

c. Zudem hat K die Anfechtung in der im Falle des § 119 geltenden Anfechtungsfrist des § 121, nämlich unverzüglich nach Kenntnis des Anfechtungsgrundes erklärt.

d. Ein Ausschluss der Anfechtung ist nicht ersichtlich.

e. Da alle Voraussetzungen einer wirksamen Anfechtung vorliegen, ist die Willenserklärung des K gemäß § 142 als von Anfang an nichtig anzusehen. Mithin fehlt es an einer der beiden für einen Vertragsabschluss erforderlichen Willenserklärungen, also existiert auch kein Kaufvertrag.

3. Demnach ist der Anspruch nicht entstanden.

II. T hat gegen K keinen Anspruch auf Kaufpreiszahlung gemäß § 433 II.

Fazit

1. Wie ihr bereits aus dem vorigen Fall wisst, beschäftigt sich ***§ 119 II*** mit dem sogenannten ***Motivirrtum***. Der Erklärende irrt sich bei seiner Willensbildung. Er geht von falschen Voraussetzungen aus. Ein Motivirrtum ist regelmäßig unbeachtlich. Ausnahmsweise beachtlich ist er im Rahmen des § 119 II, der zwei Ausnahmen aufzeigt. Mit dem Irrtum über die verkehrswesentliche Eigenschaft einer Person hat euch der vorige Fall beschäftigt Hier soll der Irrtum über die verkehrswesentliche Eigenschaft einer Sache näher beleuchtet werden.

2. ***Sache*** im Sinne des § 119 II ist jeder Gegenstand, auf den sich das Geschäft bezieht.

Eigenschaften der Sache sind gegenwärtige und nicht nur vorübergehende Umstände. Je nach Fallgestaltung können das sein: Alter einer Sache, Echtheit einer Sache, Umsatz eines Betriebs, ... , also alle wertbildenden Faktoren. Achtung: Der Irrtum über wertbildendende Faktoren berechtigt u.U. zur Anfechtung. Der Irrtum über den Wert einer Sache ist vollkommen irrelevant.

Verkehrswesentlich ist die Eigenschaft, wenn sie nach der Verkehrsanschauung für das konkrete Geschäft als wesentlich angesehen wird. Es geht also nicht um die subjektive Sicht des Erklärenden.

3. Zurück zum Fall: Die ***Echtheit eines Kunstgegenstandes*** ist ein wertbildender Faktor. Der Irrtum über einen wertbildenden Faktor berechtigt grundsätzlich zur Anfechtung nach § 119 II. Noch einmal: Der Irrtum über den Wert einer Sache berechtigt nicht zur Anfechtung nach § 119 II. Aber: Es ist immer zu hinterfragen, ob der Irrtum über den Wert der Sache auf einem Irrtum über einen wertbildenden Faktor basiert. Möglicherweise lässt sich im Einzelfall so die Anfechtung nach § 119 II retten.

4. ***Wichtig:*** Wenn die Mängelhaftung nach §§ 437 ff eingreift, ist eine Anfechtung gemäß § 119 II ausgeschlossen. Die Gewährleistungsrechte gehen der Anfechtung nach § 119 II – nicht aber der Anfechtung nach § 119 I oder § 123 – vor. Das gilt für Sachmängel und für Rechtsmängel im Sinne des § 437. Durch den Ausschluss der Anfechtung soll sichergestellt werden, dass sich die Abwicklung eines Kaufvertrags nicht verzögert. Vergleicht spaßeshalber § 121 II mit der regelmäßigen Verjährung des § 438 I Nr. 3. Genau diese recht kurze

Verjährung würde unterlaufen, wenn die Anfechtung nach § 119 II nicht ausgeschlossen wäre.

Noch einmal zurück zum Fall: Hier spielte der mögliche Ausschluss keine Rolle. Gewährleistungsrecht nach §§ 437 ff war nicht einschlägig. Es ist kein Fehler einer Kopie, nicht echt zu sein.

Ganz anders verhält es sich im umgekehrten Fall. Wenn T ein Bild für 20.000 € in der Meinung kauft, es sei echt, gehen die §§ 437 ff vor, wenn es sich tatsächlich um eine Kopie handelt. Der hohe Preis beinhaltet die Aussage, dass das Bild echt ist.

Fall 46

Anlässlich der bevorstehenden Karnevalsfeierlichkeiten trägt die resolute R ihrem Freund F auf, für sie ein „Engel"-Kostüm zu erwerben. Im Kostümgeschäft der K muss der vergessliche F lange überlegen, was ihm R aufgetragen hat. Da er der festen Ansicht ist, sie könne allenfalls an einem „Teufel"-Kostüm interessiert sein, bestellt er ein solches für R. K erklärt sich mit dem Kauf einverstanden. Als K von R wenig später Zahlung des Kaufpreises gegen Übereignung des Kostüms fordert, offenbart sich der Fehler des F. R erklärt der K, sie wolle deshalb nicht an dem Vertrag festhalten.

Frage: Hat K gegen R einen Anspruch auf Kaufpreiszahlung ?

Lösungsskizze Fall 46

- K gegen R Kaufpreiszahlung gemäß § 433 II ?

I. Anspruch entstanden ?

1. Kaufvertrag, § 433 ?
= zwei übereinstimmende Willenserklärungen = Angebot und Annahme

a. Willenserklärung der R = Angebot ?

aa. Abgabe des Angebots ?

(1) persönliche Abgabe = selbst ? (–)

(2) Abgabe unter Einschaltung eines (Erklärungs-) Boten (= F) ?
= sobald der Erklärende die (Angebots-) Erklärung dem Boten gegenüber vollendet und ihn anweist, sie dem Empfänger zu übermitteln bzw. auszuhändigen

HIER (+) → R wollte ein „Engel"-Kostüm zu kaufen; sie hat zur Abgabe des Angebots einen (Erklärungs- oder Überbringungs-) Boten (F) eingeschaltet; R hat die Erklärung dem F gegenüber vollendet und ihn angewiesen, sie der Empfängerin K zu übermitteln

(3) <u>also</u>: Abgabe des Angebots (+)

bb. Zugang des Angebots ?

HIER (+) → zugegangen ist der K ein Kaufangebot bezüglich eines „Teufel"-Kostüms; dieses Angebot hat F fälschlich übermittelt; es ist an dieser Stelle unerheblich, dass sich das abgegebene Angebot und das zugegangene Angebot nicht entsprechen; maßgeblich ist der Empfängerhorizont; zudem ergibt sich aus § 120, dass eine falsch übermittelte Willenserklärung unter bestimmten Voraussetzungen (später) anfechtbar ist

cc. <u>also</u>: Willenserklärung der R = Angebot (+)

***b. Willenserklärung der K = Annahme ?* (+)**

HIER (+) → K hat das Kaufangebot bezüglich des „Teufel"-Kostüms angenommen

***c. also: Kaufvertrag, § 433* (+)**

2. Wirksame Anfechtung (der Willenserklärung der R) ?

a. Anfechtungsgrund ?

aa. § 119 I ?

HIER (–) → Erklärtes und Gewolltes fallen zwar auseinander, aber nicht im Zeitpunkt der Abgabe der Willenserklärung, sondern erst im Zeitpunkt des Zugangs der Willenserklärung

bb. § 120 ?
= unbewusst falsche Übermittlung einer Willenserklärung

(1) Verwendung eines Boten oder einer Einrichtung ?

HIER (+) → F sollte als Bote eine Willenserklärung übermitteln

(2) unrichtige Übermittlung einer Willenserklärung ?
= Willenserklärung hat beim Zugang einen anderen Inhalt als bei der Abgabe

HIER (+) → abgegeben wurde ein Kaufangebot bezüglich eines „Engel"-Kostüms, zugegangen ist ein Angebot bezüglich eines „Teufel"-Kostüms

***(3) unbewusst ?* (+)**

***(4) also: § 120* (+)**

***cc. also: Anfechtungsgrund* (+)**

b. Erklärung der Anfechtung, § 143 ?
= Gestaltungsrecht !!!

HIER (+) → R hat gegenüber K die Anfechtung erklärt

c. Wahrung der Anfechtungsfrist ?
= bei § 120 → § 121

HIER (+) → R hat gegenüber K die Anfechtung unverzüglich nach Kenntnis des Anfechtungsgrundes erklärt, § 121 I

***d. Kein Ausschluss der Anfechtung ?* (+)**

e. also: wirksame Anfechtung* (+) → *die angefochtene Willenserklärung ist gemäß § 142 als von Anfang an nichtig anzusehen; also existiert auch kein Vertrag

***3. also: Anspruch entstanden* (–)**

II. Ergebnis:
K gegen R Kaufpreiszahlung gemäß § 433 II (–)

Formulierungsvorschlag Fall 46

- K gegen R Kaufpreiszahlung gemäß § 433 II

K könnte gegen R einen Anspruch auf Kaufpreiszahlung gemäß § 433 II haben.

I. Dann müsste der Anspruch zunächst entstanden sein.

1. Dies setzt einen wirksamen Kaufvertrag, § 433 zwischen den Parteien voraus. Ein Kaufvertrag besteht aus zwei übereinstimmenden Willenserklärungen, Angebot und Annahme.

a. Fraglich ist, ob R ein Angebot unterbreitet hat.

aa. Zunächst müsste R ein Angebot abgegeben haben.

R hat das Angebot nicht selbst abgegeben.

Sie könnte aber ein Angebot unter Einschaltung eines Boten abgegeben haben. Wenn der Erklärende einen (Erklärungs-) Boten einschaltet, ist die Willenserklärung abgegeben, sobald der Erklärende die Erklärung dem Boten gegenüber vollendet und ihn anweist, sie dem Empfänger zu übermitteln bzw. auszuhändigen. R wollte ein „Engel"-Kostüm zu kaufen. Sie hat zur Abgabe des Angebots einen (Erklärungs- oder Überbringungs-) Boten (F) eingeschaltet. R hat die Erklärung dem F gegenüber vollendet und ihn angewiesen, sie der Empfängerin K zu übermitteln. Also hat R das Angebot unter Einschaltung eines Boten abgegeben.

bb. Zugegangen ist der K jedoch ein Kaufangebot bezüglich eines „Teufel"-Kostüms. Dieses Angebot hat F fälschlich übermittelt. Es ist an dieser Stelle aber unerheblich, dass sich das abgegebene Angebot und das zugegangene Angebot nicht entsprechen. Maßgeblich ist der Empfängerhorizont. Zudem ergibt sich aus § 120, dass eine falsch übermittelte Willenerklärung unter bestimmten Voraussetzungen (später) anfechtbar ist.

cc. Somit liegt ein Angebot der R hinsichtlich des Kaufs eines „Teufel"-Kostüms vor.

b. K hat dieses Kaufangebot angenommen.

c. Also besteht ein Kaufvertrag zwischen R und K.

2. R könnte jedoch ihre zum Vertragsschluss führende Willenserklärung wirksam angefochten haben. Dann wäre die Willenserklärung als von Anfang an nichtig anzusehen, § 142 I.

a. Fraglich ist, ob ein Anfechtungsgrund besteht.

aa. Der Anfechtungsgrund des § 119 I scheidet aus. Erklärtes und Gewolltes fallen zwar auseinander, aber nicht im Zeitpunkt der Abgabe der Willenserklärung, sondern erst im Zeitpunkt des Zugangs der Willenserklärung.

bb. In Betracht kommt aber eine Anfechtung der Willenserklärung der R (Angebot) gemäß § 120 wegen falscher Übermittlung.

Mit F ist ein Bote und damit eine Person zur Übermittlung einer Willenserklärung verwendet worden.

Die Willenserklärung müsste unrichtig übermittelt worden sein. Eine unrichtige Übermittlung liegt vor, wenn die Willenserklärung beim Zugang einen anderen Inhalt als bei der Abgabe hat. Abgegeben wurde ein Kaufangebot bezüglich eines „Engel"-Kostüms, zugegangen ist ein Angebot bezüglich eines „Teufel"-Kostüms. Insofern ist die Willenserklärung unrichtig übermittelt worden.

Letztlich geschah die unrichtige Übermittlung auch unbewusst.

Demnach ist die Anfechtungsmöglichkeit nach § 120 gegeben.

cc. Also besteht ein Anfechtungsgrund.

b. Der Anfechtende müsste die Anfechtung gegenüber dem Anfechtungsgegner erklärt haben, § 143. R hat gegenüber K die Anfechtung erklärt.

c. Zudem hat R die Anfechtung in der im Falle des § 120 geltenden Anfechtungsfrist des § 121, nämlich unverzüglich nach Kenntnis des Anfechtungsgrundes erklärt.

d. Ein Ausschluss der Anfechtung ist nicht ersichtlich.

e. Da alle Voraussetzungen einer wirksamen Anfechtung vorliegen, ist die Willenserklärung der R gemäß § 142 als von Anfang an nichtig anzusehen. Mithin fehlt es an einer der beiden für einen Vertragsabschluss erforderlichen Willenserklärungen, also existiert auch kein Kaufvertrag.

3. Demnach ist der Anspruch nicht entstanden.

II. K hat gegen R keinen Anspruch auf Kaufpreiszahlung gemäß § 433 II.

Fazit

1. Der Fall beschäftigt sich mit dem ***Übermittlungsirrtum*** nach ***§ 120*** und zeigt auf, mit welchen Tücken ihr aufbautechnisch zu kämpfen habt.

2. Was zu tun ist, wenn sich der Erklärende bezüglich der Abgabe der Erklärung eines ***Erklärungsbote***n bedient, habt ihr bereits in diversen Fällen im Kapitel „Willenserklärung" kennenlernen dürfen.

   Sollte der Aufbau diesbezüglich unklar sein, empfehle ich eine – nochmalige – Vertiefung in die Fälle 10 bis 16.

   Wichtig war es, bei der Willenserklärung der R genau zwischen der Abgabe des Angebots und dem Zugang des Angebots zu unterscheiden und herauszuarbeiten, dass beide inhaltlich differieren. Zusätzlich war zu erkennen, dass die Unterschiedlichkeit nicht zur Unwirksamkeit der Willenserklärung führt, sondern § 120 ein – späteres – Korrektiv bietet. Es war von einem wirksamen Angebot auszugehen.

3. In Fällen, die sich mit einem ***Übermittlungsirrtum*** beschäftigen, scheitert der Anfechtungsgrund des § 119 I regelmäßig daran, dass Erklärtes und Gewolltes zwar auseinander fallen, jedoch nicht im Zeitpunkt der Abgabe der Willenserklärung, sondern erst im Zeitpunkt des Zugangs der Willenserklärung.

Die Voraussetzungen des ***§ 120*** waren problemlos zu bejahen.

§ 120 betrifft insbesondere den Boten, genauer gesagt den ***Erklärungsbote***n. Der Empfangsbote wird nicht erfasst. Sollte der Unterschied zwischen Erklärungs- und Empfangsboten nicht präsent sein, helfen mehrere Blicke in Fall 14.

Die Willenserklärung muss ***unrichtig übermittelt*** worden sein. Sie ist unrichtig übermittelt, wenn sie bei der Abgabe einen anderen Inhalt als beim Zugang hat.

Die Willenserklärung muss ***unbewusst*** unrichtig übermittelt worden sein.

4. Das Vorliegen des Anfechtungsgrundes führt nicht automatisch zur Nichtigkeit einer Willenserklärung bzw. des auf der Willenserklärung basierenden Vertrags. Aus ***§ 143 I*** ergibt sich, dass die Anfechtung erklärt werden muss. Die ***Anfechtung*** ist ein ***Gestaltungsrecht***. Die ***Anfechtungserklärung*** als solche ist eine einseitige empfangsbedürftige Willenserklärung. Allgemein wird angenommen, dass zur Erklärung nicht die Angabe des Anfechtungsgrundes gehört.

Anfechtungsberechtigter ist bei der Anfechtung nach § 120 derjenige, den die Folgen der falschen Übermittlung treffen.

Wer ***Anfechtungsgegner*** ist, bestimmt § 143. Beim Vertrag ist es der jeweils andere Teil, § 143 II.

Und es ist – wie immer – auf die Einhaltung der ***Anfechtungsfrist*** zu achten. Für die Anfechtung nach § 120 ist – wie bei § 119 – die Frist des § 121 I einschlägig. Hiernach muss die Anfechtung ohne schuldhaftes Zögern, also unverzüglich erfolgen, nachdem der Anfechtungsberechtigte vom Anfechtungsgrund Kenntnis erlangt hat. Die Unverzüglichkeit fehlt nicht etwa, wenn der potenziell Anfechtungsberechtigte sich zunächst überlegt, ob er überhaupt anfechten kann und darf und diesbezüglichen rechtlichen Rat einholt. Beachtet im Übrigen auch § 121 I 2.

Letztlich ist zu überdenken, ob die Anfechtung ausgeschlossen ist. Der ***Ausschluss der Anfechtung*** findet sich z.B. in § 121 II (lesen) oder in § 144 I (lesen).

Fall 47

Galerist G bietet dem Kunstsammler K für 5.000 € eine kleine Bronzeskulptur an. Er behauptet bewusst wahrheitswidrig, bei der Figur handele es sich um ein Original des Künstlers „Krachmann“. K glaubt der Anpreisung des G und nimmt das Angebot an. Noch vor der Abwicklung des Vertrags fliegt der Schwindel auf. Die Skulptur ist eine Kopie und tatsächlich nur 250 € wert. K äußert gegenüber G, dass er sich getäuscht fühle und deshalb nicht am Vertrag festhalten will. G besteht auf Bezahlung gegen Übereignung und Übergabe der Skulptur.

Frage: Hat G gegen K einen Kaufpreisanspruch ?

Lösungsskizze Fall 47

- G gegen K Kaufpreiszahlung gemäß § 433 II ?

I. Anspruch entstanden ?

1. Kaufvertrag, § 433 ?
= zwei übereinstimmende Willenserklärungen = Angebot und Annahme

a. Willenserklärung des G = Angebot ? **(+)**

b. Willenserklärung des K = Annahme ? **(+)**

c. also: Kaufvertrag, § 433 **(+)**

2. Wirksame Anfechtung (der Willenserklärung des K) ?

a. Anfechtungsgrund ?

aa. § 123 I ?
= (hier) Anfechtung wegen arglistiger Täuschung

(1) Täuschung ?
= bewusstes Hervorrufen oder Aufrechterhalten eines Irrtums

HIER (+) → G hat in K den Irrtum erregt, das angebotene Kunstwerk sei echt

(2) Kausalität zwischen Täuschung und Willenserklärung ? **(+)**

(3) Arglist ?
= Tätigwerden mit dem Bewusstsein, dass der Getäuschte erst durch die Täuschung eine Willenserklärung abgibt

HIER (+) → nur weil G den K über die Echtheit des Kunstwerkes getäuscht hat, hat dieser das Kaufangebot angenommen

(4) also: § 123 I (arglistige Täuschung) **(+)**

bb. also: Anfechtungsgrund **(+)**

b. Erklärung der Anfechtung, § 143 ?
= Gestaltungsrecht !!!

HIER (+) → K hat gegenüber G die Anfechtung erklärt

c. Wahrung der Anfechtungsfrist ?
= bei § 123 → § 124

HIER (+) → K hat gegenüber G die Anfechtung innerhalb eines Jahres nach Entdecken der Täuschung erklärt, § 124 I, II

d. Kein Ausschluss der Anfechtung ? (+)

e. also: wirksame Anfechtung (+) → die angefochtene Willenserklärung ist gemäß § 142 als von Anfang an nichtig anzusehen; also existiert auch kein Vertrag

3. also: Anspruch entstanden (–)

II. Ergebnis:
G gegen K Kaufpreiszahlung gemäß § 433 II (–)

Formulierungsvorschlag Fall 47

- G gegen K Kaufpreiszahlung gemäß § 433 II

G könnte gegen K einen Anspruch auf Kaufpreiszahlung gemäß § 433 II haben.

I. Dann müsste der Anspruch zunächst entstanden sein.

1. G und K haben einen Kaufvertrag (§ 433) bezüglich einer bestimmten Skulptur für 5.000 € geschlossen.

2. K könnte jedoch seine zum Vertragsschluss führende Willenserklärung wirksam angefochten haben. Dann wäre die Willenserklärung als von Anfang an nichtig anzusehen, § 142 I.

a. Fraglich ist, ob ein Anfechtungsgrund besteht.

aa. In Betracht kommt eine Anfechtung der Willenserklärung des K (Annahme) gemäß § 123 I wegen arglistiger Täuschung.

Täuschung ist das bewusste Hervorrufen oder Aufrechterhalten eines Irrtums. G hat in K den Irrtum erregt, das angebotene Kunstwerk sei echt. Insofern hat er getäuscht.

Es besteht eine Kausalität zwischen Täuschung und Willenserklärung.

Außerdem müsste G arglistig gehandelt haben. Arglist ist gegeben, wenn mit dem Bewusstsein gehandelt wird, dass der Getäuschte erst durch die Täuschung eine Willenserklärung abgibt. Nur weil G den K über die Echtheit des Kunstwerkes getäuscht hat, hat dieser das Kaufangebot angenommen. Also handelte G arglistig.

Demnach ist die Anfechtungsmöglichkeit nach § 123 I wegen arglistiger Täuschung gegeben.

bb. Also besteht ein Anfechtungsgrund.

b. Der Anfechtende müsste die Anfechtung gegenüber dem Anfechtungsgegner erklärt haben, § 143. K hat gegenüber G die Anfechtung erklärt.

c. Zudem hat K die Anfechtung in der im Falle des § 123 geltenden Anfechtungsfrist des § 124, nämlich innerhalb eines Jahres nach Entdecken der Täuschung erklärt.

d. Ein Ausschluss der Anfechtung ist nicht ersichtlich.

e. Da alle Voraussetzungen einer wirksamen Anfechtung vorliegen, ist die Willenserklärung des K gemäß § 142 als von Anfang an nichtig anzusehen. Mithin fehlt es an einer der beiden für einen Vertragsabschluss erforderlichen Willenserklärungen, also existiert auch kein Kaufvertrag.

3. Demnach ist der Anspruch nicht entstanden.

II. G hat gegen K keinen Anspruch auf Kaufpreiszahlung gemäß § 433 II.

Fazit

1. Der – recht unspektakuläre – Fall zeigt, wie eine Klausur aufzubauen ist, die sich mit der ***Anfechtung*** wegen ***arglistige***r ***Täuschung*** beschäftigt.

2. Der ***Anfechtungsgrund*** ist in ***§ 123 I*** geregelt.

Es muss eine ***Täuschung*** vorliegen. Täuschung ist das bewusste Hervorrufen oder Aufrechterhalten eines Irrtums. Entweder werden Tatsachen behauptet, die nicht der Wahrheit entsprechen. Das kann ausdrücklich oder auch schlüssig geschehen. Oder die Täuschung besteht in einem Unterlassen. Ein Unterlassen ist aber nur relevant, wenn auch eine Rechtspflicht zur Aufklärung besteht. Von der Täuschung nicht erfasst sind bloße Werturteile oder Anpreisungen. Jedenfalls muss das Handeln oder Unterlassen einen Irrtum, also eine Fehlvorstellung beim Getäuschten hervorrufen.

Außerdem ist eine ***Kausalität zwischen Täuschung und Willenserklärung*** erforderlich.

Der Täuschende muss arglistig handeln. ***Arglist*** ist gegeben, wenn der Täuschende mit dem Bewusstsein tätig wird, dass der Getäuschte erst durch die Täuschung eine Willenserklärung abgibt. In diesem Zusammenhang reicht bedingter Vorsatz. Die Arglist setzt nach überwiegender Meinung nur einen Täuschungsvorsatz voraus, nicht etwa eine Schädigungsabsicht.

3. Das Vorliegen des Anfechtungsgrundes führt nicht automatisch zur Nichtigkeit einer Willenserklärung bzw. des auf der Willenserklärung basierenden Vertrags. Aus ***§ 143 I*** ergibt sich, dass die Anfechtung erklärt werden muss. Die ***Anfechtung*** ist ein ***Gestaltungsrecht***. Die ***Anfechtungserklärung*** als solche ist eine einseitige empfangsbedürftige Willenserklärung. Allgemein wird angenommen, dass zur Erklärung nicht die Angabe des Anfechtungsgrundes gehört.

Anfechtungsberechtigter ist bei der Anfechtung nach § 123 wegen arglistiger Täuschung derjenige, der getäuscht worden ist.

Wer ***Anfechtungsgegner*** ist, bestimmt § 143. Beim Vertrag ist es der jeweils andere Teil, § 143 II. Beachtet auch § 143 III und IV.

Für die Anfechtung nach § 123 ist die ***Anfechtungsfrist*** des ***§ 124 I*** einschlägig. Die Anfechtung kann nur binnen Jahresfrist erfolgen. Nach § 124 II beginnt die Frist im Falle der arglistigen Täuschung mit der Entdeckung der Täuschung durch den Anfechtungsberechtigten.

Letztlich ist zu überdenken, ob die Anfechtung ausgeschlossen ist. Der ***Ausschluss der Anfechtung*** findet sich z.B. in § 124 III (lesen) oder in § 144 I (lesen).

Fall 48

Galerist G beauftragt seinen Vertreter V, für ihn eine kleine Bronzeskulptur zu veräußern, die er dem Künstler „Krachmann" zuordnet und deren Wert er deshalb mit etwa 4.700 € taxiert. V erkennt sofort, dass es sich lediglich um eine Kopie handelt, offenbart sein Wissen aber nicht. Er bietet dem Kunstsammler K das Stück im Namen des G für 5.000 € an und behauptet bewusst wahrheitswidrig, K habe die Chance, ein Original des Künstlers „Krachmann" zu erstehen. K glaubt der Anpreisung des V und nimmt das Angebot an. Noch vor der Abwicklung des Vertrags fliegt der Schwindel auf. Die Skulptur ist tatsächlich nur 250 € wert. K äußert gegenüber G, dass er sich getäuscht fühle und deshalb nicht am Vertrag festhalten will. G besteht auf Bezahlung gegen Übereignung und Übergabe der Skulptur. Er habe nicht gewusst, dass es sich bei dem Kunstwerk lediglich um eine Kopie handele.

Frage: Scheitert ein Kaufpreisanspruch des G an einer Anfechtung nach § 123 ?

Lösungsskizze Fall 48

- G gegen K Kaufpreiszahlung gemäß § 433 II ?

I. Anspruch entstanden ?

1. Kaufvertrag, § 433 ?
= zwei übereinstimmende Willenserklärungen = Angebot und Annahme

a. Willenserklärung des G = Angebot ? (+)

aa. persönliches Angebot = selbst ?

HIER (–) → G hat nicht selbst gehandelt

bb. Angebot durch Stellvertreter (= V) ?
= Zurechnung der Willenserklärung eines Dritten bei Stellvertretung, §§ 164 ff

HIER (+) → V hat die Skulptur im Namen des G mit dessen Vollmacht für 5.000 € angeboten

cc. also: Willenserklärung des G = Angebot (+)

b. Willenserklärung des K = Annahme ? (+)

c. also: Kaufvertrag, § 433 (+)

2. Wirksame Anfechtung (der Willenserklärung des K) ?

a. Anfechtungsgrund ?

aa. § 123 I ?
= (hier) Anfechtung wegen arglistiger Täuschung

(1) Täuschung ?
= bewusstes Hervorrufen oder Aufrechterhalten eines Irrtums

HIER (+) → V hat in K den Irrtum erregt, das angebotene Kunstwerk sei echt

(2) Kausalität zwischen Täuschung und Willenserklärung ? **(+)**

(3) Arglist ?
= Tätigwerden mit dem Bewusstsein, dass der Getäuschte erst durch die Täuschung eine Willenserklärung abgibt

HIER (+) → nur weil V den K über die Echtheit des Kunstwerkes getäuscht hat, hat dieser das Kaufangebot angenommen

(4) also: § 123 I (arglistige Täuschung) **(+)**

bb. also: Anfechtungsgrund **(+)**

b. Erklärung der Anfechtung, § 143 ?
= Gestaltungsrecht !!!

HIER (+) → K hat gegenüber G die Anfechtung erklärt

c. Wahrung der Anfechtungsfrist ?
= bei § 123 → § 124

HIER (+) → K hat gegenüber G die Anfechtung innerhalb eines Jahres nach Entdecken der Täuschung erklärt, § 124 I, II

d. Kein Ausschluss der Anfechtung ?

aa. Ausschluss der Anfechtung nach § 123 II ?
= bei Täuschung durch Dritten i.S.d. Norm und weder Kenntnis noch Kennenmüssen des Erklärungsempfängers hinsichtlich der Täuschung

(1) Täuschung durch einen Dritten i.S.d. § 123 II ?
= am Vertrag völlig unbeteiligte Person

HIER (−) → V ist nicht Dritter i.S.d. § 123 II; ein Vertreter des Vertragsschließenden ist keine völlig unbeteiligte Person

(2) also: Ausschluss der Anfechtung nach § 123 II **(−)**

bb. also: Kein Ausschluss der Anfechtung **(+)**

e. also: wirksame Anfechtung **(+)** → ***die angefochtene Willenserklärung ist gemäß § 142 als von Anfang an nichtig anzusehen; also existiert auch kein Vertrag***

3. also: Anspruch entstanden **(−)**

II. Ergebnis:
G gegen K Kaufpreiszahlung gemäß § 433 II (−)

Formulierungsvorschlag Fall 48

- G gegen K Kaufpreiszahlung gemäß § 433 II

G könnte gegen K einen Anspruch auf Kaufpreiszahlung gemäß § 433 II haben.

I. Dann müsste der Anspruch zunächst entstanden sein.

1. Dies setzt einen wirksamen Kaufvertrag, § 433 zwischen den Parteien voraus. Ein Kaufvertrag besteht aus zwei übereinstimmenden Willenserklärungen, Angebot und Annahme.

a. Fraglich ist, ob G ein Angebot unterbreitet hat.

aa. G hat nicht selbst gehandelt.

bb. Dem G ist jedoch das Handeln des V zuzurechnen. V hat als Vertreter des G gehandelt, § 164 I. Er hat die Skulptur im Namen des G mit dessen Vollmacht angeboten.

cc. Somit liegt ein Angebot der G vor.

b. K hat dieses Kaufangebot angenommen.

c. Also besteht ein Kaufvertrag zwischen G und K.

2. K könnte jedoch seine zum Vertragsschluss führende Willenserklärung wirksam angefochten haben. Dann wäre die Willenserklärung als von Anfang an nichtig anzusehen, § 142 I.

a. Fraglich ist, ob ein Anfechtungsgrund besteht.

aa. In Betracht kommt eine Anfechtung der Willenserklärung des K (Annahme) gemäß § 123 I wegen arglistiger Täuschung.

Täuschung ist das bewusste Hervorrufen oder Aufrechterhalten eines Irrtums. V hat in K den Irrtum erregt, das angebotene Kunstwerk sei echt. Insofern hat er getäuscht.

Es besteht eine Kausalität zwischen Täuschung und Willenserklärung.

Außerdem müsste V arglistig gehandelt haben. Arglist ist gegeben, wenn mit dem Bewusstsein gehandelt wird, dass der Getäuschte erst durch die Täuschung eine Willenserklärung abgibt. Nur weil V den K über die Echtheit des Kunstwerkes getäuscht hat, hat dieser das Kaufangebot angenommen. Also handelte V arglistig.

Demnach ist die Anfechtungsmöglichkeit nach § 123 I wegen arglistiger Täuschung gegeben.

bb. Also besteht ein Anfechtungsgrund.

b. Der Anfechtende müsste die Anfechtung gegenüber dem Anfechtungsgegner erklärt haben, § 143. K hat gegenüber dem Vertragspartner G die Anfechtung erklärt.

c. Zudem hat K die Anfechtung in der im Falle des § 123 geltenden Anfechtungsfrist des § 124, nämlich innerhalb eines Jahres nach Entdecken der Täuschung erklärt.

d. Fraglich ist, ob die Anfechtung ausgeschlossen ist.

aa. In Betracht kommt ein Ausschluss der Anfechtung nach § 123 II. Wenn ein Dritter im Sinne der Norm die Täuschung verübt hat, ist die Erklärung nur anfechtbar, wenn der Erklärungsempfänger die Täuschung kannte oder kennen musste. Dritter im Sinne des § 123 II ist jede am Vertrag völlig unbeteiligte Person. V war als Vertreter keine unbeteiligte Person. Er ist nicht Dritter im Sinne der Norm. Insofern kommt es nicht darauf an, ob der Erklärungsempfänger die Täuschung kannte. Die Voraussetzungen des § 123 II sind nicht gegeben.

bb. Die Anfechtung ist also nicht gemäß § 123 II ausgeschlossen.

e. Da alle Voraussetzungen einer wirksamen Anfechtung vorliegen, ist die Willenserklärung des K gemäß § 142 als von Anfang an nichtig anzusehen. Mithin fehlt es an einer der beiden für einen Vertragsabschluss erforderlichen Willenserklärungen, also existiert auch kein Kaufvertrag.

3. Demnach ist der Anspruch nicht entstanden.

II. G hat gegen K keinen Anspruch auf Kaufpreiszahlung gemäß § 433 II.

Fazit

1. Bezüglich des Aufbaus einer Anfechtungsprüfung wegen arglistiger Täuschung nach § 123 I gibt das Fazit des vorigen Falls Aufschluss.

2. Immer zu überdenken ist die Möglichkeit des ***Ausschluss***es ***der Anfechtung***.

Ein spezieller ***Ausschlussgrund*** findet sich für die Anfechtung wegen arglistiger Täuschung in ***§ 123 II***. Wenn ein Dritter getäuscht hat, ist die Erklärung nur anfechtbar, wenn der Erklärungsempfänger die Täuschung kannte oder kennen musste.

Die Anfechtung ist demnach ausgeschlossen, wenn zwei Voraussetzungen zu bejahen sind. Zum einen muss ein ***Dritter*** im Sinne des § 123 II getäuscht haben, zum anderen darf weder ***Kenntnis*** noch ***Kennenmüssen*** des ***Erklärungsempfängers*** bezüglich der Täuschung vorliegen.

Dritter im Sinne der Norm kann nur eine am Vertrag völlig unbeteiligte Person sein, also niemals ein Vertreter oder Gehilfe des Anfechtungsgegners. Meist scheitert der Ausschluss der Anfechtung – wie hier – bereits in diesem Prüfungspunkt.

Solltet ihr die Hürde dennoch nehmen, ist auf die Kenntnis bzw. das Kennenmüssen des Erklärungsempfängers hinsichtlich der Täuschung einzugehen.

Fall 49

Der Wohltäter W hat dem nicht gerade erfolgreichen Pianisten P ein Darlehen in Höhe von 8.000 € in Aussicht gestellt, um den Kauf eines neuen Flügels zu unterstützen. Als P erfährt, dass W permanent mit der Straßenbahn fährt, ohne zu zahlen, droht er dem W mit einer Strafanzeige, falls dieser sich nicht endlich zum Vertragsschluss bereit erklärt. Aus Angst vor polizeilicher Verfolgung unterzeichnet W alsbald den entsprechenden Vertrag, erklärt dann jedoch gegenüber P, wegen dessen Drohung mit der Strafanzeige fühle er sich nicht an die Vereinbarung gebunden.

Frage: Hat P gegen W einen Anspruch auf Auszahlung des Darlehens ?

Lösungsskizze Fall 49

- P gegen W Auszahlung des Darlehens gemäß § 488 I 1 ?

I. Anspruch entstanden ?

1. Darlehensvertrag, § 488 ?
= zwei übereinstimmende Willenserklärungen = Angebot und Annahme

a. Willenserklärung des W = Angebot ? (+)

b. Willenserklärung des P = Annahme ? (+)

c. also: Darlehensvertrag, § 488 (+)

2. Wirksame Anfechtung (der Willenserklärung des W) ?

a. Anfechtungsgrund ?

aa. § 123 I ?
= (hier) Anfechtung wegen widerrechtlicher Drohung

(1) Drohung ?
= Inaussichtstellen eines künftigen Übels bzw. Nachteils, auf dessen Eintritt der Drohende aus Sicht des Bedrohten Einfluss hat

HIER (+) → W glaubte, P werde ihn anzeigen, wenn er den Vertragsschluss nicht herbeiführe; die Anzeige präsentiert sich für ihn als Übel bzw. Nachteil

(2) Widerrechtlichkeit der Drohung ?
= Widerrechtlichkeit des (eingesetzten) Mittels oder des (erstrebten) Zwecks oder der Mittel-Zweck-Relation

(a) Widerrechtlichkeit des Mittels ?

HIER (–) → die Drohung mit einer Anzeige wegen mehrerer Straftaten (Erschleichen von Leistungen, § 265a StGB) ist nicht widerrechtlich

(b) Widerrechtlichkeit des Zwecks ?

HIER (–) → die Herbeiführung eines Vertragsschlusses allein ist nicht widerrechtlich

(c) Widerrechtlichkeit der Mittel-Zweck-Relation ?
= keine innere Beziehung zwischen eingesetztem Mittel und erstrebtem Zweck

HIER (+) → es besteht keinerlei innere Beziehung zwischen der Drohung mit Anzeige und dem Abschluss des Darlehensvertrags

***(d) also: Widerrechtlichkeit der Drohung* (+)**

***(3) Kausalität zwischen Drohung und Willenserklärung ?* (+)**

***(4) also: § 123 I (widerrechtliche Drohung)* (+)**

***bb. also: Anfechtungsgrund* (+)**

b. Erklärung der Anfechtung, § 143 ?
= Gestaltungsrecht !!!

HIER (+) → W hat gegenüber P die Anfechtung erklärt

c. Wahrung der Anfechtungsfrist ?
= bei § 123 → § 124

HIER (+) → W hat gegenüber P die Anfechtung innerhalb eines Jahres nach der Beendigung der Zwangslage erklärt, § 124 I, II

***d. Kein Ausschluss der Anfechtung ?* (+)**

e. also: wirksame Anfechtung* (+) → *die angefochtene Willenserklärung ist gemäß § 142 als von Anfang an nichtig anzusehen; also existiert auch kein Vertrag

***3. also: Anspruch entstanden* (–)**

II. Ergebnis:
P gegen W Auszahlung des Darlehens gemäß § 488 I 1 (–)

Formulierungsvorschlag Fall 49

- P gegen W Auszahlung des Darlehens gemäß § 488 I 1

P könnte gegen W einen Anspruch auf Auszahlung des Darlehens gemäß § 488 I 1 haben.

I. Dann müsste der Anspruch zunächst entstanden sein.

1. Dies setzt einen wirksamen Darlehensvertrag, § 488 zwischen den Parteien voraus. Ein Darlehensvertrag besteht aus zwei übereinstimmenden Willenserklärungen, Angebot und Annahme.

a. W hat ein entsprechendes Angebot in Höhe von 8.000 € unterbreitet.

b. P hat das Angebot angenommen.

c. Also besteht ein Darlehensvertrag zwischen P und W.

2. W könnte jedoch seine zum Vertragsschluss führende Willenserklärung wirksam angefochten haben. Dann wäre die Willenserklärung als von Anfang an nichtig anzusehen, § 142 I.

a. Fraglich ist, ob ein Anfechtungsgrund besteht.

aa. In Betracht kommt eine Anfechtung der Willenserklärung des W (Angebot) gemäß § 123 I wegen widerrechtlicher Drohung.

Drohung ist das Inaussichtstellen eines künftigen Übels bzw. Nachteils, auf dessen Eintritt der Drohende aus Sicht des Bedrohten Einfluss hat. W glaubte, P werde ihn anzeigen, wenn er den Vertragsschluss nicht herbeiführe. Die Anzeige präsentiert sich für ihn als Übel bzw. Nachteil. Insofern hat P gedroht.

Außerdem müsste die Drohung widerrechtlich sein. Sie ist widerrechtlich, wenn entweder das eingesetzte Mittel oder der erstrebte Zweck oder die Mittel-Zweck-Relation widerrechtlich ist.

Die Drohung mit einer Anzeige wegen mehrerer Straftaten (Erschleichen von Leistungen, § 265a StGB) ist nicht widerrechtlich. Die Widerrechtlichkeit des Mittels scheidet aus.

Auch der erstrebte Zweck, nämlich die Herbeiführung des Vertragsschlusses, ist allein nicht widerrechtlich.

Es könnte aber die Mittel-Zweck-Relation widerrechtlich sein. Sie ist widerrechtlich, wenn keine innere Beziehung zwischen dem eingesetzten Mittel und dem erstrebten Zweck besteht. Zwischen der Drohung mit der Anzeige und dem Abschluss des Darlehensvertrags besteht keinerlei innere Beziehung. Also war die Mittel-Zweck-Relation widerrechtlich.

Mithin war die Drohung widerrechtlich.

Es besteht zudem eine Kausalität zwischen Drohung und Willenserklärung.

Demnach ist die Anfechtungsmöglichkeit nach § 123 I wegen widerrechtlicher Drohung gegeben.

bb. Also besteht ein Anfechtungsgrund.

b. Der Anfechtende müsste die Anfechtung gegenüber dem Anfechtungsgegner erklärt haben, § 143. W hat gegenüber P die Anfechtung erklärt.

c. Zudem hat W die Anfechtung in der im Falle des § 123 geltenden Anfechtungsfrist des § 124, nämlich innerhalb eines Jahres nach der Beendigung der Zwangslage erklärt.

d. Ein Ausschluss der Anfechtung ist nicht ersichtlich.

e. Da alle Voraussetzungen einer wirksamen Anfechtung vorliegen, ist die Willenserklärung des W gemäß § 142 als von Anfang an nichtig anzusehen. Mithin fehlt es an einer der beiden für einen Vertragsabschluss erforderlichen Willenserklärungen, also existiert auch kein Darlehensvertrag.

3. Demnach ist der Anspruch nicht entstanden.

II. P hat gegen W keinen Anspruch auf Darlehensauszahlung gemäß § 488 I 1.

Fazit

1. Der Fall zeigt, wie eine Klausur aufzubauen ist, die sich mit der ***Anfechtung*** wegen ***widerrechtlicher Drohung*** beschäftigt.

2. Der ***Anfechtungsgrund*** ist in § 123 I geregelt.

Es muss eine ***Drohung*** vorliegen. Drohung ist das Inaussichtstellen eines künftigen Übels bzw. Nachteils, auf dessen Eintritt der Drohende aus Sicht des Bedrohten Einfluss hat.

Außerdem ist eine ***Widerrechtlichkeit der Drohung*** gefordert. Es kann entweder das eingesetzte Mittel oder der erstrebte Zweck oder die Mittel-Zweck-Relation widerrechtlich sein.

Die ***Kausalität zwischen Drohung und Willenserklärung*** ist selten problematisch.

3. Wie immer führt das Vorliegen des Anfechtungsgrundes allein nicht automatisch zur Nichtigkeit einer Willenserklärung bzw. des auf der Willenserklärung basierenden Vertrags. Aus ***§ 143 I*** ergibt sich, dass die Anfechtung erklärt werden muss. Die ***Anfechtung*** ist ein ***Gestaltungsrecht***. Die ***Anfechtungserklärung*** als solche ist eine einseitige empfangsbedürftige Willenserklärung.

Anfechtungsberechtigter ist bei der Anfechtung nach § 123 wegen widerrechtlicher Drohung derjenige, der bedroht worden ist.

Wer ***Anfechtungsgegner*** ist, bestimmt § 143. Beim Vertrag ist es der jeweils andere Teil, § 143 II. Beachtet auch § 143 III und IV.

Für die Anfechtung nach § 123 ist die ***Anfechtungsfrist*** des ***§ 124 I*** einschlägig. Die Anfechtung kann nur binnen Jahresfrist erfolgen. Nach § 124 II beginnt die Frist im Falle der widerrechtlichen Drohung mit dem Zeitpunkt, in dem die Zwangslage aufhört.

Letztlich ist zu überdenken, ob die Anfechtung ausgeschlossen ist. Der ***Ausschluss der Anfechtung*** findet sich z.B. in § 124 III (lesen) oder in § 144 I (lesen).

Fall 50

Der Wohltäter W hat dem nicht gerade erfolgreichen Pianisten P ein Darlehen in Höhe von 8.000 € in Aussicht gestellt, um den Kauf eines neuen Flügels zu unterstützen. Als die Mutter M des P erfährt, dass W permanent mit der Straßenbahn fährt, ohne zu zahlen, droht sie dem W mit einer Anzeige, falls dieser sich nicht endlich zum Vertragsschluss bereit erklärt. Aus Angst vor polizeilicher Verfolgung unterzeichnet W alsbald den entsprechenden Vertrag, erklärt dann jedoch gegenüber P, wegen des Verhaltens seiner Mutter fühle er sich nicht an die Vereinbarung gebunden.

Frage: Hat P gegen W einen Anspruch auf Auszahlung des Darlehens ?

Lösungsskizze Fall 50

- P gegen W Auszahlung des Darlehens gemäß § 488 I 1 ?

I. Anspruch entstanden ?

1. Darlehensvertrag, § 488 ?
= zwei übereinstimmende Willenserklärungen = Angebot und Annahme

a. Willenserklärung des W = Angebot ? (+)

b. Willenserklärung des P = Annahme ? (+)

c. also: Darlehensvertrag, § 488 (+)

2. Wirksame Anfechtung (der Willenserklärung des W) ?

a. Anfechtungsgrund ?

aa. § 123 I ?
= (hier) Anfechtung wegen widerrechtlicher Drohung

(1) Drohung ?
= Inaussichtstellen eines künftigen Übels bzw. Nachteils, auf dessen Eintritt der Drohende aus Sicht des Bedrohten Einfluss hat

HIER (+) → W glaubte, die Mutter M des P werde ihn anzeigen, wenn er den Vertragsschluss nicht herbeiführe; die Anzeige präsentiert sich für ihn als Übel bzw. Nachteil; es ist im Übrigen unerheblich, ob die Drohung vom Anfechtungsgegner selbst oder von einer dritten Person ausgeht

(2) Widerrechtlichkeit der Drohung ?
= Widerrechtlichkeit des (eingesetzten) Mittels oder des (erstrebten) Zwecks oder der Mittel-Zweck-Relation

(a) Widerrechtlichkeit des Mittels ?

HIER (–) → die Drohung mit einer Anzeige wegen mehrerer Straftaten (Erschleichen von Leistungen, § 265a StGB) ist nicht widerrechtlich

(b) Widerrechtlichkeit des Zwecks ?

HIER (–) → die Herbeiführung eines Vertragsschlusses allein ist nicht widerrechtlich

(c) Widerrechtlichkeit der Mittel-Zweck-Relation ?
= keine innere Beziehung zwischen eingesetztem Mittel und erstrebtem Zweck

HIER (+) → es besteht keinerlei innere Beziehung zwischen der Drohung mit Anzeige und dem Abschluss des Darlehensvertrags

(d) also: Widerrechtlichkeit der Drohung (+)

(3) Kausalität zwischen Drohung und Willenserklärung ? (+)

(4) also: § 123 I (widerrechtliche Drohung) (+)

bb. also: Anfechtungsgrund (+)

b. Erklärung der Anfechtung, § 143 ?
= Gestaltungsrecht !!!

HIER (+) → W hat gegenüber P die Anfechtung erklärt; P ist als Vertragspartner auch der richtige Anfechtungsgegner, § 143 II

c. Wahrung der Anfechtungsfrist ?
= bei § 123 → § 124

HIER (+) → W hat gegenüber P die Anfechtung innerhalb eines Jahres nach der Beendigung der Zwangslage erklärt, § 124 I, II

d. Kein Ausschluss der Anfechtung ? (+)

e. also: wirksame Anfechtung (+) → die angefochtene Willenserklärung ist gemäß § 142 als von Anfang an nichtig anzusehen; also existiert auch kein Vertrag

3. also: Anspruch entstanden (–)

II. Ergebnis:

P gegen W Auszahlung des Darlehens gemäß § 488 I 1 (–)

Formulierungsvorschlag Fall 50

- P gegen W Auszahlung des Darlehens gemäß § 488 I 1

P könnte gegen W einen Anspruch auf Auszahlung des Darlehens gemäß § 488 I 1 haben.

I. Dann müsste der Anspruch zunächst entstanden sein.

1. Dies setzt einen wirksamen Darlehensvertrag, § 488 zwischen den Parteien voraus. Ein Darlehensvertrag besteht aus zwei übereinstimmenden Willenserklärungen, Angebot und Annahme.

a. W hat ein entsprechendes Angebot in Höhe von 8.000 € unterbreitet.

b. P hat das Angebot angenommen.

c. Also besteht ein Darlehensvertrag zwischen P und W.

2. W könnte jedoch seine zum Vertragsschluss führende Willenserklärung wirksam angefochten haben. Dann wäre die Willenserklärung als von Anfang an nichtig anzusehen, § 142 I.

a. Fraglich ist, ob ein Anfechtungsgrund besteht.

aa. In Betracht kommt eine Anfechtung der Willenserklärung des W (Angebot) gemäß § 123 I wegen widerrechtlicher Drohung.

Drohung ist das Inaussichtstellen eines künftigen Übels bzw. Nachteils, auf dessen Eintritt der Drohende aus Sicht des Bedrohten Einfluss hat. W glaubte, die Mutter des P werde ihn anzeigen, wenn er den Vertragsschluss nicht herbeiführe. Die Anzeige präsentiert sich für ihn als Übel bzw. Nachteil. Es ist im Übrigen unerheblich, ob die Drohung vom Anfechtungsgegner selbst oder von einer dritten Person ausgeht.

Außerdem müsste die Drohung widerrechtlich sein. Sie ist widerrechtlich, wenn entweder das eingesetzte Mittel oder der erstrebte Zweck oder die Mittel-Zweck-Relation widerrechtlich ist.

Die Drohung mit einer Anzeige wegen mehrerer Straftaten (Erschleichen von Leistungen, § 265a StGB) ist nicht widerrechtlich. Die Widerrechtlichkeit des Mittels scheidet aus.

Auch der erstrebte Zweck, nämlich die Herbeiführung des Vertragsschlusses, ist allein nicht widerrechtlich.

Es könnte aber die Mittel-Zweck-Relation widerrechtlich sein. Sie ist widerrechtlich, wenn keine innere Beziehung zwischen dem eingesetzten Mittel und dem erstrebten Zweck besteht. Zwischen der Drohung mit der Anzeige und dem Abschluss des Darlehensvertrags besteht keinerlei innere Beziehung. Also war die Mittel-Zweck-Relation widerrechtlich.

Mithin war die Drohung widerrechtlich.

Es besteht zudem eine Kausalität zwischen Drohung und Willenserklärung.

Demnach ist die Anfechtungsmöglichkeit nach § 123 I wegen widerrechtlicher Drohung gegeben.

bb. Also besteht ein Anfechtungsgrund.

b. Der Anfechtende müsste die Anfechtung gegenüber dem Anfechtungsgegner erklärt haben, § 143. W hat gegenüber P die Anfechtung erklärt. P ist als Vertragspartner auch der richtige Anfechtungsgegner, § 143 II.

c. Zudem hat W die Anfechtung in der im Falle des § 123 geltenden Anfechtungsfrist des § 124, nämlich innerhalb eines Jahres nach der Beendigung der Zwangslage erklärt.

d. Ein Ausschluss der Anfechtung ist nicht ersichtlich.

e. Da alle Voraussetzungen einer wirksamen Anfechtung vorliegen, ist die Willenserklärung des W gemäß § 142 als von Anfang an nichtig anzusehen. Mithin fehlt es an einer der beiden für einen Vertragsabschluss erforderlichen Willenserklärungen, also existiert auch kein Darlehensvertrag.

3. Demnach ist der Anspruch nicht entstanden.

II. P hat gegen W keinen Anspruch auf Darlehensauszahlung gemäß § 488 I 1.

Fazit

1. Bezüglich des Aufbaus einer Anfechtungsprüfung wegen widerrechtlicher Drohung nach § 123 I gibt das Fazit des vorigen Falls Aufschluss.

2. Wer dachte, es sei ein Problem, dass die Drohung von einem Dritten ausging, lag falsch. Es gibt keine dem § 123 II entsprechende Regelung. Insofern waren zum Prüfungspunkt „Ausschluss der Anfechtung" keine breiten Ausführungen erforderlich.

Wenn die Drohung nicht vom Anfechtungsgegner selbst, sondern von einer dritten Person ausgeht, dürft ihr im Prüfungspunkt „Drohung" kurz erwähnen, dass es unerheblich ist, von wem die Drohung ausgeht.

Fall 51

Kurz vor der lange ersehnten Urlaubsreise nach Andorra erleidet der Pkw des D einen Totalschaden. Nachbar N bietet dem D an, ihm seinen Kombi für die fragliche Zeit zu „leihen“. D freut sich und erklärt, er sei einverstanden. Unmittelbar vor der Abreise äußert N gegenüber D, nun müsse aber noch über den „Leihpreis“ gesprochen werden. Es stellt sich heraus, dass N dem D das Auto nur gegen Entgelt zur Verfügung stellen wollte und – wie umgangssprachlich nicht unüblich – anstatt des Begriffs „Miete“ den Begriff „Leihe“ verwendet hat. D besteht auf der unentgeltlichen Überlassung des Pkw. N erklärt daraufhin gegenüber D ohne Begründung die Anfechtung.

Frage: Hat D gegen N einen Anspruch auf unentgeltliche Überlassung des Pkw ?

Lösungsskizze Fall 51

- D gegen N unentgeltliche Überlassung des Pkw gemäß § 598 ?

I. Anspruch entstanden ?

1. Leihvertrag, § 598 ?

= zwei übereinstimmende Willenserklärungen = Angebot und Annahme

a. Willenserklärung des N = Angebot ?

HIER (+) → Angebot zur unentgeltlichen Gebrauchsüberlassung

b. Willenserklärung des D = Annahme ?

HIER (+) → diesbezügliche Annahme

***c. also: Leihvertrag, § 598* (+)**

2. Wirksame Anfechtung (der Willenserklärung des N) ?

a. Anfechtungsgrund ?

aa. § 119 I ?

= Irrtum in Form des Inhaltsirrtums (hier: Rechtsirrtums)

HIER (+) → N hat objektiv erklärt, er wolle den Wagen unentgeltlich überlassen; seine Erklärung bezog sich auf eine Leihe; tatsächlich wollte er aber eine entgeltliche Gebrauchsüberlassung, also eine Miete (§ 535); insofern fallen Erklärtes und Gewolltes auseinander; es liegt ein sogenannter Rechtsirrtum vor; N hat sich über die Rechtsnatur des Geschäftes geirrt

***bb. also: Anfechtungsgrund* (+)**

b. Erklärung der Anfechtung, § 143 ?
= Gestaltungsrecht !!!

HIER (+) → N hat gegenüber D die Anfechtung erklärt; die ausdrückliche und dezidierte Angabe des Anfechtungsgrundes ist nicht erforderlich; der Anfechtungsgrund ergibt sich aus den auch dem Anfechtungsgegner bekannten Tatsachen

c. Wahrung der Anfechtungsfrist ?
= bei § 119 → § 121

HIER (+) → N hat gegenüber D die Anfechtung unverzüglich nach Kenntnis des Anfechtungsgrundes erklärt, § 121 I

***d. Kein Ausschluss der Anfechtung ?* (+)**

e. also: wirksame Anfechtung* (+) *→ die angefochtene Willenserklärung ist gemäß § 142 als von Anfang an nichtig anzusehen; also existiert auch kein Vertrag

***3. also: Anspruch entstanden* (–)**

II. Ergebnis:
D gegen N unentgeltliche Überlassung des Pkw gemäß § 598 (–)

Formulierungsvorschlag Fall 51

- D gegen N unentgeltliche Überlassung des Pkw gemäß § 598

D könnte gegen N einen Anspruch auf unentgeltliche Überlassung des Pkw gemäß § 598 haben.

I. Dann müsste der Anspruch zunächst entstanden sein.

1. Dies setzt einen wirksamen Leihvertrag, § 598 zwischen den Parteien voraus. Der Leihvertrag besteht aus zwei übereinstimmenden Willenserklärungen, Angebot und Annahme.

a. N hat ein Angebot zur „Leihe“ seines Pkw, also ein Angebot bezüglich der unentgeltlichen Gebrauchsüberlassung ausgesprochen.

b. D hat dieses Angebot angenommen.

c. Mithin haben die Parteien einen diesbezüglichen Leihvertrag geschlossen.

2. N könnte jedoch seine zum Vertragsschluss führende Willenserklärung wirksam angefochten haben. Dann wäre die Willenserklärung als von Anfang an nichtig anzusehen, § 142 I.

a. Fraglich ist, ob ein Anfechtungsgrund besteht.

aa. In Betracht kommt eine Anfechtung der Willenserklärung des N (Angebot) gemäß § 119 I wegen eines Inhaltsirrtums. N hat objektiv erklärt, er wolle den

Wagen unentgeltlich überlassen. Seine Erklärung bezog sich auf eine Leihe. Tatsächlich wollte er aber eine entgeltliche Gebrauchsüberlassung, also eine Miete (§ 535). Insofern fallen Erklärtes und Gewolltes auseinander. Es liegt ein sogenannter Rechtsirrtum vor. N hat sich über die Rechtsnatur des Geschäftes geirrt.

bb. Also besteht ein Anfechtungsgrund.

b. Der Anfechtende müsste die Anfechtung gegenüber dem Anfechtungsgegner erklärt haben, § 143. N hat gegenüber D die Anfechtung erklärt. Fraglich ist, ob es Auswirkungen hat, dass die Anfechtung nicht begründet wurde. Die ausdrückliche und dezidierte Angabe des Anfechtungsgrundes ist jedoch nicht erforderlich. Der Anfechtungsgrund ergibt sich aus den auch dem Anfechtungsgegner bekannten Tatsachen. Dies reicht aus. Die Anfechtungserklärung ist wirksam.

c. Zudem hat N die Anfechtung in der im Falle des § 119 geltenden Anfechtungsfrist des § 121, nämlich unverzüglich nach Kenntnis des Anfechtungsgrundes erklärt.

d. Ein Ausschluss der Anfechtung ist nicht ersichtlich.

e. Da alle Voraussetzungen einer wirksamen Anfechtung vorliegen, ist die Willenserklärung des N gemäß § 142 als von Anfang an nichtig anzusehen. Mithin fehlt es an einer der beiden für einen Vertragsabschluss erforderlichen Willenserklärungen, also existiert auch kein Leihvertrag.

3. Demnach ist der Anspruch nicht entstanden.

II. D hat gegen N keinen Anspruch auf unentgeltliche Überlassung des Pkw gemäß § 598.

Fazit

1. Bereits in Fall 42 habt ihr den nahezu selben Sachverhalt bearbeiten dürfen. Lest deshalb zur Einstimmung noch einmal das Fazit dieses Falls.

2. Der Unterschied zum Fall 42 besteht darin, dass die Anfechtung hier zwar erklärt worden ist, jedoch ohne Begründung.

Die ausdrückliche und dezidierte ***Angabe des Anfechtungsgrundes*** ist aber nicht erforderlich. Es reicht aus, wenn sich der Anfechtungsgrund aus den auch dem Anfechtungsgegner bekannten Tatsachen ergibt.

3. Der Terminus „Anfechtung“ muss im Übrigen auch nicht benannt werden. Es muss sich im Zweifel aus den Umständen ergeben, dass der Anfechtende aus diesem oder jenem Grund nicht am Vertrag festhalten will. Beispielsweise kann es ausreichen, dass der aus einem Vertrag Verpflichtete seine Verpflichtung bestreitet oder dass die bereits erfolgte Leistung zurückgefordert wird.

Fall 52

Jurastudent J kauft aufgrund des Angebots des windigen Gebrauchtwagenhändlers H einen alten Feuerwehrwagen, nachdem dieser wahrheitswidrig versichert hat, das Auto habe eine Fahrleistung von 50.000 Kilometern. Tatsächlich ist das Fahrzeug bereits 150.000 Kilometer gelaufen. J bemerkt dies, nachdem er den Wagen erhalten hat. Er denkt kurz über eine Anfechtung nach, verlangt dann aber von H den Einbau eines Motors mit einer der Anpreisung entsprechenden niedrigeren Kilometerlaufleistung. H will seinen Fehler korrigieren und tut, wie ihm geheißen. Als H nach dem Motoraustausch von J Zahlung des Kaufpreises fordert, erklärt dieser gegenüber H die Anfechtung wegen arglistiger Täuschung, weil er nicht mehr an dem Wagen interessiert ist.

Frage: Hat H gegen J einen Anspruch auf Kaufpreiszahlung ?

Lösungsskizze Fall 52

- H gegen J Kaufpreiszahlung gemäß § 433 II ?

I. Anspruch entstanden ?

1. Kaufvertrag, § 433 ? (+)

2. Wirksame Anfechtung (der Willenserklärung des J) ?

a. Anfechtungsgrund ?

aa. § 123 I ?
= (hier) Anfechtung wegen arglistiger Täuschung

(1) Täuschung ?
= bewusstes Hervorrufen oder Aufrechterhalten eines Irrtums

HIER (+) → H hat in J den Irrtum erregt, das angebotene Fahrzeug habe eine Kilometerlaufleistung von 50.000; tatsächlich ist der Wagen 150.000 Kilometer gelaufen

(2) Kausalität zwischen Täuschung und Willenserklärung ? (+)

(3) Arglist ?
= Tätigwerden mit dem Bewusstsein, dass der Getäuschte erst durch die Täuschung eine Willenserklärung abgibt

HIER (+) → nur weil H den J über die Laufleistung getäuscht hat, hat dieser das Kaufangebot angenommen

(4) <u>also</u>: § 123 I (arglistige Täuschung) (+)

bb. <u>also</u>: Anfechtungsgrund (+)

b. Erklärung der Anfechtung, § 143 ?
= Gestaltungsrecht !!!

HIER (+) → J hat gegenüber K die Anfechtung erklärt

c. Wahrung der Anfechtungsfrist ?
= bei § 123 → § 124

HIER (+) → J hat gegenüber K die Anfechtung innerhalb eines Jahres nach Entdecken der Täuschung erklärt, § 124 I, II

d. Kein Ausschluss der Anfechtung ?

HIER (–) → nach § 144 I ist die Anfechtung ausgeschlossen, wenn das anfechtbare Rechtsgeschäft vom Anfechtungsberechtigten bestätigt wird; die Bestätigung bzw. der Verzicht auf das Anfechtungsrecht kann auch schlüssig erfolgen; obwohl sich J über ein grundsätzlich bestehendes Anfechtungsrecht Gedanken gemacht hat, hat er den H aufgefordert, einen „neueren“ Motor in das Fahrzeug einzubauen; hierdurch hat er bekundet, dass er an einer Erfüllung des Vertrags interessiert ist und sich gegen eine Anfechtung entscheidet; zwar wird die Meinung vertreten, die alleinige Geltendmachung von Gewährleistungsansprüchen stelle noch keinen Verzicht auf die Anfechtung dar; dies kann aber nur gelten, solange Gewährleistungsansprüche ohne Erfolg geblieben sind; H ist dem Begehren des J nachgekommen und hat einen anderen Motor in das Fahrzeug eingebaut; insofern ist das Begehren des J nicht ohne Erfolg geblieben; er wird nun grundsätzlich das erhalten, was vertraglich vereinbart war; die später dann doch erklärte Anfechtung läuft also ins Leere; sie ist ausgeschlossen

e. also: wirksame Anfechtung (–) → die angefochtene Willenserklärung ist nicht gemäß § 142 als von Anfang an nichtig anzusehen; also existiert der Vertrag nach wie vor

3. also: Anspruch entstanden (+)

II. Anspruch untergegangen ? (–)

III. Anspruch durchsetzbar ? (+)

IV. Ergebnis:
H gegen J Kaufpreiszahlung gemäß § 433 II (+)

Formulierungsvorschlag Fall 52

- H gegen J Kaufpreiszahlung gemäß § 433 II

H könnte gegen J einen Anspruch auf Kaufpreiszahlung gemäß § 433 II haben.

I. Dann müsste der Anspruch zunächst entstanden sein.

1. J und H haben einen Kaufvertrag (§ 433) über einen gebrauchten Feuerwehrwagen geschlossen.

2. J könnte jedoch seine zum Vertragsschluss führende Willenserklärung wirksam angefochten haben. Dann wäre die Willenserklärung als von Anfang an nichtig anzusehen, § 142 I.

a. Fraglich ist, ob ein Anfechtungsgrund besteht.

aa. In Betracht kommt eine Anfechtung der Willenserklärung des J (Annahme) gemäß § 123 I wegen arglistiger Täuschung.

Täuschung ist das bewusste Hervorrufen oder Aufrechterhalten eines Irrtums. H hat in J den Irrtum erregt, das angebotene Fahrzeug habe eine Kilometerlaufleistung von 50.000. Tatsächlich ist der Wagen 150.000 Kilometer gelaufen. Insofern hat H getäuscht.

Es besteht eine Kausalität zwischen Täuschung und Willenserklärung.

Außerdem müsste H arglistig gehandelt haben. Arglist ist gegeben, wenn mit dem Bewusstsein gehandelt wird, dass der Getäuschte erst durch die Täuschung eine Willenserklärung abgibt. Nur weil H den J über die Laufleistung getäuscht hat, hat dieser das Kaufangebot angenommen. Also handelte H arglistig.

Demnach ist die Anfechtungsmöglichkeit nach § 123 I wegen arglistiger Täuschung gegeben.

bb. Also besteht ein Anfechtungsgrund.

b. Der Anfechtende müsste die Anfechtung gegenüber dem Anfechtungsgegner erklärt haben, § 143. J hat gegenüber H die Anfechtung erklärt.

c. Zudem hat J die Anfechtung in der im Falle des § 123 geltenden Anfechtungsfrist des § 124, nämlich innerhalb eines Jahres nach Entdecken der Täuschung erklärt.

d. Möglicherweise ist die Anfechtung jedoch ausgeschlossen. Nach § 144 I ist die Anfechtung ausgeschlossen, wenn das anfechtbare Rechtsgeschäft vom Anfechtungsberechtigten bestätigt wird. Die Bestätigung bzw. der Verzicht auf das Anfechtungsrecht kann auch schlüssig erfolgen. Obwohl sich J über ein grundsätzlich bestehendes Anfechtungsrecht Gedanken gemacht hat, hat er den J aufgefordert, einen „neueren" Motor in das Fahrzeug einzubauen. Hierdurch hat er bekundet, dass er an einer Erfüllung des Vertrags interessiert ist und sich eben gegen eine Anfechtung entscheidet. Zwar wird die Meinung vertreten, die alleinige Geltendmachung von Gewährleistungsansprüchen stelle noch keinen Verzicht auf die Anfechtung dar. Dies kann aber nur gelten, solange Gewährleistungsansprüche ohne Erfolg geblieben sind. H ist dem Begehren des J nachgekommen und hat einen anderen Motor in das Fahrzeug eingebaut. Insofern ist das Begehren des J nicht ohne Erfolg geblieben. Er wird nun grundsätzlich das erhalten, was vertraglich vereinbart war. Die später dann doch erklärte Anfechtung läuft also ins Leere, sie ist ausgeschlossen.

e. Da nicht alle Voraussetzungen für eine wirksame Anfechtung vorliegen, ist die Willenserklärung des J nicht gemäß § 142 als von Anfang an nichtig anzusehen. Also existiert der Kaufvertrag nach wie vor.

3. Demnach ist der Anspruch entstanden.

II. Der Anspruch ist nicht untergegangen.

III. Er ist auch durchsetzbar.

IV. H hat gegen J einen Anspruch auf Kaufpreiszahlung gemäß § 433 II.

Fazit

1. Zum Aufbau der Prüfung einer ***Anfechtung wegen arglistiger Täuschung*** lohnt ein Blick ins Fazit zu Fall 47.

2. Innerhalb des Prüfungspunkts ***„Kein Ausschluss der Anfechtung"*** war zu überdenken, ob eine ***Bestätigung*** des anfechtbaren Rechtsgeschäfts im Sinne des ***§ 144 I*** vorliegt.

Nach § 144 I ist die Anfechtung ausgeschlossen, wenn das anfechtbare Rechtsgeschäft vom Anfechtungsberechtigten bestätigt wird. Die ***Bestätigung*** bzw. der ***Verzicht auf das Anfechtungsrecht*** erfolgt entweder ausdrücklich oder auch durch schlüssiges Verhalten.

Bei der Bestätigung handelt es sich um eine nicht empfangsbedürftige Willenserklärung. Sie kann deshalb auch gegenüber Dritten erfolgen.

3. Die Bestätigung ist nach § 144 II formlos möglich.

4. Und umgekehrt: Wenn die Anfechtung bereits erklärt worden ist, ist keine Bestätigung mehr möglich. Das ist logisch und macht auch in der Praxis Sinn. Wenn etwa in unserem Fall zuerst die Anfechtung erklärt worden wäre, wäre die angefochtene Willenserklärung gemäß § 142 als von Anfang an nichtig anzusehen. Damit bestünde kein Vertrag. Und die dann zeitlich folgende Aufforderung zum Einbau des „neuen" Motors wäre zwar grundsätzlich denkbar, aber widersinnig, weil ja ein Vertrag nicht (mehr) besteht.

Fall 53

Kurz vor der lange ersehnten Urlaubsreise nach Andorra erleidet der Pkw des D einen Totalschaden. Die Erkundigungen des D ergeben, dass die Miete eines Kfz für die fragliche Zeit 1.000 € kostet. Deshalb freut er sich, als Nachbar N ihm anbietet, seinen Kombi für die fragliche Zeit zu „leihen". D erklärt erfreut, er sei einverstanden. Unmittelbar vor der Abreise lässt D den Wagen des N für 50 € gründlich reinigen. Dann äußert N gegenüber D, nun müsse aber noch über den „Leihpreis" gesprochen werden. Es stellt sich heraus, dass N dem D das Auto nur gegen Entgelt zur Verfügung stellen wollte und – wie umgangssprachlich nicht unüblich – anstatt des Begriffs „Miete" den Begriff „Leihe" verwendet hat. N ficht daraufhin seine Erklärung bezüglich der Gebrauchsüberlassung gegenüber D gemäß § 119 I wirksam an. D muss in den sauren Apfel beißen und einen Ersatz-Pkw anmieten.

Frage: Hat D gegen N einen Anspruch auf Ersatz der Reinigungskosten ?

Lösungsskizze Fall 53

- D gegen N Ersatz der Reinigungskosten gemäß § 122 I ?

I. Anspruch entstanden ?

1. ***Vorliegen einer wegen § 118 nichtigen oder nach § 119 bzw. § 120 wirksam angefochtenen Willenserklärung ?***

   HIER (+) → N hat seine Erklärung bezüglich der Gebrauchsüberlassung nach § 119 wirksam angefochten

2. ***Schaden ?***
   = ersetzt wird das negative Interesse, begrenzt durch das positive Interesse

   HIER (+) → das negative Interesse = der Schaden, den D dadurch erlitten hat, dass er auf die Gültigkeit der Erklärung vertraute, beträgt 50 €; limitiert, d.h. begrenzt ist das negative Interesse nur dann, wenn das positive Interesse wertmäßig das negative Interesse unterschreitet; das positive Interesse beträgt 1.000 €; hätte N dem D den Wagen unentgeltlich überlassen, hätte D diesen Betrag erspart; da das positive Interesse (1.000 €) das negative Interesse (50 €) nicht unterschreitet, ist das negative Interesse nicht beschränkt; der Vertrauensschaden beträgt demnach 50 €

3. ***<u>also</u>: Anspruch entstanden*** (+)

II. Anspruch untergegangen ? (–)

III. Anspruch durchsetzbar ? (+)

IV. Ergebnis:

D gegen N Ersatz der Reinigungskosten gemäß § 122 I (+)

Formulierungsvorschlag Fall 53

- D gegen N Ersatz der Reinigungskosten gemäß § 122 I

D könnte gegen N einen Anspruch auf Ersatz des Vertrauensschadens (sogenanntes negatives Interesse) in Höhe der Reinigungskosten (50 €) gemäß § 122 I haben.

I. Dann müsste der Anspruch zunächst entstanden sein.

1. Voraussetzung ist das Vorliegen einer wegen § 118 nichtigen oder einer nach § 119 bzw. § 120 angefochtenen Willenserklärung. N hat seine Erklärung bezüglich der Gebrauchsüberlassung nach § 119 wirksam angefochten.

2. D müsste einen Schaden im Sinne des § 122 I erlitten haben. § 122 I ersetzt den sogenannten Vertrauensschaden (= negatives Interesse), aber nur bis zur Höhe des sogenannten Erfüllungsschadens (= positives Interesse). Zunächst ist also das negative Interesse und dann das positive Interesse zu ermitteln, um anschließend beide Posten miteinander zu vergleichen. Sollte das positive Interesse niedriger sein als das negative Interesse, ist nur der niedrigere Wert zu ersetzen. Das negative Interesse, d.h. der Schaden, den D dadurch erlitten hat, dass er auf die Gültigkeit der Erklärung vertraute, beträgt 50 € (Reinigungskosten). Das positive Interesse beträgt 1.000 €. Hätte N dem D den Wagen unentgeltlich überlassen, hätte D diesen Betrag erspart. Da das positive Interesse (1.000 €) das negative Interesse (50 €) nicht unterschreitet, ist das negative Interesse nicht beschränkt. Der Vertrauensschaden beträgt demnach 50 €.

3. Demnach ist der Anspruch entstanden.

II. Der Anspruch ist nicht untergegangen.

III. Er ist auch durchsetzbar.

IV. D hat gegen N einen Anspruch auf Ersatz der Reinigungskosten in Höhe von 50 € gemäß § 122 I.

Fazit

1. ***§ 122 I*** ersetzt den sogenannten ***Vertrauensschaden*** (negatives Interesse), aber nur in Höhe des sogenannten Erfüllungsschadens (positives Interesse). Zunächst ist also das negative Interesse und dann das positive Interesse zu ermitteln, um beide Posten miteinander zu vergleichen. Sollte das positive Interesse niedriger sein als das negative Interesse, ist nur der niedrigere Wert zu ersetzen. Der Sinn des Ganzen ist der folgende: Der Anspruchsteller soll nicht besser gestellt werden, als wenn der Schuldner den Vertrag erfüllt hätte.

   Zur Veranschaulichung ein ***Beispiel:*** X verkauft (§ 433) dem Y für 99 Cent einen Goldfisch, der 1 € wert ist. Y fährt für 10 € mit öffentlichen Verkehrsmitteln zu X, bei dem die Übereignung stattfinden soll. Als Y erscheint, ficht X seine zum Vertragsschluss führende Willenserklärung wirksam an. Welchen Schaden kann Y über § 122 I geltend machen?

Nach obigen Grundsätzen kann er – bei Vorliegen aller Voraussetzungen des § 122 I – das negative Interesse, begrenzt durch das positive Interesse, geltend machen. Das negative Interesse (Frage: Wie würde der Gläubiger stehen, wenn er den Schuldner nie getroffen hätte?) beträgt 10 €. Y hätte dann nämlich keinen Vertrag geschlossen und wäre nicht für 10 € zu X gefahren. Das positive Interesse (Frage: Wie würde der Gläubiger stehen, wenn der Schuldner erfüllt hätte?) beträgt aber lediglich 1 Cent. Wenn X den Vertrag erfüllt hätte, wäre das Vermögen des Y lediglich um diesen Betrag angewachsen. Er hätte einen Goldfisch für 99 Cent erhalten, der einen Wert von 1 € hat. Y kann über § 122 I also nur 1 Cent von X verlangen. Hätte X den Vertrag ordnungsgemäß erfüllt, hätte Y ebenfalls 10 € für die Fahrt aufgewendet.

2. Denkt in diesem Zusammenhang stets an den ***Ausschlussgrund*** des ***§ 122 II***. Wenn der Geschädigte Kenntnis von der Nichtigkeit bzw. der Anfechtbarkeit hatte, gibt's keine Knete. Kannte der Geschädigte die Nichtigkeit bzw. die Anfechtbarkeit nicht, musste sie aber kennen (Kennenmüssen), geht er ebenfalls leer aus.

3. Vergleicht zuletzt § 122 mit § 179. Aha! Beide Normen folgen demselben System. Mit der Parallel-Problematik habt ihr euch bereits in Fall 31 herumgeärgert.

4. Und nun folgt ein kleines Kapitel zur Nichtigkeit.

Nichtigkeit

- Eine kleine Übersicht

Einen wirklichen Nichtigkeitsgrund habt ihr bereits kennengelernt. Im Kapitel „Geschäftsfähigkeit“ ist er euch gleich im ersten Fall (Fall 32) die ***Nichtigkeit der Willenserklärung wegen Geschäftsunfähigkeit, §§ 104, 105 I*** über den Weg gelaufen. Blättert noch einmal zurück und verinnerlicht den – sehr einfachen – Aufbau.

Weitere Nichtigkeits- bzw. Unwirksamkeitsgründe finden sich etwa in

§ 116 S. 2	Geheimer Vorbehalt
§ 117 I	Scheingeschäft
§ 118	Mangel der Ernstlichkeit
§ 125	Formmangel
§ 134	Verstoß gegen ein gesetzliches Verbot
§ 138	Sittenwidriges Rechtsgeschäft
§ 154	Einigungsmangel.

Bereitet euch ein paar nette Stunden und lest die Vorschriften. Das schadet bekanntlich nicht.

Und: Findet heraus, ob die genannten Vorschriften an die Nichtigkeit bzw. Unwirksamkeit (nur) einer Willenserklärung oder an die Nichtigkeit bzw. Unwirksamkeit eines (ganzen) Vertrags anknüpfen. Das hat nämlich Konsequenzen für den konkreten Aufbau. Wenn die Nichtigkeit „nur“ die Willenserklärung betrifft, darf sie gleich nach der Willenserklärung geprüft werden. Wenn die Nichtigkeit den gesamten Vertrag betrifft, dürft ihr zunächst die (beiden) Willenserklärungen prüfen, die erst zum Vertragsschluss führen und nach der Feststellung, dass ein Vertrag vorliegt die mögliche Unwirksamkeit eben dieses Vertrags ins Visier nehmen.

Im Anschluss präsentiere ich eine typische Fallgestaltung, die nicht nur ein Nichtigkeitsproblem beschert.

Fall 54

Der schlitzohrige Onkel O verkauft seinem Neffen N ein Grundstück für 50.000 €. Der Vertrag wird notariell beurkundet. Tatsächlich haben O und N einen Kaufpreis von 120.000 € vereinbart. Sie haben den niedrigeren Kaufpreis notariell beurkunden lassen, damit N weniger Grunderwerbsteuer zahlen muss. Nachdem die Auflassung erfolgt und N als neuer Eigentümer im Grundbuch eingetragen ist, fordert O die tatsächlich vereinbarten 120.000 €. N beruft sich nun auf die notarielle Beurkundung und will lediglich 50.000 € zahlen.

Frage: Hat O gegen N einen Kaufpreisanspruch in Höhe von 120.000 € ?

Lösungsskizze Fall 54

- O gegen N Kaufpreiszahlung (120.000 €) gemäß § 433 II ?

I. Anspruch entstanden ?

1. Kaufvertrag, § 433 ?

= zwei übereinstimmende Willenserklärungen = Angebot und Annahme

HIER (+) → Kaufvertrag über ein Grundstück

2. Nichtigkeit des Vertrags wegen Formmangels, § 125 ?

a. Formmangel ?

HIER (+) → nach § 311b I 1 bedarf ein Kaufvertrag über ein Grundstück der notariellen Beurkundung; eine Beurkundung ist zwar erfolgt, jedoch nur bezüglich eines Kaufpreises in Höhe von 50.000 €; die notarielle Beurkundung muss sich aber auf den tatsächlich vereinbarten Kaufpreis beziehen; der Kaufpreis in Höhe von 120.000 € ist nicht beurkundet worden; also mangelt es an der Form des § 311b I 1; der Vertrag ist gemäß § 125 S. 1 nichtig

b. Keine Heilung des Formmangels ?

HIER (–) → nach § 311b I 2 wird der Vertrag gültig, wenn die Auflassung und die Eintragung ins Grundbuch erfolgen; die Auflassung ist erfolgt und N ist als Eigentümer im Grundbuch eingetragen worden

c. <u>also</u>: Nichtigkeit des Vertrags wegen Formmangels, § 125 (–)

3. <u>also</u>: Anspruch entstanden (+)

II. Anspruch untergegangen ? (–)

III. Anspruch durchsetzbar ? (+)

IV. Ergebnis:
O gegen N Kaufpreiszahlung (120.000 €) gemäß § 433 II (+)

Formulierungsvorschlag Fall 54

- O gegen N Kaufpreiszahlung (120.000 €) gemäß § 433 II

O könnte gegen N einen Anspruch auf Kaufpreiszahlung in Höhe von 120.000 € gemäß § 433 II haben.

I. Dann müsste der Anspruch zunächst entstanden sein.

1. O und N haben einen Kaufvertrag über ein Grundstück geschlossen.

2. Der Vertrag könnte jedoch wegen Formmangels gemäß § 125 nichtig sein.

a. Die Nichtigkeit könnte sich aus einem Verstoß gegen § 311b I 1 ergeben. Nach § 311b I 1 bedarf ein Kaufvertrag über ein Grundstück der notariellen Beurkundung. Eine Beurkundung ist zwar erfolgt, jedoch nur bezüglich eines Kaufpreises in Höhe von 50.000 €. Die notarielle Beurkundung muss sich aber auf den tatsächlich vereinbarten Kaufpreis beziehen. Der Kaufpreis in Höhe von 120.000 € ist gerade nicht beurkundet worden. Also mangelt es an der Form des § 311b I 1. Der Vertrag ist gemäß § 125 S. 1 nichtig, da er gegen eine Formvorschrift verstößt.

b. Der Mangel der Form könnte aber geheilt sein. Nach § 311b I 2 wird der Vertrag gültig, wenn die Auflassung und die Eintragung ins Grundbuch erfolgen. Die Auflassung ist erfolgt und N ist als Eigentümer im Grundbuch eingetragen worden. Also ist der Vertrag nach § 311b I 2 gültig. Der Formmangel ist geheilt.

c. Also ist der Vertrag nicht wegen Formmangels gemäß § 125 nichtig.

3. Demnach ist der Anspruch entstanden.

II. Der Anspruch ist nicht untergegangen.

III. Er ist auch durchsetzbar.

IV. O hat gegen N einen Anspruch auf Kaufpreiszahlung in Höhe von 120.000 € gemäß § 433 II.

Fazit

1. Nach ***§ 125 S. 1*** ist ein Rechtsgeschäft nichtig, das nicht der gesetzlich vorgeschriebenen Form entspricht. Beim Kauf eines Grundstücks ist ***§ 311b I 1*** zu beachten. Jeder schuldrechtliche Vertrag, der auf Übereignung eines Grundstücks gerichtet ist, bedarf der ***notarielle***n ***Beurkundung***.

Die Beurkundungspflicht bezieht sich auf den „wirklichen" Vertrag und nicht etwa nur auf einen fingierten Vertrag. Deshalb war hier keine wirksame Beurkundung erfolgt.

Nach § 311b I 2 wird der Vertrag jedoch gültig, wenn die Auflassung und die Eintragung ins Grundbuch erfolgen. Das ist hier geschehen.

2. Und was ist eigentlich mit dem Vertrag über 50.000 €, der beurkundet worden ist? Bietet dieser Vertrag zumindest einen – niedrigeren – Anspruch, falls keine Heilung des formnichtigen „wirklichen" Vertrags erfolgt?

Auskunft gibt ***§ 117 I***. Hiernach ist eine Willenserklärung, die einem anderen gegenüber abzugeben ist, nichtig, wenn sie mit dessen Einverständnis nur zum Schein abgegeben wird. Soll heißen: Mit der Nichtigkeit der Willenserklärung ist natürlich das ganze Rechtsgeschäft nichtig, das auf dieser (und einer anderen) Willenserklärung beruht, also schlussendlich der Kaufvertrag.

§ 117 II stellt ergänzend klar, dass dann das eigentlich gewollte Geschäft gilt. Und dieses Geschäft, nämlich der Kaufvertrag über 120.000 € ermangelt der Form des § 311b I 1, wenn nicht ... . Hier schließt sich der Kreis.

3. Ein weiteres wichtiges gesetzliches Formerfordernis findet ihr in ***§ 518 I 1***. Zur Gültigkeit eines Schenkungsvertrags muss die notarielle Beurkundung des Schenkungsversprechens erfolgen. Und wenn die Form nicht beachtet wird? Dann besteht die Möglichkeit der Heilung nach § 518 II. Schlagt bitte jetzt euren Gesetzestext auf und lest...

Verjährung

- Eine kleine Übersicht

Am Anfang des Buches habe ich eine Aufbaustruktur propagiert, die euch sicherlich weitergeholfen hat. Noch einmal: Nicht nur für Anfänger lohnt es sich, die folgende ***Unterteilung*** immer zu berücksichtigen:

I. Anspruch entstanden ?

II. Anspruch untergegangen ?

III. Anspruch durchsetzbar ?

IV. Ergebnis.

Ihr habt gesehen, dass sich im Prüfungspunkt ***„I. Anspruch entstanden ?“*** nahezu alle Probleme finden, die im Allgemeinen Teil des BGB angesiedelt sind. Lest dazu abermals die Ausführungen in der „Einführung in die Fallbearbeitungstechnik“ am Anfang des Buchs.

Mit dem Prüfungspunkt ***„II. Anspruch untergegangen ?“*** hattet ihr in diesem Buch keine Probleme. Das liegt daran, dass sich im Allgemeinen Teil des BGB keine Vorschriften finden, die diesbezüglich relevant sind. Wen's interessiert: Der Prüfungspunkt wird große Bedeutung gewinnen, wenn ihr euch intensiv mit dem Schuldrecht auseinandersetzt.

Dann bleibt nur noch der Prüfungspunkt ***„III. Anspruch durchsetzbar ?“*** Bingo. Es gibt hier noch etwas, das im BGB AT angesiedelt ist, nämlich die Verjährung.

Zur Abrundung präsentiere ich einen vollkommen unspektakulären Fall, der die Thematik abrunden soll.

Fall 55

Der zerstreute Künstler K hat sich endlich entschlossen, seine Unterlagen zu ordnen. Hierbei fällt ihm wieder ein, dass der Galerist G, der ihm einen größeren Geldbetrag aus einem Kaufvertrag schuldet, immer noch nicht gezahlt hat. Die Recherchen des K ergeben, dass seit der Entstehung der Schuld mehr als fünf Jahre vergangen sind. Als K von G Zahlung verlangt, äußert dieser, der Anspruch sei verjährt.

Frage: Hat K gegen G einen Anspruch auf Kaufpreiszahlung ?

Lösungsskizze Fall 55

- K gegen G Kaufpreiszahlung gemäß § 433 II ?

I. Anspruch entstanden ?

1. Kaufvertrag, § 433 ?
= zwei übereinstimmende Willenserklärungen = Angebot und Annahme

HIER (+)

***2. also: Anspruch entstanden* (+)**

***II. Anspruch untergegangen ?* (–)**

III. Anspruch durchsetzbar ?

1. Verjährungseinrede, § 214 I ?

HIER (+) → der Anspruch auf Kaufpreiszahlung unterliegt der regelmäßigen Verjährungsfrist des § 195; die Verjährungsfrist beträgt drei Jahre; sie beginnt unter den Voraussetzungen des § 199 I; der Schluss des Jahres, in dem der Anspruch entstanden ist, liegt länger als drei Jahre zurück; der Gläubiger K hatte Kenntnis im Sinne der Norm; zudem hat G die Verjährungseinrede auch geltend gemacht

***2. also: Anspruch durchsetzbar* (–)**

IV. Ergebnis:

K gegen G Kaufpreiszahlung gemäß § 433 II (+), aber nicht durchsetzbar

Formulierungsvorschlag Fall 55

- K gegen G Kaufpreiszahlung gemäß § 433 II

K könnte gegen G einen Anspruch auf Kaufpreiszahlung gemäß § 433 II haben.

I. Der Anspruch ist entstanden. K und G haben einen Kaufvertrag geschlossen, aus dem G zur Zahlung verpflichtet ist.

II. Der Anspruch ist nicht untergegangen.

III. Fraglich ist, ob der Anspruch durchsetzbar ist.

1. Die Durchsetzbarkeit könnte durch Erhebung der Verjährungseinrede gemäß § 214 I ausgeschlossen sein. Der Anspruch auf Kaufpreiszahlung unterliegt der regelmäßigen Verjährungsfrist des § 195. Die Verjährungsfrist beträgt drei Jahre. Sie beginnt unter den Voraussetzungen des § 199 I. Der Schluss des Jahres, in dem der Anspruch entstanden ist, liegt länger als drei Jahre zurück. Der Gläubiger K hatte Kenntnis im Sinne der Norm. G hat die Verjährungseinrede im Übrigen auch geltend gemacht.

2. Also ist der Anspruch nicht durchsetzbar.

IV. K hat gegen G einen Anspruch auf Kaufpreiszahlung gemäß § 433 II. Der Anspruch ist jedoch dauernd nicht durchsetzbar.

Fazit

1. Im Prüfungspunkt „Anspruch durchsetzbar“ habt ihr gesehen, wie man mit der ***Verjährungseinrede*** umgeht. Wichtig: Der Anspruchsgegner muss die Einrede geltend machen. Lest spätestens jetzt ***§ 214 I***. Die tatsächliche Verjährung allein hindert nicht die Durchsetzbarkeit des Anspruchs. Zur Geltendmachung genügt allerdings die konkludente Berufung auf die Verjährung. Abermals gilt: Mund aufmachen! Oder unter Umkehrung eines Sprichworts: Schweigen ist Silber, Reden ist Gold!

   Also: Wenn die Verjährungsvoraussetzungen vorliegen und die Verjährung geltend gemacht worden ist, ist der ***Anspruch*** (gegen den sich die Verjährungseinrede richtet) ***dauernd*** (= peremptorisch) ***gehemmt***.

2. Bedeutung gewinnt die Verjährungseinrede in Klausuren im Besonderen Teil des Schuldrechts. Dort werdet ihr im Rahmen der Mängelhaftung spezielle Verjährungsvorschriften kennenlernen.

3. Lest zur Abrundung – erstmals oder abermals – die §§ 194 ff.

4. Abschließend ereilt euch nun ein Kapitel mit Fällen, die sich mit dem Vertragsschluss im Internet beschäftigen.

Vertragsschluss im Internet

- Eine kleine Übersicht

Und nun zum letzten kleinen Kapitel dieses Buches. Bald, ja bald seid ihr erlöst ...

Häufig werden ***Verträge im Internet*** abgeschlossen. Das Medium erfreut sich – zu Recht – großer und immer weiter wachsender Beliebtheit. Die Verträge kommen sehr oft über Betreiber sogenannter Internet-Plattformen oder über sogenannte Internet-Auktionshäuser – allen voran „ebay" – zustande.

Von Anfang an wurde kontrovers diskutiert, wem bei welcher Gelegenheit welche Willenserklärung zuzuordnen ist. Mittlerweile hat sich der Meinungsmarkt im Hinblick auf den Erwerb von Waren über Internet-Auktionshäuser beruhigt. Es gibt höchstrichterliche Rechsprechung zum Thema. Nun könnt ihr dort üblicherweise eine direkte Zuordnung vornehmen, von wem das ***Angebot*** und von wem die ***Annahme*** stammt. Je nach Aufgabenstellung kann es sich aber insbesondere in Hausarbeiten durchaus anbieten, einer Diskussion nicht aus dem Wege zu gehen.

Im Folgenden werdet ihr mit drei Fällen traktiert, die sich mit der Thematik „Vertragsschluss im Internet" beschäftigen. Sie sind ganz einfach gestrickt.

Weitere überlegenswerte Details habe ich ins Fazit der jeweiligen Fälle gepackt. Spätestens bei der Durchsicht dieser Rubriken dürfte euch klar werden, warum ich dem Vertragsschluss im Internet ein eigenes Kapitel gegönnt habe. Jaja, es geht eben nicht nur darum, wem bei welcher Gelegenheit welche Willenserklärung zuzuordnen ist, sondern ...

Wie bereits in der vergangenen 4. Auflage angekündigt, hat der Gesetzgeber im BGB Regelungen (ab 01.08.2012: § 312g II, III und IV alter Fassung / seit 13.06.2014: § 312j II, III, und IV neuer Fassung) eingefügt, die u.a. konkrete Regelungen zum Bestellvorgang im Internet beinhaltet: Der Verkäufer hat die Bestell-Schaltfläche (den Bestell-Button) mit den Worten „zahlungspflichtig bestellen" oder mit einer entsprechenden eindeutigen Formulierung zu beschriften. Die Gründe dürften klar sein: Potenziellen Käufern soll unmissverständlich klar gemacht werden, dass sie jetzt zur Kasse gebeten werden. Und Bestell-„Fallen" sollen vermieden werden. Geht in den folgenden Fällen davon aus, dass diesbezügliche gesetzliche Vorgaben eingehalten wurden.

Und: Die Suchbegriffe „Synopse" und „312 BGB" führen euch auf Internetseiten, die die alte Gesetzeslage (bis 12.06.2014) der neuen Gesetzeslage (ab 13.06.2014) hinsichtlich der §§ 312 und 312a, b, c, d, e, f, g, h, i, j und k gegenüberstellen.

Fall 56

Der Lesebegeisterte L entdeckt auf der Internetseite des Online-Antiquars A eine seltene Erstausgabe des Buches „The Long Goodbye" von Raymond Chandler mit einer Widmung und einem Autogramm des Schriftstellers für 1.000 €. Sofort „legt" L das Buch per Mausklick in den virtuellen „Warenkorb". Nachdem L seine persönlichen Daten – wie vorgesehen – auf einer von A bereitgestellten Seite eingetragen und den Kauf per Mausklick auf ein entsprechendes Symbol „bestätigt" hat, erhält er auf dem Bildschirm die Nachricht, die „Bestellung" sei bei A „eingegangen". Außerdem ist nun ersichtlich, auf welches Konto des A die ausstehende Überweisung zu leisten ist. Nach erfolgter Überweisung des Kaufpreises wartet L vergeblich auf die Übersendung des Buches. Später teilt A dem L lapidar mit, er sei an einem Vertragsschluss nicht interessiert.

Frage: Hat L gegen A einen Anspruch auf Übereignung des Buches ?

Lösungsskizze Fall 56

- L gegen A Übereignung des Buches gemäß § 433 I 1 ?

I. Anspruch entstanden ?

1. Kaufvertrag, § 433 ?
= zwei übereinstimmende Willenserklärungen = Angebot und Annahme

(Vorüberlegung: Zuerst ist gedanklich zu ermitteln, wer denn nun ein etwaiges Angebot erklärt hat. Nur wenn ihr wisst, wie das Einstellen einer Ware (hier des Buches) im Internet rechtlich zu werten ist, könnt ihr das Problem sinnvoll darstellen. Grundsätzlich ist streitig, ob das Angebot vom Veräußerungswilligen (= Verkäufer) ausgeht oder ob nur eine Einladung zum Angebot, eine sogenannte invitatio ad offerendum vorliegt. Also ist eure Argumentation gefragt. Entscheidend ist letztlich, ob im Handeln des Verkäufers ein Rechtsbindungswille hinsichtlich eines konkreten Angebots zu erkennen ist. Eine derartige Wertung erscheint gerade dann sinnvoll, wenn im Internet eine individuelle Ware, also gerade kein Massenartikel vertrieben werden soll. Denn der Verkäufer kann mit recht geringem Aufwand beobachten, wann die Ware verkauft wird bzw. ob die Ware überhaupt existiert oder vorrätig ist. In solchen Fällen geht das Angebot vom Verkäufer aus. Es handelt sich beim „Anbieten" der Ware nicht etwa – wie z.B. bei einer Schaufensterauslage – um eine Einladung zum Angebot, eine sogenannte invitatio ad offerendum.*)*

a. Willenserklärung des A = Angebot ?

HIER (+) → ein Rechtsbindungswille hinsichtlich eines konkreten Angebots seitens des Verkäufers ist anzunehmen, wenn im Internet eine individuelle Ware, also gerade kein Massenartikel vertrieben werden soll; denn der Verkäufer kann dann mit recht geringem Aufwand beobachten, wann die Ware verkauft wird bzw. ob die Ware überhaupt existiert oder vorrätig ist;

wegen der Überschaubarkeit setzt sich der Verkäufer kaum einem Schadensersatzanspruch wegen einer Unmöglichkeit der Leistung aus; in solchen Fällen geht das Angebot also vom Verkäufer aus; es handelt sich beim „Anbieten“ der Ware nicht etwa – wie z.B. bei einer Schaufensterauslage – um eine Einladung zum Angebot, eine sogenannte invitatio ad offerendum

b. Willenserklärung des L = Annahme ?

HIER (+) → durch das „Einlegen“ des Buches in den „Warenkorb“, die Angabe der persönlichen Daten und die Betätigung des „Bestätigungs“-Symbols erfolgt die Annahme des Angebots

c. also: Kaufvertrag, § 433 (+)

2. also: Anspruch entstanden (+)

II. Anspruch untergegangen ? (–)

III. Anspruch durchsetzbar ?

HIER (+) → insbesondere kann A kein Zurückbehaltungsrecht (§ 320) geltend machen; die Zahlung des Kaufpreises ist bereits erfolgt

IV. Ergebnis:

L gegen A Übereignung des Buches gemäß § 433 I 1 (+)

Formulierungsvorschlag Fall 56

- L gegen A Übereignung des Buches gemäß § 433 I 1

L könnte gegen A einen Anspruch auf Übereignung des Buches gemäß § 433 I 1 haben.

I. Dann müsste der Anspruch zunächst entstanden sein.

1. Dies setzt einen wirksamen Kaufvertrag, § 433 zwischen den Parteien voraus. Ein Kaufvertrag besteht aus zwei übereinstimmenden Willenserklärungen, Angebot und Annahme.

a. Fraglich ist, ob seitens A ein Kaufangebot unterbreitet worden ist oder ob die Präsentation der Ware im Internet lediglich als Einladung zum Angebot – als sogenannte invitatio ad offerendum – zu werten ist.

Entscheidend ist letztlich, ob im Handeln des Verkäufers ein Rechtsbindungswille hinsichtlich eines konkreten Angebots zu erkennen ist. Eine derartige Wertung erscheint zumindest und gerade dann sinnvoll, wenn im Internet eine individuelle Ware, also gerade kein Massenartikel vertrieben werden soll. Denn der Verkäufer kann mit recht geringem Aufwand beobachten, wann die Ware verkauft wird bzw. ob die Ware überhaupt existiert oder vorrätig ist. Wegen der Überschaubarkeit setzt sich der Verkäufer kaum einem Schadensersatzanspruch wegen einer Unmöglichkeit der Leistung aus. Bei Massenartikeln, also Waren, die in einer großen Menge existieren, ist es dagegen ungleich schwieriger, deren konkrete Verfügbarkeit zu „garantieren“. Anderes als bei individuellen Einzelstücken wird man nicht unbedingt von einem Rechtsbindungswillen ausgehen können. Bei dem mit einer Widmung und einem Autogramm versehenen alten Buch handelt es sich um ein Einzelstück. In solchen Fällen geht das Angebot vom Verkäufer aus. Es handelt sich beim „Anbieten“ der Ware nicht etwa nur – wie z.B. bei einer Schaufensterauslage – um eine Einladung zum Angebot, eine sogenannte invitatio ad offerendum.

b. L müsste das Angebot angenommen haben. L hat das Buch in den „Warenkorb“ „gelegt“, seine persönlichen Daten angegeben und den Kauf per Mausklick auf ein entsprechendes Symbol „bestätigt“. Hierin ist die Annahme des Angebots zu sehen.

c. Also besteht ein Kaufvertrag zwischen L und A.

2. Demnach ist der Anspruch entstanden.

II. Der Anspruch ist nicht untergegangen.

III. Er ist auch durchsetzbar. A kann kein Zurückbehaltungsrecht (§ 320) geltend machen. Die Zahlung des Kaufpreises ist bereits erfolgt.

IV. Mithin hat L gegen A einen Anspruch auf Übereignung des Buches gemäß § 433 I 1.

Fazit

1. Bei Vertragsabschlüssen im ***Internet*** könnt ihr darüber streiten, ob das ***Angebot*** vom Anbieter der Ware ausgeht oder ob das „Anbieten“ der Ware nur eine Einladung zum Angebot, also eine invitatio ad offerendum darstellt. Im letzteren Fall wäre erst die „Bestellung“ des Kaufwilligen als Angebot zu werten.

   In Streitfällen ist immer eure Argumentation entscheidend. Und die kann wie folgt aussehen: Entscheidend ist letztlich, ob im Handeln des Verkäufers ein ***Rechtsbindungswille*** hinsichtlich eines konkreten Angebots zu erkennen ist. Eine derartige Wertung erscheint gerade dann sinnvoll, wenn im Internet eine individuelle Ware, also gerade kein Massenartikel vertrieben werden soll. Denn der Verkäufer kann mit recht geringem Aufwand beobachten, wann die Ware verkauft wird bzw. ob die Ware überhaupt existiert oder vorrätig ist. In solchen Fällen geht das Angebot vom Verkäufer aus. Es handelt sich beim „Anbieten“ der Ware nicht etwa – wie z.B. bei einer Schaufensterauslage – um eine Einladung zum Angebot, eine sogenannte invitatio ad offerendum.

   Natürlich dürft ihr auch ganz anders argumentieren und zu einem anderen Ergebnis kommen. Achtet aber bitte immer darauf, so zu argumentieren, dass ihr euch nicht den gesamten Fall kaputt macht. Soll heißen: Der Korrektor wird ungläubig den Kopf schütteln, wenn ihr einen komplexen Fall bereits am Anfang der Lösung „abwürgt“, weil ihr einer bestimmten Meinung unbedingt den Vorzug geben wollt. Hier ist Fingerspitzengefühl gefragt.

2. Wenn ihr je nach Konstellation zum Ergebnis gelangt, dass das ***Angebot*** vom Verkäufer ausgeht, richtet es sich natürlich nicht an eine bestimmte, sondern an eine unbestimmte Person. Das hindert schlussendlich den Vertragsschluss nicht, weil im Zeitpunkt der Annahme des Angebots feststeht, wer Vertragspartner ist.

Die ***Annahme*** des Angebots erfolgt dann durch den Kaufwilligen üblicherweise, indem dieser unter Offenbarung seiner Identität die Ware in den „Warenkorb" „legt" und den Kauf durch Betätigung eines entsprechenden Symbols „bestätigt".

3. Wenn ihr zum Ergebnis gelangt, dass im „Anbieten" der Ware noch kein Rechtsbindungswille hinsichtlich eines Angebots zu erkennen ist, kann das ***Angebot*** nur vom Kaufwilligen ausgehen.

Die ***Annahme*** des Angebots erfolgt durch den Verkäufer der Ware. Er übersendet an den Käufer üblicherweise eine diesbezügliche E-Mail.

4. Ein Kauf der beschriebenen Art ist ***in vier unterschiedlichen Konstellationen*** möglich. Zum ersten kann ein Unternehmer Verkäufer sein und ein Verbraucher Käufer (= ***B2C*** = „business to consumer"-Geschäft). Zum zweiten können sowohl Verkäufer als auch Käufer Unternehmer sein (= ***B2B*** = „business to business"-Geschäft). Zum dritten können sowohl Verkäufer als auch Käufer Verbraucher sein (= ***C2C*** = „consumer to consumer"-Geschäft). Zum vierten können Verträge zwischen einem Verbraucher auf der Verkäuferseite und einem Unternehmer auf der Käuferseite geschlossen werden (ohne gesonderte Bezeichnung).

Lest bitte in § 14, wer Unternehmer ist und in § 13, wer Verbraucher ist.

In der ***Konstellation 1*** (Verkäufer = ***Unternehmer*** / Käufer = ***Verbraucher***) kommt immer ein Fernabsatzvertrag gemäß § 312c neuer Fassung (§ 312b alter Fassung) zustande. Nach § 312g I n.F. (§ 312d I a.F.) steht dem Käufer = Verbraucher ein Widerrufsrecht nach § 355 zu. § 312g II Nr. 10 n.F. (§ 312d IV Nr. 5 a.F. / Ausschluss des Widerrufsrechts) gilt nicht, weil es sich bei dem beschriebenen Kauf nicht um eine Versteigerung, § 156 handelt. Beachtet auch § 356 und lest bitte spätestens jetzt die §§ 312 und 312a, b, c, d, e, f, g, h, i, j und k. Es hilft …

In den ***Konstellationen 2, 3 und 4*** liegt kein Vertrag nach § 312c n.F. (§ 312b a.F.) vor. Also hat der Käufer kein Widerrufsrecht nach § 355.

5. Umstritten ist übrigens auch, wie das entgeltliche „Anbieten" von Informationen und Programmen im Internet per download zu werten ist. Einerseits wird nur eine invitatio ad offerendum, andererseits ein konkretes Angebot angenommen. Entscheidend ist in Klausuren – und natürlich in Hausarbeiten – abermals eure Argumentation. Ihr dürft den Fall nicht „abwürgen", sondern solltet taktieren.

6. Beachtet bitte die Ausführungen im vorletzten und letzten Absatz der „Einführung" zu diesem Kapitel auf Seite 258.

Fall 57

Der ergraute Sozialarbeiter S sucht seit langem einen großen schwarzen Stoffstern zum Aufnähen auf seine Jeansjacke. Endlich wird er auf der Internetseite des Internet-Auktionshauses „ibi“ fündig. Hier offeriert der Privatmann P derartige neue Sterne. Um einen solchen Artikel zum vorgegebenen Festpreis von 10 € plus 5 € Versand zu erwerben, klickt S, dessen persönliche Daten dem Auktionshaus bekannt sind und der sich durch das Eingeben eines Passwortes per Computer identifiziert hat – wie gefordert – per Maus auf ein „direkt kaufen“-Symbol, das sich neben der Artikelabbildung befindet. Nachdem er seine Eingaben bestätigt hat, erhält S auf dem Bildschirm die Nachricht, er habe den Artikel erworben. Außerdem ist nun ersichtlich, auf welches Konto des P die ausstehende Überweisung zu leisten ist. Nach erfolgter Überweisung von insgesamt 15 € wartet S vergeblich auf die Übersendung der Ware. Später teilt P dem S lapidar mit, er sei an einem Vertragsschluss nicht interessiert.

Frage: Hat S gegen P einen Anspruch auf Übereignung eines schwarzen Stoffsterns ?

Lösungsskizze Fall 57

- S gegen P Übereignung eines schwarzen Stoffsterns gemäß § 433 I 1 ?

I. Anspruch entstanden ?

1. Kaufvertrag, § 433 ?
= zwei übereinstimmende Willenserklärungen = Angebot und Annahme

*(**Vorüberlegung:*** Zuerst ist gedanklich zu ermitteln, wer denn nun ein etwaiges Angebot erklärt hat. Nur wenn ihr wisst, wie das Einstellen einer Ware im Internet rechtlich zu werten ist, könnt ihr das Problem sinnvoll darstellen. Wenn Vertragsabschlüsse im Internet – wie hier – über sogenannte ***Sofortkaufmodelle*** oder ***Direktkaufmodelle*** erfolgen, geht das Angebot vom Anbieter der Ware aus. Es handelt sich beim „Anbieten“ der Ware nicht etwa lediglich – wie bei einer Schaufensterauslage, einem „Angebot“ im Katalog, einer Speisekarte etc. – um eine Einladung zum Angebot, eine sogenannte invitatio ad offerendum. Das eigentliche Angebot zum Kauf geht also nicht erst von der konkreten Person aus, die den Artikel tatsächlich kaufen will.*)*

a. Willenserklärung des P = Angebot ?

HIER (+) → bei Vertragsabschlüssen im Internet, die über sogenannte Sofortkauf- oder Direktkaufmodelle erfolgen, geht das Angebot vom Anbieter der Ware aus; es handelt sich beim „Anbieten“ der Ware nicht etwa lediglich – wie beispielsweise bei einer Schaufensterauslage – um eine Einladung zum Angebot, also eine sogenannte invitatio ad offerendum; das Angebot des Anbieters richtet sich in derartigen Konstellationen an eine (noch) unbestimmte Person; P hat die Ware in der beschriebenen Art zum Preis von 10 € offeriert

b. Willenserklärung des S = Annahme ?

HIER (+) → durch die Betätigung des „direkt kaufen"-Symbols, die natürlich nur im Zusammenhang mit der Identifizierung des Betätigenden Sinn macht, erfolgt die Abgabe der Annahmeerklärung; der Zugang der Annahmerklärung erfolgt nicht beim Verkäufer, sondern beim Betreiber der Internet-Plattform als Empfangsvertreter des Anbieters, 164 III

c. also: Kaufvertrag, § 433 (+)

2. also: Anspruch entstanden (+)

II. Anspruch untergegangen ? (–)

III. Anspruch durchsetzbar ?

HIER (+) → insbesondere kann P kein Zurückbehaltungsrecht (§ 320) geltend machen; die Zahlung des Kaufpreises inklusive der Versandkosten ist bereits erfolgt

IV. Ergebnis:
S gegen P Übereignung eines schwarzen Stoffsterns gemäß § 433 I 1 (+)

Formulierungsvorschlag Fall 57

- S gegen P Übereignung eines schwarzen Stoffsterns gemäß § 433 I 1 ?

S könnte gegen P einen Anspruch auf Übereignung eines schwarzen Stoffsterns gemäß § 433 I 1 haben.

I. Dann müsste der Anspruch zunächst entstanden sein.

1. Dies setzt einen wirksamen Kaufvertrag, § 433 zwischen den Parteien voraus. Ein Kaufvertrag besteht aus zwei übereinstimmenden Willenserklärungen, Angebot und Annahme.

a. Möglicherweise ist ein Kaufangebot von P unterbreitet worden.

Bei Vertragsabschlüssen im Internet, die über sogenannte Sofortkauf- oder Direktkaufmodelle erfolgen, geht das Angebot vom Anbieter der Ware aus. Es handelt sich beim „Anbieten" der Ware nicht etwa lediglich – wie beispielsweise bei einer Schaufensterauslage – um eine Einladung zum Angebot, also eine sogenannte invitatio ad offerendum. Das Angebot ist also von P als Anbieter der Ware ausgegangen. Das Angebot richtet sich in derartigen Konstellationen an eine (noch) unbestimmte Person. P hat die Ware in der beschriebenen Art zum Preis von 10 € offeriert, also ein entsprechendes Angebot unterbreitet.

b. S müsste das Angebot angenommen haben.

Bei Internet-Vertragsabschlüssen über sogenannte Sofortkaufmodelle oder Direktkaufmodelle erfolgt die Abgabe der Annahmeerklärung durch die Betätigung des „direkt kaufen"- oder „sofort kaufen"-Symbols, die natürlich nur im Zusammenhang mit der Identifizierung des Betätigenden Sinn macht. S hat sich per Computer identifiziert und das entsprechende Symbol angeklickt. Er hat also die Annahmeerklärung abgegeben. Der Zugang der Annahmerklärung erfolgt nicht beim Verkäufer, sondern beim Betreiber der Internet-Plattform als Empfangsvertreter des Verkäufers, 164 III. Also ist der Zugang beim Internet-Auktionshaus „ibi" als Empfangsvertreter des P erfolgt. Damit hat S das Angebot angenommen.

c. Also besteht ein Kaufvertrag zwischen P und S.

2. Demnach ist der Anspruch entstanden.

II. Der Anspruch ist nicht untergegangen.

III. Er ist auch durchsetzbar. P kann kein Zurückbehaltungsrecht (§ 320) geltend machen. Die Zahlung des Kaufpreises inklusive der Versandkosten ist bereits erfolgt.

IV. Mithin hat S gegen P einen Anspruch auf Übereignung eines schwarzen Stoffsterns gemäß § 433 I 1.

Fazit

1. Bei Vertragsabschlüssen im Internet, die über sogenannte ***Sofortkauf***- oder ***Direktkauf***modelle erfolgen, geht das Angebot vom Anbieter der Ware aus. Das „Anbieten" der Ware ist nicht nur – wie etwa eine Schaufensterauslage – als Einladung zum Angebot (= invitatio ad offerendum) zu werten.

2. Das ***Angebot*** (des die Ware Anbietenden) richtet sich in derartigen Konstellationen natürlich nicht an eine bestimmte, sondern an eine unbestimmte Person. Das hindert schlussendlich den Vertragsschluss nicht, weil im Zeitpunkt der Annahme des Angebots feststeht, wer Vertragspartner ist.

   Die ***Abgabe der Angebotserklärung*** (seitens des die Ware Anbietenden) ist im Einstellen der Ware in die Online-„Auktion" verbunden mit dem Starten der „Auktion" durch den Verkäufer zu sehen. Das Angebot richtet sich an diejenige (noch unbestimmte) Person, die innerhalb der Laufzeit der „Auktion" das „direkt kaufen"- oder „sofort kaufen"-Symbol betätigt.

   Der ***Zugang der Angebotserklärung*** erfolgt spätestens im Wahrnehmen des Angebots seitens des (dann) Kaufwilligen.

3. Die ***Annahme*** des Angebots erfolgt durch den Kaufwilligen.

   Die ***Abgabe der Annahmeerklärung*** erfolgt, indem der Kaufwillige – unter Offenbarung seiner Identität und innerhalb der Laufzeit der „Auktion" – das „direkt kaufen"- oder „sofort kaufen"-Symbol betätigt.

   Der ***Zugang der Annahmeerklärung*** erfolgt nicht beim Verkäufer selbst, sondern beim Betreiber der Internet-Plattform als Empfangsvertreter des Verkäufers, 164 III.

4. Beachtet, dass in Streitfällen immer eure Argumentation entscheidend ist. Und die kann – anders herum – auch wie folgt aussehen: Ihr könnt hinsichtlich des Handelns des Verkäufers den ***Rechtsbindungswillen*** etwa deshalb verneinen, weil eine Überprüfung der tatsächlichen Lagermengen von mehreren gleichen zu verkaufenden Artikeln in Echtzeit als technisch äußerst schwierig erscheint. Folgt ihr einer solchen Argumentation, kann das Angebot nicht vom Verkäufer ausgehen. Es muss vom Käufer ausgehen ...

5. Wenn der Anbieter ***mehrere gleiche Artikel*** verkaufen möchte, ergibt sich aus der zur Beschreibung des Artikels angegebenen Mengenangabe, wie viele Geschäfte der Anbieter maximal abschließen will. Ich habe „maximal" vermerkt, weil es natürlich möglich ist, dass einerseits jeder Artikel einen eigenen Käufer findet. Andererseits kann ein Käufer alle Artikel auf einmal kaufen. Oder ein Käufer einen Artikel und der nächste Käufer zwei Artikel oder ...

6. Ganz wichtig: Ein derartiger Kauf (Sofortkauf / Direktkauf) stellt ***keine Auktion oder Versteigerung*** dar. Auch wenn sich der Plattform-Betreiber gegebenenfalls „Auktionshaus" nennt. Vielmehr findet in solchen Fällen grundsätzlich ein ganz „normaler" Kauf statt, der sich hinsichtlich der Durchführung an den „Besonderheiten" des Internets orientiert.

7. Und noch einmal: Ein Kauf der beschriebenen Art ist – wie der Sofort- oder Direktkauf – ***in vier unterschiedlichen Konstellationen*** möglich. Zum ersten kann ein Unternehmer Verkäufer sein und ein Verbraucher Käufer (= ***B2C*** = „business to consumer"-Geschäft). Zum zweiten können sowohl Verkäufer als auch Käufer Unternehmer sein (= ***B2B*** = „business to business"-Geschäft). Zum dritten können – wer hätt's gedacht – sowohl Verkäufer als auch Käufer Verbraucher sein (= ***C2C*** = „consumer to consumer"-Geschäft). Zum vierten können Verträge zwischen einem Verbraucher auf der Verkäuferseite und einem Unternehmer auf der Käuferseite geschlossen werden (ohne gesonderte Bezeichnung).

   Lest bitte in § 14, wer Unternehmer ist und in § 13, wer Verbraucher ist.

   In der ***Konstellation 1*** (Verkäufer = ***Unternehmer*** / Käufer = ***Verbraucher***) kommt immer ein Fernabsatzvertrag gemäß § 312c neuer Fassung (§ 312b alter Fassung) zustande. Nach § 312g I n.F. (§ 312d I a.F.) steht dem Käufer = Verbraucher ein Widerrufsrecht nach § 355 zu. § 312g II Nr. 10 n.F. (§ 312d IV Nr. 5 a.F. / Ausschluss des Widerrufsrechts) gilt nicht, weil es sich bei dem beschriebenen Kauf nicht um eine Versteigerung, § 156 handelt. Beachtet auch § 356 und lest bitte spätestens jetzt die §§ 312 und 312a, b, c, d, e, f, g, h, i, j und k. Es hilft ...

   In den ***Konstellationen 2, 3 und 4*** liegt kein Vertrag nach § 312c n.F. (§ 312b a.F.) vor. Also hat der Käufer kein Widerrufsrecht nach § 355.

8. Vergleicht bitte abschließend diesen Fall mit dem vorherigen Fall 56 und beachtet bitte die Ausführungen im vorletzten und letzten Absatz der „Einführung" zu diesem Kapitel auf Seite 258.

Fall 58

Die ergraute Sozialarbeiterin S sucht seit langem einen kleinen roten Stoffstern zum Aufnähen auf ihren Rucksack. Endlich wird sie auf der Internetseite des Internet-Auktionshauses „ibi" fündig. Hier offeriert der Privatmann P einen derartigen Stern zum Mindestgebot von 1 € plus 5 € Versandkosten bis zum nächsten Tag um 23 Uhr an den bis dann Höchstbietenden. Um den Artikel zu erwerben, gibt S, deren persönliche Daten dem Auktionshaus bekannt sind und die sich durch das Eingeben eines Passwortes per Computer identifiziert hat – wie gefordert – in das dafür vorgesehene Feld den Betrag ein, den sie maximal für die Ware ausgeben will, nämlich 10 €. Nachdem sie ihre Eingaben bestätigt hat, erhält S auf dem Bildschirm die Nachricht, sie sei momentan die Höchstbietende, könne aber noch überboten werden. Unmittelbar nach Ablauf der genannten Frist wird S per E-Mail benachrichtigt, sie habe den Artikel zum Preis von 10 € plus Versandkosten erworben. Außerdem ist nun ersichtlich, auf welches Konto des P die ausstehende Überweisung zu leisten ist. Nach erfolgter Überweisung von insgesamt 15 € wartet S vergeblich auf die Übersendung der Ware. Später teilt P der S lapidar mit, er sei an einem Vertragsschluss nicht interessiert.

Frage: Hat S gegen P einen Anspruch auf Übereignung des roten Stoffsterns ?

Lösungsskizze Fall 58

- S gegen P Übereignung des roten Stoffsterns gemäß § 433 I 1 ?

I. Anspruch entstanden ?

1. Kaufvertrag, § 433 ?

= zwei übereinstimmende Willenserklärungen = Angebot und Annahme

(Vorüberlegung: Es ist gedanklich zu ermitteln, wer ein etwaiges Angebot erklärt hat. Nur wenn ihr wisst, wie das Einstellen einer Ware im Internet rechtlich zu werten ist, könnt ihr das Problem sinnvoll darstellen. Wenn Vertragsabschlüsse im Internet – wie hier – im Rahmen sogenannter Internet-***„Auktionen"*** erfolgen, geht das Angebot vom Anbieter der Ware aus. Es handelt sich beim „Anbieten" der Ware nicht etwa lediglich – wie bei einer Schaufensterauslage, einem „Angebot" im Katalog, einer Speisekarte etc. – um eine Einladung zum Angebot, eine sogenannte invitatio ad offerendum. Das eigentliche Angebot zum Kauf geht also nicht erst von der konkreten Person aus, die den Artikel tatsächlich kaufen will.*)*

a. Willenserklärung des P = Angebot ?

HIER (+) → bei Vertragsabschlüssen im Internet, die im Rahmen sogenannter Online- oder Internet-Auktionen erfolgen, geht das Angebot vom Anbieter der Ware aus; es handelt sich beim „Anbieten" der Ware nicht etwa lediglich – wie beispielsweise bei einer Schaufensterauslage – um eine Einladung zum Angebot, also eine sogenannte invitatio ad offerendum; im Einstellen der Ware in die Online-Auktion verbunden mit dem Starten der Auktion durch den Verkäufer ist ein Angebot an diejenige Person zu sehen, die innerhalb der Laufzeit der Auktion das höchste Gebot abgibt; das Angebot des Anbieters richtet sich also an eine (noch) unbestimmte Person; P hat den Stoffstern in der beschriebenen Art zum Mindestpreis von 1 € offeriert

b. Willenserklärung der S = Annahme ?

HIER (+) → durch die Eingabe des – bei Zeitablauf der Online-Auktion tatsächlich höchsten – „Gebots" in das dafür vorgesehene Feld und die Bestätigung der Eingabe erfolgt die Abgabe der Annahmeerklärung; die Eingabe macht aber nur im Zusammenhang mit der Identifizierung des „Bietenden" Sinn; der Zugang der Annahmerklärung erfolgt nicht beim Verkäufer, sondern beim Betreiber der Internet-Plattform als Empfangsvertreter des Anbieters, 164 III; S hat nach ihrer Identifizierung einen Betrag von 10 € „geboten", der bei Auktionsende das höchste „Gebot" darstellte; das „Gebot" hat das Internet-Auktionshaus als Empfangsvertreter des P erreicht

c. also: Kaufvertrag, § 433 (+)

2. also: Anspruch entstanden (+)

II. Anspruch untergegangen ? (–)

III. Anspruch durchsetzbar ?

HIER (+) → insbesondere kann P kein Zurückbehaltungsrecht (§ 320) geltend machen; die Zahlung des Kaufpreises inklusive der Versandkosten ist bereits erfolgt

IV. Ergebnis:

S gegen P Übereignung des roten Stoffsterns gemäß § 433 I 1 (+)

Formulierungsvorschlag Fall 58

- S gegen P Übereignung des roten Stoffsterns gemäß § 433 I 1

S könnte gegen P einen Anspruch auf Übereignung des roten Stoffsterns gemäß § 433 I 1 haben.

I. Dann müsste der Anspruch zunächst entstanden sein.

1. Dies setzt einen wirksamen Kaufvertrag, § 433 zwischen den Parteien voraus. Ein Kaufvertrag besteht aus zwei übereinstimmenden Willenserklärungen, Angebot und Annahme.

a. Möglicherweise ist ein Kaufangebot von P unterbreitet worden.

Bei Vertragsabschlüssen im Internet, die im Rahmen sogenannter Online- oder Internet-Auktionen erfolgen, geht das Angebot vom Anbieter der Ware aus. Es handelt sich beim „Anbieten" der Ware nicht etwa lediglich – wie beispielsweise bei einer Schaufensterauslage – um eine Einladung zum Angebot, also eine sogenannte invitatio ad offerendum. Im Einstellen der Ware in die Online-Auktion verbunden mit dem Starten der Auktion durch den Verkäufer ist ein Angebot an diejenige Person zu sehen, die innerhalb der Laufzeit der Auktion das höchste Gebot abgibt. Das Angebot des Anbieters richtet sich also an eine (noch) unbestimmte Person. P hat die Ware in der beschriebenen Art zum Mindestpreis von 1 € offeriert, also ein entsprechendes Angebot unterbreitet.

b. S müsste das Angebot angenommen haben.

Durch die Eingabe des – bei Zeitablauf der Online-Auktion tatsächlich höchsten – „Gebots" in das dafür vorgesehene Feld erfolgt die Abgabe der Annahmeerklärung. Die Eingabe macht aber nur im Zusammenhang mit der Identifizierung des „Bietenden" Sinn. S hat sich per Computer identifiziert und einen Betrag von 10 € „geboten", der bei Auktionsende das höchste „Gebot" darstellte. Sie hat also die Annahmeerklärung abgegeben. Der Zugang der Annahmeerklärung erfolgt nicht beim Verkäufer, sondern beim Betreiber der Internet-Plattform als Empfangsvertreter des Anbieters, 164 III. Das „Gebot" hat das Internet-Auktionshaus als Empfangsvertreter des P erreicht. Damit hat S das Angebot angenommen.

c. Also besteht ein Kaufvertrag zwischen P und S.

2. Demnach ist der Anspruch entstanden.

II. Der Anspruch ist nicht untergegangen.

III. Er ist auch durchsetzbar. P kann kein Zurückbehaltungsrecht (§ 320) geltend machen. Die Zahlung des Kaufpreises inklusive der Versandkosten ist bereits erfolgt.

IV. Mithin hat S gegen P einen Anspruch auf Übereignung des roten Stoffsterns gemäß § 433 I 1.

Fazit

1. Lest zur Einstimmung unbedingt noch einmal das gesamte Fazit zum vorigen Fall 57. und beachtet bitte die Ausführungen im vorletzten und letzten Absatz der „Einführung" zu diesem Kapitel auf Seite 258.

2. Ganz ganz wichtig: Die sogenannte Online-Auktion stellt entgegen ihrer missverständlichen Bezeichnung ***keine Versteigerung*** i.S.d. § 156 dar. Auch wenn sich der Plattform-Betreiber gegebenenfalls – wieder einmal – „Auktionshaus" nennt und das den fälschlichen Schluss auf eine Auktion bzw. Versteigerung zulässt. Bei der hier beschriebenen Online-Auktion erfolgt – anders als bei der Versteigerung – gerade kein Zuschlag i.S.d. § 156.

3. Bei sogenannten Online-Auktionen kommt der Vertrag vielmehr durch Zeitablauf zwischen dem Anbieter und dem aktuell Höchstbietenden zustande.

Im Einstellen der Ware in die Online-Auktion verbunden mit dem Starten der Auktion durch den Verkäufer ist ein ***Angebot*** an diejenige Person zu sehen, die innerhalb der Laufzeit der Auktion das höchste Gebot abgibt. Das Angebot des Anbieters der Ware richtet sich also an eine (noch) unbestimmte Person.

Die ***Annahme*** des Angebots erfolgt durch den Käufer durch Abgabe des (Höchst-) Gebotes innerhalb der Laufzeit der Auktion.

Der ***Zugang der Annahmeerklärung*** erfolgt – wie beim Sofort- bzw. Direktkauf nicht beim Verkäufer selbst, sondern beim Betreiber der Internet-Plattform als Empfangsvertreter des Verkäufers, 164 III.

4. Und abermals: Ein Kauf der beschriebenen Art ist – wie der Sofort- oder Direktkauf – ***in vier unterschiedlichen Konstellationen*** möglich. Zum ersten kann ein Unternehmer Verkäufer sein und ein Verbraucher Käufer (= ***B2C*** = „business to consumer"-Geschäft). Zum zweiten können sowohl Verkäufer als auch Käufer Unternehmer sein (= ***B2B*** = „business to business"-Geschäft). Zum dritten können sowohl Verkäufer als auch Käufer Verbraucher sein (= ***C2C*** = „consumer to consumer"-Geschäft). Zum vierten können Verträge zwischen einem Verbraucher auf der Verkäuferseite und einem Unternehmer auf der Käuferseite geschlossen werden (ohne gesonderte Bezeichnung).

In § 14 ist zu lesen, wer Unternehmer ist und in § 13, wer Verbraucher ist.

Interessant ist wieder die ***Konstellation 1***, also das in Klausuren besonders bedeutsame ***B2C***-Geschäft (Verkäufer = ***Unternehmer*** / Käufer = ***Verbraucher***). Hier kommt immer ein Fernabsatzvertrag gemäß § 312c neuer Fassung (§ 312b alter Fassung) zustande. Nach § 312g I n.F. (§ 312d I a.F.) steht dem Käufer = Verbraucher ein Widerrufsrecht nach § 355 zu. § 312g II Nr. 10 n.F. (§ 312d IV Nr. 5 a.F. / Ausschluss des Widerrufsrechts) gilt nicht, weil es sich bei dem beschriebenen Kauf nicht um eine Versteigerung, § 156 handelt. Beachtet auch § 356 und lest bitte allerspätestens jetzt die §§ 312 und 312a, b, c, d, e, f, g, h, i, j und k. Es hilft wirklich ...

In den ***Konstellationen 2, 3 und 4*** liegt kein Vertrag nach § 312c n.F. (§ 312b a.F.) vor. Also hat der Käufer kein Widerrufsrecht nach § 355.

5. Gegebenenfalls wird von euch – in Hausarbeiten, aber auch in Klausuren – erwartet, dass ihr „gutachterlich" ermittelt, ob und wie der Vertrag geschlossen wurde. Das ist nach der hier präsentierten Methode schwierig zu bewerkstelligen. Denn ihr müsst euch mit mehreren „Problemen" auseinandersetzen, die nicht prüfungstechnisch aufeinander aufbauen. Zum einen stellt sich die Frage, ob ein Vertrag im Rahmen einer Versteigerung i.S.d. § 156 geschlossen wurde. Zum anderen ist zu ermitteln, von wem ein Angebot ausgehen kann und wer das Angebot angenommen haben kann.

Unter Umständen bietet es sich an, zuerst dummdreist zu hinterfragen, ob ein Vertrag – aber ohne Differenzierung in Angebot und Annahme – im Rahmen einer Versteigerung zustande gekommen ist. Das ist zu verneinen. Anschließend ist zu ermitteln, ob das Angebot vom Verkäufer ausgegangen ist. Das ist zu bejahen. Dann muss nur noch kurz dargestellt werden, wie der Käufer das Angebot angenommen hat.

Euer Lehrkörper wird euch auf freundliches Nachfragen sicherlich verraten, welchen Aufbau er bevorzugt.

6. So, nun folgen die bereits angekündigten SCHEMATA zu Ansprüchen aus dem BGB und zum Aufbau eines Anspruchs. Prägt sie euch immer und immer wieder ein. Es kann nur nützen. Viel Erfolg!

Aufbauschemata

Schema I - Ansprüche aus dem BGB

Das folgende Schema soll euch helfen, in jeder Klausur oder Hausarbeit die wichtigsten Ansprüche einer Person gegen eine andere Person schnell aufzufinden. Das Schema ist nicht vollständig! Es beinhaltet aber alle Ansprüche, die für Anfängerübungen interessant sind. Zum einen solltet ihr das Schema fortlaufend erweitern, zum anderen ist es ratsam, das Schema auswendig zu lernen. Am besten schreibt ihr es selbst noch einmal ab. Beim Abschreiben lernt man nämlich am besten.

A. Vertragliche Ansprüche

I. (Primär-) Anspruch auf Leistung bzw. Gegenleistung und auf Nebenleistung (Auswahl)

→ ***§ 433 I 1*** = Übereignung der Kaufsache (Leistung)
§ 433 II = Kaufpreiszahlung (Gegenleistung)
§ 433 II = Abnahme (i.d.R. Nebenleistung)

→ ***§§ 480, 433 I 1*** = Übereignung der einen Tauschsache (Leistung)
§§ 480, 433 II = Übereignung der anderen Tauschsache (Gegenleistung)

→ ***§ 488 I 1*** = Auszahlung des Geld-Darlehens (Leistung)
§ 488 I 2 = Rückzahlung des Geld-Darlehens (Nebenleistung)

→ ***§ 516 I*** = Übereignung der Schenkungssache (Leistung)

→ ***§ 535 I*** = Überlassung der Mietsache (Leistung)
§ 535 II = Mietzahlung (Gegenleistung)
§ 546 I = Rückgabe der Mietsache (Nebenleistung)

→ ***§ 598*** = Gebrauchsüberlassung (Leistung)
§ 604 I = Rückgabe der Leihsache (Nebenleistung)

→ ***§ 607 I 1*** = Überlassung des Sach-Darlehens (Leistung)
§ 607 I 2 = Rückerstattung des Sach-Darlehens (Nebenleistung)

→ ***§ 611 I*** = Erbringung des Dienstes (Leistung)
§ 611 I = Zahlung der Vergütung (Gegenleistung)
...

→ ***§ 631 I*** = Herstellung des Werks (Leistung)
§ 631 I = Zahlung der Vergütung (Gegenleistung)

→ ***§ 651 i.V.m. § 433 I 1*** = Herstellung einer beweglichen Sache (Leistung)
§ 651 i.V.m. § 433 II = Zahlung der Vergütung (Gegenleistung)

→ ***§ 651a I 1*** = Erbringung von Reiseleistungen (Leistung)
§ 651a I 2 = Zahlung des Reisepreises (Gegenleistung)

→ ***§ 662*** = Besorgung des Auftrags (Leistung)

II. (Sekundär-) Ansprüche auf Schadensersatz / Aufwendungsersatz / stellvertretendes commodum

1. Unmöglichkeit

a. anfängliche (objektive oder subjektive) Unmöglichkeit

= schon vor Vertragsschluss kann niemand (= objektiv) oder zwar eine andere Person, jedoch nicht der Schuldner (= subjektiv) leisten

→ ***§ 311 a II 1***
= Schadensersatz statt der Leistung
bei anfänglicher Unmöglichkeit der Leistung
aus einem einseitigen oder gegenseitigen Schuldverhältnis

→ ***§ 311a II 1 i.V.m. § 284***
= Aufwendungsersatz statt des Schadensersatzes und statt der Leistung
bei anfänglicher Unmöglichkeit der Leistung
aus einem einseitigen oder gegenseitigen Schuldverhältnis

→ ***§ 311a II 3 i.V.m. § 281 I 2***
= Schadensersatz statt der gesamten Leistung
bei anfänglicher Teil-Unmöglichkeit der Leistung
aus einem einseitigen oder gegenseitigen Schuldverhältnis

b. nachträgliche (objektive oder subjektive) Unmöglichkeit

= erst nach Vertragsschluss kann niemand (= objektiv) oder zwar eine andere Person, jedoch nicht der Schuldner (= subjektiv) leisten

→ ***§§ 280 I, III, 283 S. 1***
= Schadensersatz statt der Leistung
bei nachträglicher Unmöglichkeit der Leistung
aus einem einseitigen oder gegenseitigen Schuldverhältnis

→ ***§§ 280 I, III, § 283 S. 1 i.V.m. § 284***
= Aufwendungsersatz statt des Schadensersatzes und statt der Leistung
bei nachträglicher Unmöglichkeit der Leistung
aus einem einseitigen oder gegenseitigen Schuldverhältnis

→ ***§§ 280 I, III, 283 S. 2 i.V.m. § 281 I S. 2 und 3***
= Schadensersatz statt der gesamten Leistung
bei nachträglicher Teil-Unmöglichkeit der Leistung
aus einem einseitigen oder gegenseitigen Schuldverhältnis

→ ***§ 285 I***
= Anspruch auf Ersatz oder Abtretung des Ersatzanspruchs statt der Leistung (sog. stellvertretendes commodum)

2. Verzug

a. neben dem Primär-Anspruch auf Leistung

→ ***§§ 280 I, II, 286 I***
= Schadensersatz wegen Verzögerungsschadens

b. anstatt des Primär-Anspruchs auf Leistung

→ ***§§ 280 I, III, 281 I 1***
= Schadensersatz bei Verzug mit einer Leistung

3. Mängelhaftung

a. Sachmängelhaftung → §§ 434 ff

b. Mietmängelhaftung → §§ 536 ff

c. Werkmängelhaftung → §§ 633 ff

d. Werklieferungsmängelhaftung → § 651 i.V.m. §§ 434 ff oder ***§§ 633 ff***

4. Sonstige Pflichtverletzung

→ ***§ 280 I i.V.m. § 241 II*** *(früher: p.V.V.)*
= Schadensersatz bei nicht speziell geregelten Pflichtverletzungen

B. Vertragsähnliche Ansprüche

→ ***§§ 280 I, 311 II i.V.m. § 241 II*** *(früher: c.i.c.)*
= Schadensersatz bei Pflichtverletzungen eines vorvertraglich bestehenden Schuldverhältnisses

→ ***§ 122***
= Ersatz des Vertrauensschadens bei Nichtigkeit der Willenserklärung wegen § 118 oder bei wirksamer Anfechtung nach § 119 oder nach § 120

→ ***§ 179***
= Haftung bei Vertretung ohne Vertretungsmacht

→ ***§ 677 ff***
= Geschäftsführung ohne Auftrag

C. Dingliche Ansprüche

→ z.B. ***§ 985***
= Herausgabeanspruch des Eigentümers gegen den Besitzer

D. Deliktische Ansprüche

1. Haftung mit Verschulden (Verschulden muss geprüft werden)

→ ***§ 823 I***
= Haftung (Schadensersatz) für Verletzung der aufgezählten Rechtsgüter (kein Vermögen!) und sonstiger Rechte (berechtigter Besitz, Gewerbebetrieb, Persönlichkeitsrecht)

→ ***§ 823 II i.V.m. Schutzgesetz***
= Haftung (Schadensersatz) für Verletzung eines Schutzgesetzes (insbesondere aus dem StGB; z.B. § 223, § 230, § 242, § 244, § 263, § 303)

→ ***§ 826***
= Haftung (Schadensersatz) für vorsätzliche sittenwidrige Schädigung

2. Haftung mit Verschulden (vermutetes Verschulden ist widerleglich)

→ ***§ 831 I 1***
= Haftung für Fehler bei der Auswahl oder Beaufsichtigung eines Verrichtungsgehilfen (Schadensersatz)

→ ***§ 833 S. 2***
= Haftung des Tierhalters für Tiere, die dem Beruf ... dienen (Schadensersatz)

→ ***§ 834***
= Haftung des Tieraufsehers (Schadensersatz)

3. Haftung ohne Verschulden (Verschulden muss nicht geprüft werden)

→ ***§ 833 S. 1***
= Haftung des Tierhalters (Schadensersatz); vgl. § 833 S. 2

E. Bereicherungsrechtliche Ansprüche

1. sog. Leistungskondiktionen

→ ***§ 812 I 1 Alt. 1***
= Rechtsgrund fehlt von Anfang an

→ ***§ 812 I 2 Alt. 1***
= Rechtsgrund fällt später weg

→ ***§ 812 I 2 Alt. 2***
= Zweckverfehlung

→ ***§ 813 I***
= Leistung trotz Einrede

→ ***§ 817 S. 1***
= verbotene oder sittenwidrige Annahme der Leistung

2. sog. Nichtleistungskondiktionen

→ ***§ 812 I 1 Alt. 2***
= sog. allgemeine Nichtleistungskondiktion

→ ***§ 816 I 1***
= entgeltliche Verfügung eines Nichtberechtigten /
Anspruch gegen den Nichtberechtigten

→ ***§ 816 I 2***
= unentgeltliche Verfügung eines Nichtberechtigten /
Anspruch gegen den Erwerber

→ ***§ 816 II***
= befreiende Leistung an einen Nichtberechtigten /
Anspruch gegen den Nichtberechtigten

→ ***§ 822***
= mittelbare Bereicherung durch unentgeltlichen Erwerb /
Anspruch gegen den Erwerber

F. Sonstige Ansprüche

- alle anderen Ansprüche → z.B. Familien- und Erbrecht

Schema II

- Der Aufbau eines Anspruchs

So, nachdem nun die Grundlagen geklärt sind, gleich zum nächsten (Unter-) Schema. Wenn ihr bei einem Fall den Anspruch/die Ansprüche herausgefunden habt, den/die ihr prüfen wollt, müsst ihr wiederum nach bestimmten Regeln vorgehen.

Drei Fragen sind immer zu stellen und zu beantworten, um zur richtigen Lösung zu gelangen:

I. Anspruch entstanden ?

wenn (+) → weiter bei II.
wenn (−) → Anspruch (−)

II. Anspruch untergegangen ?

wenn (+) → Anspruch (−)
wenn (−) → weiter bei III.

III. Anspruch durchsetzbar ?

wenn (+) → Anspruch (+)
wenn (−) → Anspruch (−)

Den detaillierten Aufbau eines vertraglichen Anspruchs erseht ihr auf den folgenden zwei Seiten !!!

Um einmal grob zu verdeutlichen, wie das bei einem ***vertraglichen Anspruch*** ***(*****SCHEMA I** ***unter*** **A.*****) aussehen kann:***

I. Anspruch entstanden ?

1. Vertrag ?
= zwei übereinstimmende Willenserklärungen ...

wenn (+):

2. Nichtigkeits- oder Unwirksamkeitsgründe ?
= z.B. § 105, §§ 106 ff, § 116 S. 2, § 117 I, § 118, § 125, § 134, § 138, § 154

wenn (–):

3. Wirksame Anfechtung ?

- Anfechtungsgrund ?
= § 119 I, § 119 II, § 120, § 123

- Erklärung der Anfechtung ?
= § 143

- Wahrung der Anfechtungsfrist ?
= bei § 119 und § 120 → § 121
= bei § 123 → § 124

- kein Ausschluss der Anfechtung ?
= z.B. § 144

- Rechtsfolge: § 142 I
= angefochtenes Rechtsgeschäft ist als von Anfang an nichtig anzusehen

wenn (–): Anspruch entstanden (+) und weiter unter II.

II. Anspruch untergegangen ?

1. Allgemeine Untergangsgründe ?

→ ***§§ 362 ff*** = Erfüllung

→ ***§§ 372 ff*** = Hinterlegung

→ ***§§ 387 ff*** = Aufrechnung

→ ***§ 397*** = Erlassvertrag / negatives Schuldanerkenntnis

2. Besondere Untergangsgründe ? z.B.

→ ***§ 275 I***
= Untergang des Leistungsanspruchs („*Anspruch ... ausgeschlossen*“) bei Unmöglichkeit der Leistung

→ ***§ 326 I 1 Hs. 1***
= Untergang des Gegenleistungsanspruchs („*entfällt ... Anspruch*“) bei Unmöglichkeit der Leistung

wenn (–): Anspruch untergegangen (–) und weiter unter III.

III. Anspruch durchsetzbar ?

z.B.

→ ***§ 275 II*** = „faktische“ Unmöglichkeit

→ ***§ 275 III*** = „moralische“ Unmöglichkeit

→ ***§ 320*** = Zurückbehaltungsrecht

→ ***§ 273*** = Zurückbehaltungsrecht

→ ***§ 214 I i.V.m. §§ 194 ff / § 438 / § 634a*** = Verjährung

wenn (–): Anspruch durchsetzbar (+)

→ ***also besteht der geprüfte Anspruch***

Gesetzesverzeichnis

Das Verzeichnis bezieht sich auf <u>Fallziffern</u>.
Hervorhebungen weisen auf Fundstellen im jeweiligen Prüfungsobersatz hin !!!

BGB

HGB

StGB

Das Verzeichnis bezieht sich auf die jeweiligen Seitenzahlen !!!

A

B

C

Das Verzeichnis bezieht sich auf die jeweiligen Seitenzahlen !!!

D

E

F

Das Verzeichnis bezieht sich auf die jeweiligen Seitenzahlen !!!

G

H

I

K

Das Verzeichnis bezieht sich auf die jeweiligen Seitenzahlen !!!

Das Verzeichnis bezieht sich auf die jeweiligen Seitenzahlen !!!

Sachverzeichnis

Das Verzeichnis bezieht sich auf die jeweiligen Seitenzahlen !!!